리시아스 변론집 1

나남
nanam

한국연구재단 학술명저번역총서
서양편 414

리시아스 변론집 1

2021년 1월 25일 발행
2021년 1월 25일 1쇄

지은이   리시아스
옮긴이   최자영
발행자   趙相浩
발행처   (주) 나남
주소   10881 경기도 파주시 회동길 193
전화   (031) 955-4601 (代)
FAX   (031) 955-4555
등록   제 1-71호 (1979. 5. 12)
홈페이지   http://www.nanam.net
전자우편   post@nanam.net
인쇄인   유성근 (삼화인쇄주식회사)

ISBN 978-89-300-4055-6
ISBN 978-89-300-8215-0 (세트)

책값은 뒤표지에 있습니다.

'한국연구재단 학술명저번역총서'는 우리 시대 기초학문의 부흥을 위해
한국연구재단과 (주)나남이 공동으로 펼치는 서양명저 번역간행사업입니다.

한국연구재단
학술명저번역총서
414

리시아스 변론집 1

리시아스 지음

최자영 옮김

나남
nanam

Lysias

1. 아고라의 언어로서의 법정 변론

《리시아스 변론집》은 기원전 4세기 아테나이의 재판정에서 소송 당사자들이 직접 말한 내용들로 이루어져 있다.

지금까지 한국에는 고대 그리스의 문학, 철학, 역사 등이 번역되었으나, 법정 변론문은 소개된 것이 거의 없다. 리시아스와 같은 시기에 살았던 이사이오스의 변론(안티쿠스, 2011)이 번역, 소개되었고, 리시아스의 변론이 두 번째가 되는 셈이다. 변론은 일상의 아고라(광장 혹은 시장)에서 벌어지는 생활과 관심사를 바로 전달한다는 점에서 다른 어떤 형식의 글과도 비교할 수 없는 직접성을 가진다.

이 변론들을 통해서 우리는 당시의 사회 및 인간관계가 현재 우리 주변에서 벌어지는 일상과 큰 차이가 없다는 것을 알게 된다. 이는 우리가 교과서를 통해 배운 상투적인 지식과 상당한 괴리를 빚는다. 지금까지 우리에게 알려진 것들, 예를 들면 참정권을 가진 시민은 노예를 거느린 귀족이라든가, 여자는 참정권 혹은 가부장권을 가진 남자에게 예속되어 노예와 같은 지위에 있었다든가, 고대 그리스 민주정은 영토가 협소하여 가능했는데, 근대국가는 넓어서 직접민주정치가 불가능하다든가 하는 것들은 잘못된 상식들이다.

이처럼 고대 그리스에 대한 잘못된 상식이 널려 있다. 이 같은 오류는 해방 이후 반세기 이상 표준 중·고등학교 교과서, 대학의 문화사 교재에 잘못된 내용이 기재되어 있는 까닭이다. 중·고등학교 교사는 물론 대학의 교수들도 대부분 고대 그리스에 대한 잘못된 지식을 가지고 있다. 문제가 참으로 심각하다 하지 않을 수 없다.

시민은 노동하는 농민이었고 때로는 자신이 노예(남에게 종속된 혹은 고용된 노동자)로 들어갈 수도 있었다. 여자는 남자와 같은 시민이었다. 직접민주정치는 영토의 협소함과 무관하게 권력구조 차원에서 분권적 구조의 풀뿌리민주정치를 뜻하고, 또 그 직접민주정은 간접민주정과 배치되는 것이 아니었다. 또 고대 아테나이에서도 대의제가 있었으나 그 위정자들을 감시·처벌할 수 있는 권한을 민회에서 직접 행사했다는 뜻에서 직접민주정이라고 하는 것이다. 그런 점에서 아테나이의 민주정치는 공직자를 처벌하는 권한조차 갖지 못하고 권력 앞에 수동적이기만 한 한국의 민초들과는 큰 차이가 있다.

리시아스 변론들의 사회적 배경을 이해하기 위해 고대 폴리스, 그 중에서도 우리에게 정보가 전해지는 아테나이의 정치체제와 사회적 특징을 살펴보면서, 우리가 알고 있는 기존의 지식들 중 몇 가지를 수정하는 것이 도움이 될 듯하다.

1) 여자도 남자와 같은 시민이었고,
시민은 귀족이 아니라 농민 · 노동자였다

우선 자유시민들로 구성된 고대 그리스 폴리스 사회의 권력구조에 대한 오해가 있다. 아울러 그 민주정치의 주역인 시민들을 노예와 대조적인 의미에서의 귀족으로 잘못 이해하기도 한다. 그런데 자유시민의 사회적 지위는 노예와의 관계가 아니라 국가권력과의 상관관계에서 논해야 옳다. 시민들은 귀족이 아니라 농사를 짓는 서민들이었고, 형편에 따라서 남의 집 삯일을 하게 되면 (예속) 노동자(doulos)로 불리었고, 이것이 우리가 '노예'로 이해하는 것이다. 시민이 동시에 노예로 불릴 수 있었다는 말이다. 따라서 그리스의 시민과 노예는 반드시 배타적인 개념이 아니라 중첩되기도 했다.

또 다른 오해는 가정 내 남자와 여자 간의 관계에 대한 것이다. 여자는 남자에게 종속되는 가부장 사회라든가, 또 여자의 사회적 지위가 노예와 유사했던 것으로 보는 통념은 잘못된 것이다. 이는 조선시대 사대부 가문의 여자들이 관직에 나아가지는 않았으나 노예와 같은 사회적 지위에 있었던 것은 엄연히 아닌 것과 유사하다.

고대 아테나이에서는 여자도 남자와 같은 시민이었다. 남자들만 군역을 지고 투표를 하는 것은 특권이라기보다 피할 수 없는 의무였다. 남성이 민회에서 투표한다는 사실은, 권리이기 이전에 그 결정에 따르는 재정적 부담에 대한 책임과 의무를 수반하는 것이었다. 남성과 여성은 사회적 기능이 달랐을 뿐, 모두 유사하게 재산권을 행사하는 사회적 주체가 되었다. 문제는 남성과 여성 간의 사회적 불평등이 아니라, 개인과 공동체 간의 관계이다. 근대 개인주의적 자유에 비교해 볼 때 고대 그리스는 가정이나 씨족 등 공동체 차원의 규제가 더 강했고, 토지 등 재산권의 행사에서도 그러했다.

2) 위정자도 '어리석은 민중'의 한 사람이다

아테나이 민주정을 '어리석은 민중의 정치', 즉 중우정치(衆愚政治)로 보는 것도 잘못된 통념이다. 이는 다수의 판단이 소수의 현자 혹은 전문가의 식견보다 열등하다고 보고, 민중을 정치적 결정 주체로서의 능력이나 자격이 없는 것으로 폄하하는 것이다. 이런 중우정치에 대한 이해는 참으로 핵심을 벗어난 것이다. 그래서 정작 고대 그리스 민주정치에서 배워야 할 것을 놓치게 만든다.

　흔히 중우정치의 증거로서 민중 배심원이 현명한 철학자 소크라테스를 재판하여 처형했던 사실을 든다. 그러나 소크라테스에게 다른 처벌이 아닌 사형을 제안한 것은 시민 배심원들이 아니었고, 소크라테스를 고발한 원고 측에서 제시한 형량이었다. 501명의 배심원 재판관들은 근소한 차이로 소크라테스의 유죄만 결정했을 뿐, 처형의 형량을 결정할 권한이 없었다. 형량의 결정에 관련하여, 그들은 원고와 피고가 제시하는 형량 가운데서 하나를 선택하는 역할만 맡았을 뿐이다. 소크라테스의 처형은 오늘날 근대국가의 재판처럼 재판관이 형량을 결정하는 구조에서 이루어진 것이 아니었고, 그 형량도 이른바 중우정치적 결정과는 아무런 관련이 없다는 점에 유념할 필요가 있다.

　만일 민중의 결정을 중우정치로 폄하한다면, 치명적인 모순이 발생하게 된다. 우선 민주정 그 자체가 존재할 수 없게 된다. 민중이 어리석어 자신의 뜻을 대의하는 위정자들도 선출할 능력을 갖지 못한다는 것이고, 이는 독재정치로 귀결될 수도 있다. 그래서 '중우'의 개념은 어리석음 여부 차원이 아니라 권력구조 차원에서 독재를 초래하는 부작용을 낳는다.

중요한 것은 '누가 어리석은가'가 아니라 '누가 권력을 행사하는가'이다. 민중을 어리석다고 치부하는 것은 민중이 권력을 행사하게 해서는 안 된다는 뜻에 불과하다. 그런 논리는 일본인이 한국인을 지배하는 식민지배를 정당화하는 구실이 되기도 한다. '중우정치'라는 잘못된 개념은 지배-피지배 관계 그 자체의 성립을 정당화하는 도식으로 작용할 뿐, 누구라도 '지배자'의 위치에 대입될 수 있기 때문이다. 중우정치의 논리하에서 한국인은 '조센징'으로 폄하될 수 있는 것이다.

'중우정치'라는 개념을 휘두르며 민중을 매도하고 권력을 행사하는 자들도 민중의 일부라는 사실을 깨달을 필요가 있다. 독재자 일인이나 자칭 전문가들도 모두 궁극적으로는 '어리석은 민중'의 하나일 뿐이다. 민중이 '어리석은 무리'라면 위정자들도 그 무리의 일원임을 면하는 것이 아니다. 다 같이 어리석다는 점에서 민중과 위정자를 가릴수가 없다. 난장판을 연출하는 한국 국회의 국회의원들이 상식을 가진 '보통사람들'보다 더 욕심 많고 어리석어 보일 때가 있지 않은가.

3) 고대 아테나이에도 대의정치가 있었다

흔히 아테나이가 직접민주정치체제였다고 알고 있지만, 아테나이에
도 대의정치가 있었다. 우리 국회와 같이 '500인 의회'가 있었고 10명
의 장관, 장군 등 민중들에 의해 뽑혀서 나랏일을 대신했던 공직자들
이 있었다. 그런데 우리는 왜 아테나이 민주정치가 직접민주정치체
제였다고 알고 있는 것일까? 그것은 공권력과 공직자를 처벌할 수 있
는 권한이 시민에게 직접 주어져 있었기 때문이다.

아테나이 직접민주정치의 특징으로 크게 두 가지를 들 수 있는데,
하나는 특정인에게 권력이 집중되는 것을 막는 것, 다른 하나는 공권
력에 대한 감시 및 처벌권을 민중이 행사하는 것이었다.

무엇보다 아테나이인들은 민중이 대중으로서 갖는 감정적 취약성
이 아니라 오히려 권력이 특정인에게 집중되었을 때에 초래되는 위험
을 경계했다. 인간의 생물학적 약점보다는 사회적 제도로서 권력의
집중에 의해 야기되는 부정적 결과를 방지하는 데 관심을 기울였던
것이다. 그래서 그들은 관리의 임기를 1년으로 제한하고, 연임이나
재임을 허용하지 않았다.

민주정치는 사람이 모두 평등하다는 인식에서 출발한다. 그 뜻은
능력이나 도덕성에서 너 나 가릴 것 없이 비슷하다는 말이다. 평등한
자질의 시민이 돌아가면서 공직자가 되고, 그 공직자가 민중의 뜻을
충실하게 이행하도록 하는 방법은 민중이 공직자의 권력을 철저하게
감시하는 것이다. 여기서 모든 시민이 자질 면에서 평등하고 동등하
다고 생각한 고대 그리스인들의 지혜를 돌아볼 필요가 있다.

고금을 막론하고 민중과 정치가의 자질은 서로 구분되는 것이 아니며, 직접민주정치 혹은 간접민주정치(대의제도) 중 어느 것을 할 것인가를 두고도 다툴 필요가 없다. 대의정치를 해도 상관이 없으나, 민중을 대의하는 공직자가 민의를 바르게 대의하는지, 또 그 권력을 바르게 행사하는지에 대한 감시와 처벌의 권한을 주권자인 국민이 직접 가지고 있는지 여부가 관건이 된다. 이때 직접민주정치는 그것이 행사되는 범위와 무관하게 권력구조 차원에서 민중이 어느 정도로든 권력을 행사하는 '풀뿌리민주주의'를 뜻한다.

판사의 비리를 판사에게, 검사의 비리를 검사에게 맡겨서 조사하고 징계하도록 하지 않고 민중이 직접 공직자를 처벌하는 권한을 가질 때, 그것은 직접민주정치라 할 수 있다. 즉, 간접민주정치와 직접민주정치는 상극이 아니라 필요한 만큼 함께 병용할 수 있는 것이다.

4) 자유시민의 폴리스는 가부장 사회가 아니었다

헨리 메인(Henry Maine, 1822~1888)은 자신의 저서 《고대법》[1]에서 〈신분에서 계약으로(*From Status To Contract*)〉의 명제로 명성을 얻었다. 그는 자연법 사상에서 전제로 하는 인류의 원초적 자유의 개념을 부정하면서 고대사회 일반을 가부장 사회로 파악했다. 인류는 근대로 올수록 가부장적 가족제도의 구속에서 벗어나 자주적인 개인으로서 자유를 획득해가는 진화적 과정을 밟아왔다는 것이다.

---

1   Maine, H. (1917), *Ancient Law*, London / N. Y., chap. 10.

메인은 18세기 자연법론에 반대하였으며, 일면 사회진화론 진영에 가까웠다. 그에 따르면 우리가 누리는 자유는 자연법론자들이 말하는 바와 같이 천부(天賦)의 것이 아니다. 오히려 자유는 인류의 끊임없는 투쟁을 통해서 진화해왔고, 사회가 어렵사리 획득한 것이라고 강조한다. 그의 이론은 영국과 미국에서 가히 폭발적이라고 할 만한 대중적 인기를 누렸다.

그가 〈신분에서 계약으로〉라고 할 때, '신분'이란 가족 내에서의 신분을 발한다. 고대에는 가족 구성원이 가부장권(patriarchy) 하에 종속되어 자유를 누리지 못했는데, 근대로 올수록 개인이 점차 그 가부장권에서 벗어나서 각기 자유로이 계약을 맺는 주체로서의 법적 지위를 달성하게 되었다는 이론이다.

메인의 《고대법》 출간 이후 많은 비판이 쏟아졌다. 그 주된 원인은 바로 그가 고대사회의 구성원리를 가부장적인 것으로 보았기 때문이다. 그 비판의 근거는 부권사회보다 모권사회가 앞서 존재했음을 논증하는 인류학적 연구였다.

그러나 가부장 이론과 마찬가지로 모권사회 이론도 고대 그리스 폴리스 자유시민의 사회에 딱히 어울리는 것은 아니다. 고대사회를 권력 담론으로만 파악할 수가 없기 때문이며, 특히 자유시민으로 구성된 고대 아테나이가 그러했다.

메인은 아내가 남편에게, 아이는 아버지에게, 피후견인은 후견인에게 가부장적으로 종속되어 있었던 것으로 이해했으며 가부장권에 종속된 가족 구성원들은 스스로 자유롭게 계약을 맺을 수 없었던 것으로 이해했다. 그러나 사실은 그렇지 않다.

고대 그리스의 폴리스는 가부장 사회가 아니었고, 사람들은 국가나 가정에서 서로 평등했다. 고대 아테나이는 자유시민의 사회였다. 그 자유는 국가와 가정을 따로 구분하여 논할 수 있는 것도 아니었다. 국가에는 요즈음의 근대국가와 같은 정부당국이 존재하지 않았고, 오직 시민의 동아리 집단이 있어서 모든 사안을 결정했다.

　그 같은 맥락에서 자유시민과 민주주의의 아테나이에서는 가정에서도 남녀노소가 서로 평등한 관계에 있었다. 가족 구성원은 가부장권에 종속된 것도 아니었고, 또 그전 언젠가에는 모계제였다는 사실도 증명된 바가 없다. 아버지와 자식이, 남편과 아내가 서로 평등했다. 여성(*politis, aste*)도 남성(*polites, astos*)과 같이 시민이었다.

　아테나이에서 시민권은 정부에서 부여되는 것이 아니라 각 가정에서 합법적인 자식으로 인정되는 것으로서 성립되었다. 시민단으로 구성된 민회 이외의 권위적 정부당국이 없었기 때문이다. 그리고 그 시민의 자격은 권리의 향유에 앞서 국가공동체에서 필요로 하는 의무를 부담하는 책임의 주체라는 의미를 갖는다.

　메인은 고대 그리스 사회는 '노예제 사회' 아니면 '가부장 사회'였고, 근대에서야 "마침내 개인적 자유를 획득하여 자유인으로 거듭났다"고 주장했으나, 이런 주장은 고대 그리스와 근대사회의 관계를 거꾸로 이해한 것이다. 고대와 근대사회의 권력구조에 대한 그의 오해는 각 사회에서 민법과 형법의 역할을 전도(顚倒)하는 데서도 드러난다.

5) 거꾸로 이해된 고대와 근대 민법과 형법의 역할

메인은 국가가 발달하기 전 가부장이 지배하는 고대사회에는 무질서의 폭력이 만연할 수도 있으며, 그런 무질서를 제거하기 위해 형법이 민법보다 더 큰 비중을 가지게 되는 것이라고 한다. 반면, 자유로운 개인이 계약의 주체가 되는 근대국가에서는 형법에 비해 민법의 비중이 크다고 한다.

메인에 따르면, 게르만법은 물론 로마법과 고대 그리스법 등 고대법 일반에서 형법의 비중은 민법에 비교가 되지 않을 정도로 크다고 한다. 이런 사실을 증명하는 예로 메인은 〈드라콘법〉을 든다. 〈드라콘법〉에 드러난, 경중을 떠나서 거의 모든 범죄에 대해 사형을 규정한 전통이 바로 민법보다 형법이 우세한 증거라는 것이다.

그런데 고대와 근대사회에 대한 메인의 이러한 설명은 사실을 전도한 것이다. 오히려 고대 그리스 폴리스에서 자유시민은 국가의 권력으로부터 자유로웠다. 아테나이에서는 시민단 이외에는 국가당국이라는 근대적 국가기관이 존재하지 않았기 때문이다. 이런 상황에서는 형법을 제정하거나 시행하는 공권력이 존재하지 않으므로 형법 자체가 발달할 수 있는 권력구조가 아니었다. 이는 메인이 이해하는 고대 그리스 사회의 개념과 상반되는 것이다.

메인의 견해와는 달리 실제로 〈드라콘법〉을 통해서 고대 그리스 사회에서의 법의 개념을 유추해내기는 어렵다. 그 법은 실제로는 거의 적용되지 않고 솔론에 의해 바로 폐기되었던 것으로 전하기 때문이다. 법을 폐기했다는 사실은 그 법이 사회에 적합하지 않았음을 뜻한다.

더구나 〈드라콘법〉 중 솔론이 유일하게 남겨놓은 법이 비고의(非故意) 살인 관련 법이었다는 점도 주목할 만하다. 이 법은 메인의 주장에 상반되는 것으로서, 집단에 의한 형벌은 물론이고 피를 피로 갚는 피해자 측의 복수를 통한 자력구제도 철저하게 금지하고 있다. 가해자와 피해자 측은 서로가 동의하는 약간의 인원으로 구성된 중재 재판에서 서로 배상의 조건에 대해 협상한다. 그 협상이 결렬되면 가해자는 추방되어야 하며, 추방된 자는 가해자 측의 용서, 혹은 협상이 이루어질 때까지 돌아오지 못한다. 다만 추방된 자를 살해하면 그 살해자는 살인죄를 지게 된다. 유일하게 비고의 살인에 관련하여 잔존하는 〈드라콘법〉은 집단에 의해 강제되는 형법과 전혀 무관하다.

메인은 국가가 발달되기 이전의 상태를, 언제나 그런 것은 아니라 하더라도 '잘 통치되지 않은' 무질서한 것으로 가정했다. 그러나 그가 근대국가의 '잘 통치된'(well-governed) 상태라고 이해한 것은 국가의 강제력이 효과적으로 작동하는 사회를 뜻할 뿐이다. 이 근대국가의 권력구조에서 강제적 공권력에 의해 형법이 발달하는 동시에 시민의 자유는 오히려 억압받고 축소된다. 형법의 대상은 범죄이며 범죄의 개념과 범죄학은 근대국가 권력의 산물이다.

일탈 행위, 범죄를 막으려는 사회적 노력의 결과로 정치적 권력이 강화된 것이 아니다. 사실은 그 반대이다. 범죄학은 근대국가가 가시화되면서 발생한 근대적 학문으로서, 국가권력이 발달하면서 범죄의 개념이 강화되고 범죄학도 발달했다. 동서고금을 막론하고 범죄는 그 자체로서 존재하는 것이 아니라 국가권력에 의해 규정된다. 범죄를 규정하고 처벌하는 권력이 사라지게 되면 동시에 범죄 자체가 사라지게 된다는 말이다. 국가의 통제력이 강화될수록 범죄의 수가 증가하고, 그 통제력이 약화될수록 범죄의 수와 처벌의 강도는 감소한다.

6) 눈을 가리고 저울을 든 '정의의 여신상'은 허상이다

우리는 '정의의 여신' 혹은 그리스어를 빌려 '디케'라 불리는 여인의 조각상을 알고 있다. 이 여인은 흔히 두 눈을 안대로 가린 채, 왼손에는 긴 칼을, 오른손에는 형평의 저울을 들고 서 있다. 적지 않은 사람들은 이 여인이 그리스의 '디케' 여신이라고 착각하는 경우가 있는데, 이 여인은 확실하게 그리스의 '디케'가 아니다.

우선 고대 그리스인은 긴 칼을 쓰지 않았다. 이들은 오른손에 창, 왼손에는 방패를 들었고, 허리에는 준비용으로 단도를 찼을 뿐이다. 그러므로 긴 칼을 찬 여인은 그리스의 '디케'가 아니며, 후대의 산물이다.

또한 고대 그리스인은 눈을 가리고 재판할 필요도 없었다. 무엇보다, 재판을 맡은 시민 배심원들은 그 수가 많았고 또 재판 당일 아침에 추첨을 통해서 해당 재판정에 배정되었으므로, 사전에 어떤 사건을 담당하게 될지 알 수 없었다. 그 수는 사건의 비중에 따라 201명, 301명, 501명, 1,001명 등으로 구성되었다. 그러니 요즈음의 한국처럼 한 명 혹은 두세 명의 관료 재판관이 미리 알고 있는 사건에 대해 판결하는 것과는 달리, 개인적 유대로 인한 정실 혹은 로비가 먹혀들기 어려웠다.

눈을 가린 '정의의 여신'은 당일 추첨으로 뽑힌 자유시민 배심원이 재판하던 고대 그리스의 '디케'가 아니라, 소수 위정자나 법관이 재판하도록 국가권력이 발달하고 난 다음의 산물이다. 눈을 감고 재판한다는 것은 공정하게 해야 한다는 뜻이겠지만, 그 공정성은 상징 혹은 당위의 이상에 불과할 뿐, 사실은 인간의 비속함과 권력 자체가 갖는 독단성 때문에 '눈 가리고 아웅'하는 경우가 비일비재하다.

고대 그리스의 시민 배심원에 의한 재판은 형평의 저울로 상징되는 공정성도 추구할 필요가 없었다. 형량은 자유시민인 배심원 재판관들이 제안하는 것이 아니라, 원고와 피고가 각각 제안하는 형량 가운데서 선택하는 것이었기 때문이다. 소송 당사자들이 직접 적당량의 형량 혹은 원하는 형량을 제안하는 것이므로, 재판관이나 '정의의 여신'이 저울을 들고 형량을 잴 필요가 없었다.

그러므로 눈을 가리고 칼과 저울을 든 '정의의 여신상'은 그리스의 '디케' 여신이 아니다. '눈 가리고 아웅'하는 가짜 그리스 여신으로 후대의 산물이다. 후대에 만들어진 이른바 '정의의 여신'이 상징하는 정의는 그야말로 당위의 지향성을 뜻할 뿐, 현실이 아니다. 칼과 저울과 안대가 다 함께 강력한 법관의 권력을 반증한다. 그 권력은 보편적 인간들의 속물근성으로 인해 번번이 사익 추구에 이용된다. 그 모습이 오늘의 대한민국 같기만 하다.

7) 소크라테스의 사형은 민중이 제안한 것이 아니었다

자유시민으로 구성된 그리스 폴리스에서는 시민 집단 이외에 권력을 가진 당국의 개념이 희박했다. 그래서 위정자가 아니라 시민들이 민회에 모여서 정치적 결정을 했고, 재판소에서 시민 배심원이 되어 재판했다. 거기에는 우리가 알고 있는, 유무죄를 가리고 형량을 결정하는 재판관이 따로 없었다.

소크라테스의 재판은 고대 그리스 재판의 성격을 보여준다. 재판을 받고 독배를 마시고 처형된 소크라테스에 대한 재판은 당시의 여느 재판과 마찬가지로 두 번에 걸쳐 열렸다. 첫 번째 재판은 유죄 혹은 무죄 여부를 결정하는 것이다. 무죄로 결정되면 그로서 재판이 끝나지만, 소크라테스처럼 유죄로 결정이 나면 두 번째 재판이 열려서 형량을 결정하게 된다. 그 두 번째 재판에서 아니토스 등이 대표하는 원고 측은 소크라테스의 처형을 제안했고, 소크라테스는 소액의 벌금을 물겠다고 제안했다. 이 두 가지 제안 가운데서 아테나이 시민 배심원들은 아니토스의 제안을 선택했을 뿐이다.

소크라테스의 죽음을 두고 어떤 이는 아테나이 시민들이 현명한 철학자를 알아보지 못하고 처형했으니, 이런 사실이 직접민주정의 허점, 민중의 판단이 어리석다는 중우정치를 증명하는 사례로 들기도 한다. 그러나 이런 논리는 핵심에서 한참 빗나간 것이다.

당시 시민 배심원들이 사형을 언도한 것이 아니었다는 점, 그들은 원고와 피고가 제안한 각각의 형량 가운데서 하나를 골라야만 했던 상황이었다는 사실을 주지할 필요가 있다. 소크라테스가 처형된 것은 민중의 잘못된 판단 때문이 아니라, 아니토스를 비롯한 원고 측이 극형을 제안했기 때문이다. 소크라테스에게 내려진 형량은 민중 시민 배심원단의 결정이 아니라, 아니토스 측의 소크라테스에 대한 악랄한 적대감에 의한 것이다. 상대를 죽여 버리고 싶을 만큼의 적대감 말이다.

소크라테스의 재판에서 또 하나 주목해야 하는 점은 공익(公益)에 관한 재판도 사적(私的) 소송의 형식으로 이루어졌다는 사실이다. 거기서 유죄선고를 받아서 처형된다고 해도, 그 처형은 소송에서 상대에게 졌기 때문에 초래된 결말일 뿐이다.

이런 절차는 공권력에 의해 규정되고 금지되고 처벌되는 근대적 범죄의 개념과는 다른 차원에 있다. 소크라테스의 교육이 청년들을 타락시킨다든지, 그가 전통의 신이 아닌 '다이몬'이라는 개인의 신(邪神 혹은 私神)을 도입했다는 비난은 고발인들의 주장일 뿐이고, 그 주장을 아테나이 시민 배심원들이 선택했다는 사실이 있을 뿐, 소크라테스는 사회의 약속에 따라 규정된 '법'을 위반한 것은 아니기 때문이다.

이렇듯, 소크라테스의 형량이 사형으로 정해진 것은 고발인 측이 그렇게 제안했기 때문이다. 그 형량의 결정에 민중은 물론이고 어떤 외부 공권력의 개입이 있었던 것이 아니었다. 형량을 결정하는 것은 절대적으로 소송 당사자들의 손에 달려 있었고, 배심원들은 규정된 절차에 따라 둘 중 하나를 선택했을 뿐이다.

시민 배심원이 아니토스 등 고발인 측의 손을 들어준 배경에는 실로 소크라테스 자신도 전혀 책임이 없다고 하기 어려운 정황이 있다. 고발인 측이 형량으로 자신의 처형을 제안했을 때, 신념을 가졌던 소크라테스는 마지막 변론의 기회에도 겁먹지 않고 당당하게 맞섰다. 자신은 청년들을 타락시킨 적이 없고 오히려 교육을 잘 시킨 공로가 있으므로, 요즈음 식으로 하면 연금(당시는 국가가 운영하는 식당에서 평생 무료로 식사할 권한)의 특권을 누릴 권리가 있지만, 이미 유죄로 판결이 났으니 소액의 벌금을 물겠다고 형량을 제안했다. 그러자 유·무죄를 결정하던 첫 번째 재판보다 형량을 결정하는 두 번째 재판에서 훨씬 더 많은 수의 시민 배심 재판관들이 소크라테스를 저버렸다.

이런 소크라테스의 재판을 두고서 그를 처형한 책임을 시민 배심원에게 돌리고 나아가 아테나이 민주정치 자체를 중우정치로 몰아세우는 것은 핵심을 빗나가도 한참 빗나간 것이다. 만일 그때 시민 배심 재판관이 아니라 요즈음같이 소수의 관료 재판관이 재판했다고 치자. 그러면 그렇게 당차게 자신의 소신을 굽히지 않는 소크라테스를 보고 한 명의 단독 재판관, 혹은 세 명의 합의부 재판관들이 소크라테스의 철학자로서의 가치와 됨됨이를 알아보고 소크라테스의 손을 들어주었겠는가 하면 전혀 그렇지 않다는 결론에 이르게 된다.

다수 민중이나 소수의 재판관이 그런 점에서는 차이가 있을 것 같지 않기 때문이다. 인지상정이라, '어! 이게 대드네!' 하고 괘씸하다는 생각을 갖게 된다는 점에서는 다수 민중인 배심원이나 소수인 재판관을 가릴 수 없다는 말이다.

그렇다고 해서 고대 아테나이의 민중 배심원과 요즈음의 소수 재판관 사이에 차이가 없지는 않다. 참으로 중요한 차이가 있음을 다른 측면에서 보게 된다. 소송 당사자 측에 의한 뇌물 공세나 로비가 재판 당일 추첨으로 뽑힌 다수 민중 배심 재판관에게는 잘 먹혀들어가지 않지만, 미리 정해진 한 명 혹은 세 명의 소수 재판관에게는 바로 먹혀들어간다는 점이 그것이다. 한국의 사법권력에 먹칠을 한 양승태 대법원장의 사법권력 농단 의혹이 바로 그 증거가 된다.

중요한 것은 민중의 어리석음이 아니다. 집중된 권력은 반드시 부패한다는 점에 있다. 이것은 개인의 도덕성이나 판단력 문제가 아니라, 권력구조적 측면에서 반성을 요하는 것이다. 안대로 눈을 가린

'정의의 여신'이 정말 상대를 가리지 않고 공정하게 재판한다고 믿는다면 그것은 우둔의 소치일 뿐, 그 여신은 '눈 가리고 아웅'하고 있을 따름이라는 점을 주지할 필요가 있겠다. 안대가 있든 없든, 저울을 들었든 들지 않았든, 그것은 사기일 뿐이다. 그래서인가, 우리 대법원의 '정의의 여신상'은 아예 안대조차 하지 않고 있다. 안대를 하든 하지 않든 똑같다는 뜻이 아닐까.

2. 고대 아테나이 시민의 힘과 근대의 국가권력

비록 똑같이 '민주정치'라는 이름표를 붙이고 있지만, 근대국가에서의 권력구조와 고대 폴리스 아테나이에서의 권력구조에는 큰 차이가 있다. 고대 폴리스 아테나이에서는 자유시민에게 권력이 있었으나, 근대국가로 오면서 시민은 상당부분 그 권력을 잃어버렸다. 이에 대해서는 다음의 사항을 짚어두는 것이 도움이 될 것이다.

1) 증거도 없이 위정자를 추방하는 고대 아테나이 도편추방제

국가의 공적 기구란 것이 변변찮았고, 반대로 자유시민이 번번이 모여서 결정권을 행사하던 고대 아테나이 폴리스에서는 공직자가 공권력을 오용·남용한다든지 잘못을 저지르는 경우, 민중이 처벌권을 확실하게 장악하고 있었다. 그중 우리에게 잘 알려진 제도인 도편추방제(陶片追放制)는 상징적이다. 이 제도는 고대 아테나이에서 이렇다

할 뚜렷한 잘못도 없는 정치가를 추방하는 데 쓰였다. 찬성 6천 표만 모이면 막연한 의혹이나 그냥 '싫다'는 감정만으로도 민중이 정치가를 10년 동안 추방할 수 있는 가공할 제도적 장치가 도편추방제였다.

마음에 들지 않는다는 이유로 정치가들을 추방할 정도이니, 정치가나 장군이 잘못을 범하면 가차 없이 민회의 결정이나 민중재판소에서 재판을 거쳐 추방해버렸다. 이렇게 국가나 민중에 해를 입힌 공직자에 대한 처벌은 말할 것도 없고 공직자 아닌 정치가, 또 그에 대한 단순한 의구심만으로도 추방해버리는 절차가 제도적으로 마련되어 있었다.

도편추방은 추방되는 정치가가 비리를 저질렀다는 증거를 반드시 필요로 하는 것은 아니다. 비리의 증거도 없이 위험하다는 심증만으로 정치가를 추방할 수 있었으므로 추방되는 정치가 측에서 보면 좀 억울한 면도 없지 않았을 것이다. 그럼에도 무조건 추방이라는 데에 공직자들이 겁이 나서 모두 조심했을 것이니, 있을 수 있는 비리에 대한 사전 억지(抑止) 효과를 본 셈이다. 도편추방제는 아테나이 민주정이 타락해서 만들어진 게 아니라 타락의 예방책이었던 것이다.

이렇게 고대 아테나이 도편추방제도는 한국의 위정자들이 하는 "고도의 정치행위"라는 변명과는 아주 다르다. 그 차이는 바로 권력구조에 기인한 것이다. 시민 민중이 주도권을 가진 아테나이에서는 정치가가 이유도 없이 추방될 수 있었다. 그러나 정부의 권력이 발달된 근대국가, 특히 식민지 지배와 독재의 잔재가 여전히 강하게 남아 있는 한국에서는 정부권력이 시민의 기본권조차 무시하고 억압하면서도, 그것을 '고도의 정치행위'로 정당화하는 것이다.

공권력을 행사하는 공직자는 사인(私人)과 달라서 각별한 견제장치가 필요하다는 점을 고대 아테나이인은 깨닫고 있었다. 그리고 도편추방제도와 같은 제도적 장치가, 그 민주정이 바르게 작동하도록 하는 원동력이 되었다.

2) 범죄의 개념은 사회의 권력구조에 따라 다르다

범죄학은 18세기 근대국가가 형태를 드러내면서 발달한 근대의 산물이다. 범죄의 개념 자체가 집중된 국가권력 구조의 산물이라는 말이다. 반대로, 권력이 분산되거나 시민이 갖는 자유의 정도가 정치권력보다 더 강한 곳에서는 범죄의 개념이 갖는 사회적 역할 및 범죄자의 수가 줄어든다. 그 한 예가 고대 그리스 자유시민의 사회이다.

자유시민의 사회에서는 공법보다 민사법이 더 비중이 컸고, 배심원 법정에서 열린 재판에서는 쌍방 간 권리의 분쟁이 큰 비중을 차지했다. 이것이 '디케'(dike), 즉 권리의 다툼이며 정의의 구현이다.[2]

이런 자유시민 간의 권리 다툼은 흔히 우리 민사재판의 경우와 같은 것으로, 바로 '범죄자'의 개념을 적용할 수 있는 것이 아니다. 고대 그리스에서는 근대국가에서 볼 수 있는 고정된 범죄 행위의 개념 자체가 존재하지 않았고, 처벌은 사적(私的) 소송을 거쳐 패소하는 자에게 주어지는 것이었다.

고대 그리스가 갖는, 근대국가와의 이러한 차이점은 바로 사회의 권력구조와 관련이 있다. 고대 그리스 폴리스에서는 권위를 가진 정

---

2 최자영 (2007), 《고대 그리스 법제사》, 아카넷, 15~16쪽.

부당국이 존재하지 않았고 자유시민들이 주도권을 가졌다. 자유시민이 민회에서 권력을 행사하는 고대 그리스 폴리스에서는 관료가 아닌 시민들이 정부의 공직자를 감시하고, 여차하면 위정자를 범죄자로 처벌하는 권한을 가지고 있었다.

이와 반대로 위정자들이 권력을 행사하는 근대국가에서는 정부권력 및 사법관료가 시민의 자유를 제한하며, 기준을 일탈한 행위를 범죄로 규정하게 된다. 권력을 누가 가지고 있는가에 따라서 범죄자가 주로 발생하는 사회 계층이 상반된다는 점은 의미하는 바가 크다.

소크라테스의 재판에서 볼 수 있듯이 고대 폴리스 아테나이에서의 재판은 소송 당사자 간의 분쟁에서 비롯되었고, 형량도 소송 당사자들이 직접 제안했다. 이 같은 자유시민 사회의 사법절차에서는 상대적으로 근대국가의 공권력 같은 것이 개입할 여지가 적다. 살인 사건에서도 오늘날과 같은 범죄 혹은 공소의 개념이 없었고, 이의를 제기하는 피해자의 문제 제기로 소송 절차가 개시되었다. 살인의 경우에도 피해자의 이의 제기가 없으면 애초에 사건으로 다루어지지 않는 것이다.

권력구조의 측면에서 근대국가는 고대 그리스 폴리스와는 다르다. 근대국가는 정치, 입법, 사법 등 온갖 분야에서 어느 정도 집권적이나, 자유시민의 고대 폴리스에서는 시민이 모인 동아리 집단에서 모든 것을 결정하고 해결했다. 시민권의 획득 여부도 국가가 아니라 각 가정에서 결정했다. 근대국가 같은 것이 없는 형편이니, 국가가 아니라 각자의 집안에서 합법적인 자식으로 인정되면 시민권을 얻는 것이 된다. 이때 시민권은 권리이기에 앞서서, 각 가정에서 국가에 부담해야 했던 재정, 군역 등 의무의 주체를 뜻한다.

3) 사법권력 오·남용을 경계한 고전학파 C. 베카리아

새로운 권력구조의 근대국가가 가시화되던 18세기에 근대 범죄학이
발달했다. 이에 관련하여 처음 대두된 학자는 고전학파의 베카리아
(C. Beccaria, 1738~1794)이다. 베카리아는 1764년 최초의 범죄학 연
구서라 할 수 있는 《범죄와 형벌》을 출간했다.

베카리아가 가장 경계한 것은 공적 행정과 운영에 존재하는 많은
모순이었다. 특히 법관의 재량권을 견제하려 했던 베카리아의 견해
는 당시로서는 너무 과격한 것이어서, 그는 익명으로 책을 발간했다.
로마 가톨릭 교회는 1766년에 이 책을 매도(罵倒)했고, 그로부터 200
년 이상 이 책은 교회의 금서목록에 등재되었다. 그러나 베카리아의
사상은 베카리아의 생시에도 환영을 받았다.

고전학파 법사상가로서 1764년 《범죄와 형벌》을 썼던 베카리아는
국가의 사법권력이 독재의 전횡을 가져올 위험이 있음을 간파했고,
사법권력 규제와 관련하여 다음의 원칙을 제시했다.

(1) 법관의 역할은 오직 죄, 즉 피고가 범죄를 저질렀는지 여부를 규정
하는 것이어야 한다. 법관은 형량을 결정하는 데 엄격하게 법의 자구
(字句)를 따라야 한다. 광범한 재량권은 고사하고 법관이 어떤 재량권
도 가져서는 안 된다. "법의 정신을 협의하는 것이 필요하다"라는 통속
의 원칙보다 더 위험한 것은 없다. 그런 원칙은 댐이 의견들의 급류에
무너지는 것 같은 결과를 초래하기 때문이다. 형벌의 적용은 엄격하게
법률의 자구에 따라 기계적으로 이루어져야 한다.

(2) 법은 모든 종류의 범죄와 모든 정도의 범죄에 대해서 동일한 처벌의 규정을 마련해야 한다. 그리고 모든 이에게 법률을 똑같이 적용하기 위해서는 '의도'가 아니라 '행동'을 기준으로 해야 하며, 형벌은 그 '행동'이 초래한 피해의 크기에 따라서 비례적으로 결정되어야 한다. 범죄자의 의도를 포함한 다른 요소들은 범죄의 심각성을 규정하는 요소가 아니다.

때로 '좋은 의도'를 가지고도 사람은 사회에 치명적 피해를 끼칠 수 있고, 또 어떤 때는 최악의 의도를 가졌으나 최대의 선을 초래할 수도 있다. 즉, 범죄의 심각성은 그 '의도'가 아니라 오직 사회적으로 끼친 피해의 크기에 따라 규정되어야 하는 것이다.

이런 베카리아의 의견은 그가 살았던 시대의 관행에 반대되는 것이었다. 당시의 입법이란, 아주 일반적인 법들만 마련한 가운데 법관에게 광범한 재량권을 허용함으로써 보충하도록 했기 때문이다. 범죄의 경중은 사회에 끼친 피해의 정도에 비례해야 한다는 베카리아의 주장은 참으로 의미가 깊다. 그것은 바로 권력 자체에 대한 견제의 개념이 깔려 있기 때문이다. 사인(私人)의 일탈에 비해, 권력을 가진 자의 일탈은 사회적으로 더 큰 피해를 주는 경향이 있다.

그러나 대한민국 헌법 제103조는 "법관은 헌법과 법률에 의하여 그 양심에 따라 독립하여 심판한다"라고 한다. 그런데 "헌법과 법률"에 의한 것과 "양심에 따라 독립"한 것은 모순·상충되는 원칙이다. 현재 한국에서는 "양심에 따라 독립"한 것이 우선되고, "헌법과 법률"에 의한 것이 번번이 무시되곤 한다. 이 같은 점에서 21세기 한국 법조계는 18세기 베카리아의 고전적 이론에 정면으로 배치된다. 베카리아는 '법의 정신'을 논한다는 것 자체가 위험하다고 했는데, 한국의 법관들은 '법의 정신' 같은 것도 아닌 자신의 주관적인 '양심'까지 동원하여 판결을 자의적 재량의 산물로 전락시켜왔다.

4) 자유시민에서 국가권력에 대한 예속으로

메인의 명제 '신분에서 계약으로'는 '자유시민에서 국가권력에 대한 종속으로'로 수정되어야 한다. 원시 혹은 고대사회는 반드시 메인이 주장하는 가부장 사회도, 혹은 그 비판자들이 주장하는 모계제 지배권력으로 점철된 것도 아니다. 그 어느 쪽도 아닌, 구성원들 상호 간 평등의 관계도 성립될 수 있기 때문이다. 그 한 예가 고대 그리스, 특히 우리가 어느 정도 알고 있는 아테나이 민주정치 사회였다. 그러던 것이, 근대국가의 공권력으로 시민의 자유를 속박하는 국가권력 중심의 사회로 변질되었다. 고대 그리스는 시민계급이 노예를 지배하는 불평등 사회였으나, 근대에 와서 시민 개인의 자유가 보장되었다는 식의 이해와는 정반대의 이해다.

국가의 공권력이 발달하지 않았던 고대 그리스 사회에서 구성원 간 평등의 관계는 사법체제에도 반영되어, 아테나이의 재판은 소송 당사자 간의 다툼 형식을 띤다. 우리가 공법에 속한다고 생각하는 영역도 사법소송의 절차로 진행되었다. 살인조차 이의를 제기하는 자가 없으면 문제되지 않았다.

이런 고대 그리스법의 비교사적 의미는 근대국가의 사법 실제와 비교했을 때 비로소 명확해진다. 원리는 간단하다. 근대국가에서는 자유시민이 사법권력을 행사하는 것이 아니라 공권력이 시민의 자유를 제한하며, 사법권력도 흔히 소수의 관료가 행사하게 된다. 시민은 그 국가권력에 많게든 적게든 예속되는 것이다.

시민 배심제 혹은 참심제가 발달한 서구 여러 나라들과 달리, 소수 관료 법관 중심인 한국에서는 사법권력의 농단이 그냥 지나칠 수 없을 만큼 심각하다. 수년 전에 한국에서도 시민 배심원 제도가 만들어졌으나, 배심원의 의견은 참고용일 뿐 제도적으로 전혀 강제성이 없다.

근대국가의 위정자는 이론적으로 시민 민중의 뜻을 대변해야 하지만, 실상이 반드시 이론대로 되는 것은 아니다. 대의제라는 것은 명분에 그치고 금력(金力)과 권력이 있는 사람들의 배타적 사교와 협상의 장으로 변질되어버린 것 같을 때가 있다.

입법을 담당하는 국회, 사법을 담당하는 재판소, 행정을 담당하는 각종 기관 등이 서로 야합하여 권력을 농단하고 있는 한국의 현실에 비추어볼 때, 메인의 '신분에서 계약으로'를 수정한 '자유시민에서 국가권력에 대한 예속으로'라는 명제는 이에 대한 통렬한 반성을 촉구한다는 의미를 갖는다.

3. 용어에 관하여

끝으로, 이 책에 사용된 용어에 대해 몇 가지 첨언하고자 한다.

우선 '그리스'를 '헬라스'로 번역한 것이 있다. 그리스를 달리 '헬라스'로 부른다. '헬라스'는 고전기 그리스인이 스스로를 칭했던 명칭이고, 그리스는 같은 시기 남부 이탈리아 지역에 거주한 그리스인을 칭했던 '그레키아'(Graecia)에서 유래했다. 같은 종족이지만 지역에 따라서 상이한 명칭이 쓰였던 셈이다. '그레키아'는 이탈리아와 연관이 되니 라틴어 계통으로 전수되고 그 전통을 이어서 오늘날 영어의 '그리스'(Greece)가 되었다. 그러나 우리가 '그리스'라고 부르는 나라 사람들은 자신의 나라를 '헬라스'라 부르고, 그 민족이 우리에게 알려진 '헬레네스', 즉 '그리스인'이다.

영미 계통의 문화에 더 익숙한 우리에게는 '헬라스'보다 '그리스'라는 용어가 더 익숙하다. 그래서 이 책에서는 현대와 관련한 내용에서는 '그리스', 고대와 관련된 내용에서는 원어에 표기된 대로 '헬라스'를 썼다. 결국 같은 지역과 종족을 두고 두 가지 용어를 쓰게 된 점에 대해 미리 양해를 구한다.

덧붙여, 이 책에 반복해서 나오는 몇몇 용어의 경우 독자가 그때그때 참조할 수 있도록 2권의 뒤편에 '용어 해설'을 마련했다. 모쪼록 독자의 이해에 도움이 되기를 바란다.

2021년 1월
금정산 기슭에서
최 자 영

차 례

— 제 1 권 —

제2권 차례

제1부 **변론**

제2부 **단편들**

일러두기

1. 이 책의 번역은 그리스어 원문과 영어 번역본을 함께 참고한 것으로, 미국 Loeb 총서의 *Lysias*(W. R. M. Lamb 편집 및 번역, 1930/1976)를 기본으로 하고 그 외에 복구된 글자나 해석상의 차이가 있는 경우 독일 Teubneri의 *Lysias*(1880), 프랑스 Les Belles Lettres의 *Lysias*(1962), 그리스 Kaktos의 *Lysias*(1992)를 참고했다.

2. 인명·지명 표기에 있어 외래어표기법보다 그리스어 발음을 우선했다. (예: 아테네→아테나이, 시칠리아→시켈리아, 이집트→아이깁토스, 다리우스→다레이오스)

3. 본문 좌우측 여백에 표기된 숫자는 고전 원문의 쪽수(절)이다.

4. 참고문헌 표기에 있어, 고대 문헌의 장과 절은 '12. 34'와 같이 표기했다. '12장 34절'을 뜻한다.

제 1 부

변론

1

에라토스테네스를 살해한 행위를 변호하여

역자 해설

이 변론문은 자신의 아내와 간음한 에라토스테네스를 죽인 에우필레토스를 변호하기 위한 것이다.

이 변론문이 발화된 재판은 아폴론 델피니온 성소인 델피니온에서 열린 것으로 간주되나 아레오파고스에서 열린 것으로 보는 견해도 있다. 전자는 정당방위에 관련한 재판, 후자는 고의 살인에 관련한 재판이 열리는 곳이다.

농부인 에우필레토스는 자신의 아내가 에라토스테네스와 밀회한다는 정보를 입수하고, 마침내 현장을 습격하여 증인들이 보는 가운데 에라토스테네스를 죽였다. 살해당한 에라토스테네스의 친척들은 이 살해 사건이 사전 계획에 의해 이뤄진 것이라고 주장한다.

이 변론문을 통해서 당시 부부 사이의 정조는 어떻게 다루어졌는지, 간음과 그에 대한 징벌은 어떻게 이루어졌는지 등의 모습을 엿볼 수 있다.

설득에 의한 간음은 강간보다 더 엄하게 처벌되었다. 후자의 경우 희생자가 강간자를 미워할 수 있지만, 전자의 경우는 희생자의 의식까지 타락시킨다고 여겨졌기 때문이다.

당시의 법에 따르면, 부인, 여형제, 어머니, 정부와 관계를 가진 자를 죽일 수 있으며, 그 때문에 재판을 받게 되면 살인은 합법적 행위로 간주된다. 아니면 배상금을 요구하는 등 피해를 구제받을 수도 있다. 만일 간음한 자가 현장에서 잡힌 것이 아니라면 죽여서는 안 되고 대신 '간음의 고소'(graphe moicheias) 절차를 밟는다.

간음을 한 여인은 공적 종교행사에 참여할 수 없으며, 이를 어긴 여인은 처벌받았다.

⚖

1   여러분, 제가 중요하다고 생각하는 것은 여러분이 저와 같은 처지에 있는 것처럼 이 사건을 재판해주었으면 하는 것입니다. 저는 여러분이 다른 사람의 처지에 대해서 여러분 자신이 처한 것과 같이 생각하신다면, 이런 사건을 두고 분노하지 않은 분은 아무도 없을 것이고 또 여러분 모두가 이런 일을 저지른 사람에게 주어지는 벌이 너무 가볍다고 생각하리라는 것을 제가

2   잘 알고 있기 때문입니다. 실로 여러분뿐만 아니라 온 헬라스(그리스)에서 그렇게 보고 있습니다. 이 같은 (당해 재판 대상) 범죄에 대해서만은 민주정과 과두정에서 공히 가장 약한 자에게 대한 벌이 마찬가지로 가장 강한 자에게도 내려지고, 이로써 가장 비천한 자가 가장 고귀한 자와 같이 취급되기 때문입니다. 재판관 여러분, 이렇게 모든 사람들이 이런 범죄행위를 혐

오하고 있습니다. 처벌의 수위에 관련하여 여러분 모두 같은   3
의견이라고 저는 생각합니다. 또 여러분 중 아무도 이런 범죄
를 저지른 사람이 무죄 방면되거나, 가벼운 벌로 책임을 면하
는 것이 타당하다고 쉽게 생각하지는 않을 것이라 믿습니다.
그렇지만 여러분, 제가 말씀드리려는 것은 에라토스테네스가   4
제 아내와 간통한 사실, 그리고 그가 제 집을 침범함으로써 그
녀뿐 아니라 제 자식들과 저 자신까지도 능욕한 사실, 그리고
그와 저 사이의 적의는 이번 사건 외에는 없다는 사실, 또 제가
이렇게 고소한 것이 돈을 노려서 가난을 벗고 부를 획득하려는
것이 아니라는 사실, 합법적인 처벌 이외에 어떤 다른 이익을
취하려는 것이 아니라는 사실입니다. 그래서 사건의 전말을 하   5
나도 빼놓지 않고 진실하게 여러분께 말씀드리도록 하겠습니
다. 제가 방면되는 유일한 길이 일어난 일에 대해 제가 여러분
께 가능한 한 드리는 말에 달려 있다고 믿기 때문입니다.

　아테나이인 여러분, 제가 결혼하려고 마음먹고 제 아내를   6
저의 집으로 데려온 후, 한동안 그녀를 귀찮게 하지도 않았고
또 너무 방만하여 제멋대로 하도록 내버려두지도 않았습니다.
그저 가능한 한 주시를 했고 마땅하게 신경을 썼습니다. 그런
데 아이가 생긴 다음 그녀를 믿기 시작했고, 이제 완전히 제
사람이 되었다는 생각에 저의 모든 것을 그녀에게 맡기기 시작
했습니다. 아테나이인 여러분, 사실이지 처음에 그녀는 누구   7
보다 완벽한 아내였습니다. 현숙하고 검소한 주부였으며, 모
든 것을 깔끔하게 처리했습니다. 그러나 제 어머니가 죽었을

8   때, 그 죽음이 제 모든 곤경의 빌미가 되었습니다. 바로 그 장
    례식장에서 이 사람(에라토스테네스)이 제 아내를 보게 되었
    고, 곧 그녀를 농락하게 된 것입니다. 시장으로 가는 하녀를
    기다리고 있다가 그 여주인인 제 아내에게 연통을 하게 하여
9   그녀를 타락하게 만든 것입니다. 여러분, 가장 먼저 제가 말
    씀드려야 하는 것은 다음과 같습니다. 제 집은 2층 구조로 되
    어 있고, 위층이 아래층과 같은 공간을 가지고 있으며, 원래
    위층은 부인, 아래층은 남편이 쓰도록 되어 있습니다. 그러다
    아이가 태어나자 그 어미가 젖을 물려 키웠습니다. 때마다 아
    이를 씻겨야 했기에 번번이 아내가 계단을 내려오는 번거로움
    을 피하기 위해서 제가 위층을 쓰고 아내가 아래층을 쓰게 되
10 었습니다. 그렇게 습관이 되어서 제 아내는 자주 저를 두고 아
    래로 내려가 아이와 함께 자면서 젖을 물리고 울면 달래곤 했
    지요. 한동안 이런 일이 거듭되는 가운데 저는 전혀 의심을 하
    지 않았고, 그저 바보같이 내 아내가 이 도시에서 가장 순결하
11 다고만 생각했습니다. 그렇게 시간이 흘렀지요. 여러분, 제가
    들에서 갑자기 집으로 돌아왔는데, 저녁식사 후에 아이가 까
    탈스럽게 울기 시작했어요. 하녀가 그렇게 울도록 아이를 건
    드렸던 것이고, 그즈음에 그이(에라토스테네스)가 제 집에 와
    있었다는 것, 그런 모든 사실을 나중에야 제가 알게 된 것입니
12 다. 그래서 제가 아내에게 내려가서 아이에게 젖을 주어서 울
    지 못하도록 하라고 말했지요. 그랬더니 처음에는 그녀가 거
    절을 했어요. 마치 한동안 나가 있었던 저를 보는 것이 기쁜

것처럼. 제가 화를 내면서 내려가라고 했더니, 그제야 그녀는 이렇게 말하곤 했어요. "알겠어요. 당신이 여기서 어린 하녀와 노닥거리려는 거군요. 저번에도 당신이 술에 취해서 그녀에게 집적거렸잖아요." 그래서 제가 웃었어요. 그러자 그녀가   13 일어나서 방을 나가며 장난을 치는 것처럼 방문을 잠그고는 열쇠를 가지고 내려갔어요.1 저는 그런 것에 개의치 않았고 일말의 의심도 하지 않은 채, 들에서 돌아온 차에 흡족한 마음으로 잠이 들었지요. 날이 샐 무렵 그녀가 와서 문을 열어주었어요.   14 왜 밤중에 문소리가 났느냐고 제가 물었더니 아내는 아이 곁에 있던 등잔불이 꺼져서 이웃에 가서 다시 불을 붙여왔노라고 했어요. 그러면 저는 입 다물고 그러려니 생각했지요. 그즈음 제가 깨달은 것은, 여러분, 그녀의 형제2가 죽은 지 30일도 지나지 않았는데 그녀가 얼굴에 분칠을 하고 있었다는 사실입니다. 그래도 저는 일언반구하지 않았고 조용하게 바깥으로 나와버렸어요. 그 후, 여러분, 저는 한동안 저를 둘러싸고 벌어   15 지는 상황을 모르고 있었지요. 그러다 한 노파를 만나게 되었는데, 제가 나중에 알게 된 사실로 그 노파는 그 남자(에라토스

---

1   아내가 문을 잠근 것이 마치 하녀가 들어오지 못하도록 하려고 하려는 것처럼 보여서 남편인 에우필레토스도 장난 같은 아내의 행위에 의혹을 품지 않았다는 뜻이다.
2   이 형제가 남편인 에우필레토스의 형제인지 그 아내의 형제인지가 명확하게 언급되지 않아서 해석상의 차이가 있다. Loeb 판본 등에서는 아내의 형제인 것으로 번역한다. Cf. Lamb, W. R. M. trans. (1930/1976), *Lysias*, in *Loeb Classical Library*, Cambridge Mass, p. 11.

테네스) 와 관계를 가지고 있던 한 부인이 은밀하게 보낸 사람이었습니다. 그 부인은 그 남자가 더 이상 일정하게 그녀를 찾아오지 않아서 그이에 대해 분노하고 자신이 모욕을 당했다고 생각했지요. 그리고 그의 뒤를 밟아서 그 원인을 알게 되었던 것입니다. 노파는 제 집 가까운 곳에서 저를 기다리고 있다가 다가와서 이렇게 말해주었어요. "에우필레토스여, 내가 당신에게 와서 말해주는 것을 오지랖 넓다고는 생각하지 마십시오. 당신과 당신의 아내를 능욕하는 그 남자는 우리의 적이기도 하기 때문입니다. 만일 시장을 나다니고 당신에게 시중을 드는 하녀를 붙들어서 문초를 하면 모든 사실을 알게 될 거예요. 이 일을 벌인 것은 오에 출신 에라토스테네스랍니다. 그이가 당신 아내뿐 아니라 다른 많은 여인들을 타락시켰어요. 그는 그런 일에 끼가 있어요." 여러분, 노파는 이런 말을 하고 사라졌어요. 저는 바로 혼란에 빠졌지요. 지난날 이상했던 상황들의 자초지종에 대해 생각이 미치게 되었어요. 처음에 어떻게 내가 방에 갇히게 되었는가 하는 일과, 그 밤중에 바깥 대문과 뜰의 현관문 소리가 났던 일을 기억해냈지요. 그전에는 그런 일이 없었거든요. 또 내 아내가 얼굴에 분칠하고 있던 모습이 생각났어요. 이런 일련의 일들이 생각나면서 저는 의혹으로 가득 찼어요. 집으로 돌아가서 저는 하녀를 보고 시장으로 같이 가자고 하고는 그녀를 제 친구의 집으로 데리고 갔습니다. 그리고는 집안에서 일어난 사건을 내가 다 알고 있다고 으름장을 놓으면서 말했지요. "너는 둘 중에서 하나를 선택

할 수가 있다. 두들겨 맞고 번민하며 돌이킬 수 없는 시궁창에
빠져 살든지 아니면 진실을 밝혀서 네가 한 짓에 대해서 아무
런 벌을 받지 않고 내 용서를 구하든지 하거라. 다만 거짓말은
조금도 하지 말고 진실을 모두 털어놓도록 해라." 그러자 하녀   19
는 처음에는 부인하며 자기는 아무것도 모르니 저러러 하고 싶
은 대로 하라고 했어요. 그런데 내가 에라토스테네스의 이름
을 대며 그이가 내 아내를 찾아왔던 사람이라고 하자, 하녀는
제가 모든 일을 다 아는 줄로 알고 놀라는 거예요. 그리고는
바로 내 무릎 아래 꿇어앉아서는 아무 벌도 내리지 않겠다는
저의 약속을 받아낸 다음 실토했어요. 그(에라토스테네스)가   20
장례식을 치른 다음에 그녀에게 처음 접근했고, 결국 그녀 자
신이 그이의 연락병 노릇을 하게 되었으며, 이어서 제 아내가
그의 꾐에 빠져 어떻게 그를 끌어들일까 방법을 궁리해냈고,
또 테스모포리아3 축제가 되어 제가 들에 나가 있을 때 제 아
내가 어떻게 그의 어머니와 함께 신전으로 나들이했던가 하는
사실 등이었습니다. 그 외에도 하녀는 일어났던 일을 소상히
제게 들려주었지요. 그녀를 통해 사건의 전모를 알게 되자 제   21
가 말했어요. "알았다. 지금은 세상 아무도 이에 대해 알지 못
하게 하거라. 그렇지 않으면 나와 함께 한 약속은 무효가 된

---

3 테스모포리아는 데메테르 여신과 페르세포네 여신을 기리는 축제로 피아넵시온
  (*Pyanepsion*) 달(10~11월경) 11~13일 사흘 동안 거행되었다. 이 축제는 기혼
  여성들의 참여에 의해 이루어졌고, 외도를 한 이력이 있는 여인의 참여는 신성모
  독으로 금지되었다.

다. 그리고 너는 그들이 만나는 현장을 내게 보여다오. 사실이 그러하다면 말이 아니라 실제로 확인되어야 한다.” 이렇게 하녀는 제 말대로 하기로 했습니다. 그런 다음 사나흘이 지났을 때였습니다. 4 이에 대해 제가 분명한 증거를 보여드리도록 하겠습니다. 그런데 그에 앞서 제가 말씀드리고 싶은 것은 마지막 날 일어난 사건입니다. 제게는 소스트라토스라고 하는 막역한 친구가 있습니다. 해질 무렵 저는 들에서 돌아오는 그를 만났어요. 그 시각 무렵에 친구들이 아무도 집에 붙어 있지 않아 그가 만날 수 없다는 것을 알기 때문에, 제가 그를 저녁 식사에 초대했습니다. 우리는 제 집으로 와서 위층으로 올라가 저녁식사를 했지요. 그는 맛있게 식사를 마친 다음 제 집에서 나갔습니다. 그리고 저는 잠자리에 들었어요. 여러분, 그 때 에라토스테네스가 내 집으로 들어왔고, 하녀가 바로 저를 깨우면서 그가 집안에 있다고 알려주었어요. 저는 하녀에게 문을 지키라고 부탁하고, 조용하게 아래층으로 내려가 밖으로 나갔습니다. 그리고 친구들을 하나하나 불러 모았는데, 어떤 이는 집에 있고 어떤 이는 없었습니다. 저는 그곳에 있는 친구들을 최대한 모은 다음, 우리는 가장 가까운 상점5에서 횃불을 구하여 제 집으로 왔습니다. 하녀에게 미리 말해두었으므로

22

23

24

---

4 고대 원문에는 이곳에 공백이 있다. 그래서 다음에 이어지는 내용은 빈 부분에 있었으나 현재 없어진 내용에 관련되는 것이라고 하겠다.
5 상점(카펠레이온)은 오늘날의 잡화상 같은 것으로 밤늦게까지 영업을 했다.

대문은 열려 있었지요. 우리는 침실의 문을 열치고 들어갔고, 우리 중 가장 먼저 들어간 자는 그(에라토스테네스)가 제 아내와 함께 누워 있는 것을 보았습니다. 뒤따라 들어간 사람들은 그가 벌거벗은 채 침대 옆에 서 있는 것을 보게 되었습니다. 여러분, 저는 그를 때려눕히고 그 두 팔을 뒤로 돌려 묶었습니다. 그런 다음 왜 무례하게 제 집을 침범했는지를 물었습니다. 그는 자신의 죄를 인정했고, 자신을 죽이지 말고 그 대신 돈으로 보상받으라고 애원했습니다. 그래서 제가 대답했지요. "자네를 죽이는 것은 내가 아니라 우리 도시의 법이네. 자네는 그 법을 어기고 자네 쾌락보다 더 가볍게 여겼으며, 법에 복종하고 신사가 되기보다는 오히려 내 아내와 내 자식을 능욕하는 죄를 범하는 쪽을 택했던 것이네." 여러분, 이렇게 그이는 그런 죄를 범한 사람에 대해 법이 규정하고 있는 벌을 받은 것입니다. 그의 편 사람들이 주장하는 것과 같이 그렇게 그가 길에서 강제로 집안으로 끌려 들어오거나 제 집으로 피신을 하려고 들어온 것이 절대 아닙니다. 어떻게 그런 상황이 가능했겠습니까? 그가 맞고 쓰러진 그곳은 바로 침실이었고, 그곳에서 제가 그의 팔을 뒤로 묶었으며, 집안에 많은 사람들이 있었고, 그는 집으로 들이닥친 사람들을 때려눕힐 만한 무쇠나 나무 몽둥이 같은 것을 가지고 있지 않았으므로 도망가지 못했던 것입니다. 그렇지만 여러분, 저는 물론 여러분도 알고 있다고 제가 믿는 것은, 정의에 반하여 행동하는 사람은 적(敵)이 진실을 말한다는 사실을 인정하지 않고, 스스로 거짓을 말하고 간

25

26

27

28

계들을 이용하여, 청중들로 하여금 정의롭게 행동하는 자들에 대해 분노하도록 부추긴다는 것입니다. 그러니 먼저 법조문을 읽어주십시오. 6

법조문

29 여러분, 그는 사실을 부인하지 않았고 자신의 죄를 인정하면서 죽이지만 말아달라고 하고 돈으로 보상하겠다고 애원했습니다. 그렇지만 저는 그의 제안에 응하지 않았습니다. 저는 우리나라의 법이 더 중요하다고 생각하기 때문입니다. 또 저는 그런 짓거리를 한 사람이 받아야 할 가장 공정한 징벌로 여러분이 제정해놓은 그 법에 따라 그를 벌한 것입니다. 이제 제 증인이 나와 이와 관련하여 증언을 하도록 하겠습니다.

---

6   Cf. Plutarchos, *Solon*, 23. "솔론법은 아주 불합리해 보인다. 예를 들어, 솔론이 간음현장에서 잡힌 사람은 죽일 수 있도록 허용했다. 그러나 한 남자가 자유인 여인을 강간하면 1백 드라크메의 벌금만 물면 되도록 했다. 그리고 설득으로 목적을 달성했다면, 만일 공개적으로 몸을 파는 창부가 아닌 경우, 20드라크메만 물면 되도록 한 것이다. 창부는 돈을 주는 사람에게 가는 것이기 때문이다(즉, 그 때문에 대상에서 제외된다). 더구나 딸이나 누이가 더 이상 처녀가 아닌 경우를 제외하고는 어떤 남자도 이들을 팔 수가 없다. 그러나 같은 범죄를 어떤 때는 더 가혹하게 또 어떤 때는 벌금을 가볍게 함으로써 더 유연하게 처벌하는 것은 불합리하다. 그 당시 도시에 돈이 귀하여 그것을 구하는 데 어려움이 있어 벌금형이 아주 과중한 부담이 되는 경우가 아니라면 말이다."

아울러 아레오파고스 기둥에 새겨져 있는 법을 읽어주시기 바 　30
랍니다.

법조문

여러분, 예나 지금이나 마찬가지로 살인사건을 재판해온 아레
오파고스 재판소7에서는 배우자와의 간통 현장에서 잡힌 간부
(姦夫)에게 복수한 자는 살인죄에 걸리지 않는다고 분명하게 규
정하고 있음을 들으셨습니다. 입법자는 〔합법의〕 기혼부녀8의 　31
경우 이 같은 응징을 너무 분명히 명시하여 이 같은 응징이 그보
다 못한 정부(情婦)의 경우에도 적용되도록 했습니다. 그래서
만일 입법자가 기혼부녀의 경우에 이보다 더 무거운 벌을 가할
수만 있었더라면 그렇게 했으리라는 것이 명백하다고 하겠습니
다. 그러나 실로 이 경우에 더 가혹한 벌은 찾아낼 수 없었으므

7　아레오파고스 의회는 전직 아르콘(장관) 등 명망 있는 사람들을 중심으로 구성되
　는 아테나이의 권위 있는 전통적 회의체로서 주요 국사(國事)나 살인죄 등 중대
　현안에 대한 재판소로 기능했으며, 각 부족 혹은 지역에서 일정 수로 구성되는
　400인 혹은 500인 의회와 구성 방법이 다르다. 고의 살인이나 계획적 상해, 신성
　모독죄 등이 아레오파고스 의회에서 재판을 받았다. 이 책 용어 해설 중 '아레오파
　고스 의회' 항목 참조.
8　'기혼부녀'(gametai gynai)는 합법적인 부인을 말한다. '정부'(pallakai)는 합법적
　혼인이 아닌 채 동거 혹은 관계를 가지는 여인을 말한다.

로 정부의 경우와 같은 벌로 규정한 것입니다. 이 법도 읽어주십시오.

법조문

32 　여러분, 자유인이나 아이를 강제로 능욕한 자는 이중의 벌을 받도록 합니다. 또 부녀를 강제로 능욕한 자도 (이때는 살인이 허용되는 경우가 있는 것인데) 그와 같은 벌을 받도록 하고 있다는 사실을 여러분은 들으셨습니다. 이렇게 입법자는, 여러분, 폭력을 사용한 자가 유혹을 한 자보다 적은 벌을 받도록 했습니다. 후자의 경우는 죽음을 당할 수도 있으나, 전자는 벌을

33 두 배9로만 했기 때문입니다. 그것은, 힘으로 원한 바를 얻은 자는 강제를 당한 사람으로부터 미움을 받게 되지만, 유혹을 한 자는 그로 인해 희생자의 정신을 타락시키고, 타인의 아내를 그 남편보다 자신에게 더 가깝도록 만들며, 전 가정을 자신의 손아귀에 장악하고, 또 그 아이들조차 남편의 것인지 간부(姦夫)의 것인지도 모르게 만드는 까닭입니다. 이런 점들을 고려하여 입법자는 그런 자에 대한 벌로 살해를 허용했습니

34 다. 그러므로 여러분, 제가 잘못한 것이 아니라는 것을 법이 인정하고 있을 뿐만 아니라, 이런 벌을 내리도록 명하고 있습

9　자유인 여인을 강간한 경우 노예 여인을 강간한 경우보다 벌을 두 배로 내린다는 뜻이다.

니다. 그 법이 유효한 것인지 아닌지는 여러분이 결정할 몫입니다. 제 생각에는 모든 도시가 법을 제정하는 것은 바로 이 때 35
문, 즉 우리가 잘 모르는 문제가 생기면 거기에 기준을 두고 또 우리가 행해야 할 바를 결정하기 위해서입니다. 현안의 경우, 피해를 본 측에서 이와 같은 징벌을 행하도록 규정한 것이 바로 이들이라 하겠습니다. 저는 여러분이 이들의 의견에 따를 36
것을 청합니다. 그렇지 않으면 여러분은 간부를 방종하게 함으로써 도둑들도 스스로 간부라 자처하고 나서도록 조장하게 될 것입니다. 만일 그 도둑들이 이런 구실로 자신을 방어하면서 남의 집에 간통을 하려 들어갔다고 한다면 아무도 그들을 벌하려 하지 않으리라고 믿게 될 것이기 때문입니다. 그리고 간통 관련법이 사법(死法)이 되어버렸고, 여러분의 결정이 나라의 모든 사안에서 최고 권위를 가짐으로써, 두려워할 것은 여러분의 결정밖에 없다고 모든 이가 생각하게 되겠지요.

여러분, 저의 반대편 사람(원고 측)들이 말하는 것을 한번 37
생각해보십시오. 그들의 비난에 따르면, 제가 그날 하녀에게 명하여 그 젊은이를 불러들였다고 합니다. 그러나 여러분, 저는 아내를 타락하게 한 자를 잡으려고 온갖 방법을 구사했다는 점에서 저 자신이 정당했다고 봅니다. 만일 제가 그를 불러들 38
였고 그가 말만 하고 행동을 하지 않은 상황에서 만일 제가 하녀에게 그를 잡으라고 했다면, 제 잘못이 되었을 것입니다. 그러나 그가 그 목적을 위해 음모를 꾸미고 제 집을 자주 드나들어서 제가 그를 잡으려고 가능한 방법을 구사했다면 저는 적절

39   한 행위를 한 것으로 간주되어야 합니다. 또 이 점에 대해서도 어떻게 그들이 거짓말을 하고 있는지 보십시오. 여러분은 그 것을 다음의 설명으로 간단하게 깨닫게 될 것입니다. 제가 앞 에서 여러분께 말씀드렸듯이, 소스트라토스는 제 절친한 친구 였습니다. 해질 무렵에 그는 들에서 돌아오다가 저를 만났고 저랑 저녁식사를 했습니다. 저녁을 잘 먹고 그는 나갔습니다.

40   여러분, 무엇보다 이 점을 유념해 주십시오. 만일 그날 밤 제 가 에라토스테네스를 잡으려고 음모를 꾸민 것이라면, 둘 중 어느 것이 더 제게 득이 되었겠습니까? 다른 곳으로 가서 저녁 을 먹는 것이겠습니까, 아니면 친구를 제 집으로 데리고 와서 식사를 하는 것이겠습니까? 후자의 경우라면 그이(에라토스테 네스)가 제 집으로 감히 들어오려고 하지 않았겠지요. 두 번째 로 유념하실 것은, 식사 후에 제 친구가 떠나가버리면 제가 혼 자 남아 도움을 받지 못하므로 떠나가지 않도록 해서 제가 간

41 부에게 복수할 때 곁에 있도록 하려고 하지 않았겠습니까? 또 (만일 제가 그를 잡으려고 음모를 꾸민 것이라면) 친구들이 집에 있는지 없는지도 알지 못한 채 밤이 될 때까지 기다렸다가 돌 아다니면서 그들을 찾아다니려고 하기보다, 낮에 미리 친구들 에게 연통을 하여 제 집 가까운 곳에 있는 친구 집에 모이도록 조치했을 것이라고 여러분은 생각하지 않습니까? 실로 저는 하르모디오스와 다른 한 사람을 찾아갔는데, 그들은 시내에 없었고 그들이 없다는 사실을 저는 모르고 있었습니다. 그리 고 다른 이들도 시내에 없었어요. 그래서 형편이 되는 사람들

만 데리고 온 것입니다. 더구나, 만일 제가 이런 것들을 미리
계획한 것이라면, 제가 하인들을 불러 모으고 친구들을 초청
하는 등 안전장치를 마련한 다음 현장으로 들어갔을 것이라고
여러분은 생각하지 않습니까? 그도 역시 무기를 가지고 있을
지 알 수 없는 상황이었고, 또 가능한 한 많은 증인들이 있는
데서 그를 벌할 수 있었을 테니까요. 그러나 실제로 저는 그날
밤 어떤 일이 벌어질지 전혀 알지 못했으므로 가능한 친구들만
데리고 온 것입니다. 제 증인들이 앞으로 나와서 제 말을 증명
하도록 해주십시오.

증언들

여러분, 여러분은 증언들을 들으셨습니다. 이 사건과 관련하
여 한 가지 더 여러분 스스로 고려하실 것은, 이 사건을 제외하
고 저와 에라토스테네스 사이에 다른 어떤 적의가 있었는지 하
는 것입니다. 이 점에 대해 여러분은 아무것도 찾을 수 없을 것
입니다. 그가 저를 상대로 고발을 한 적도 없고 이 도시에서 저
를 추방하려고 한 적도 없으며, 사적 이해관계로 소송을 걸어온
적도 없습니다. 또 제가 들키기를 두려워하는 어떤 약점을 그가
알기 때문에 제가 그를 파멸시키려 하는 것도 아니고, 제가 이
번 사건을 성공리에 마치면 어디서 돈이 굴러떨어지는 것도 아
닙니다. 사람들 중에는 그런 목적으로 상대가 죽도록 서로 음모
를 꾸미기도 하는 자들도 있으니까요. 실로 욕설이나 술자리 난

동 혹은 그런 유의 충돌이 우리 사이에 일어날 수가 없는 것이, 저는 그날 밤 이전에 그를 본 적이 없기 때문입니다. 그러니 제가 그로부터 크게 모욕을 당한 적도 없는데 무엇 때문에 제가 그 46 런 파멸의 위험을 자초하겠습니까? 또 제가 만일 부당하게 그를 죽이려고 했다면 아무도 그것을 알지 못하도록 조치할 수 있었을 텐데도 왜 스스로 증인들을 불러서 그 사악한 행위를 목격하도록 했겠습니까?

47   그래서 여러분, 이번 징벌행위는 저의 사리를 위해서 한 것이 아니라 도시 전체를 위한 것이라고 생각합니다.10 그런 범죄를 저지른 자들은 그 위법행위에 대한 대가가 어떤 것인지를 보고, 만일 여러분도 그 같은 견해를 가지고 있다는 것을 깨닫게 된다면, 그들의 이웃을 덜 해치게 될 것이기 때문입니다.

48 그렇지 않다면, 기존의 법을 없애고, 아예 다른 법을 만들어서 자신의 아내를 지키려는 사람들을 벌하고 그 여인들을 타락시키는 이들을 무죄로 하여 보호하는 것이 훨씬 더 나을 것입니

49 다. 그렇게 하는 것이 시민들이 법의 함정에 빠지도록 하는 것보다 훨씬 더 공정한 일이 될 것입니다. 법은 간부를 잡은 자가 그 간부를 원하는 대로 하도록 허용하고 있으나, 정작 재판에

---

10 결론 부분에서 화자(話者)는 서론 부분에서 표현했던 것과 같은 분위기로 돌아온다. 즉, 자신이 간통한 자를 살해한 행위를 합리화하고, 이런 일로 재판을 받고 패소 가능성이 있다는 사실 자체가 불합리하다는 점을 강조한다. 여기서 리시아스는 신랄하고 냉소적인 화법을 구사하며, 그의 많은 작품에서 이런 특징이 나타난다.

서는 법을 무시하고 남의 여자를 능욕한 자보다 피해를 당한 자에게 더 가혹한 것으로 보이니까요. 그것은 지금 제가 이 도 50 시의 법을 따랐기 때문에 저의 생명과 재산, 그 밖에 제가 가진 모든 것을 잃을 형편에 처해 있기 때문입니다.

2

코린토스를 도우다 전사한 이들을
위한 장례추도사

역자 해설

〈코린토스를 도우다 전사한 이들을 위한 장례추도사〉(이하 〈장례추도사〉 혹은 〈추도사〉로 줄임)는 〈올림피아코스〉와 마찬가지로 기념사로서, 기원전 395~386년의 코린토스전쟁에서 전사한 사람들을 기리는 것이다. 이 전쟁에서 라케다이몬인들은 코린토스만의 항구 레카이온과 코린토스를 연결하는 성벽을 장악했다.

기원전 4세기 초 헬라스에서는 반(反)라케다이몬 정서가 팽배하여, 아테나이, 코린토스, 테바이, 아르고스 등이 연합하여 코린토스에 공동사령부를 두었다. 도시는 변론가 아르키노스에게 추도사를 하도록 부탁했고, 이 〈추도사〉는 그가 대중 앞에서 발표한 것이다. 리시아스는 거류외인[1]으로서 〈추도사〉를 할 수 있는 자격이 없었다.

---

1 '거류외인'(*metoikos*, 복수 *metoikoi*)은 다른 지역에서 옮겨와서 거주하는 사람을 말한다. 경우에 따라 시민과 동등한 권한을 인정받기도, 그렇지 않기도 했다. 이에 대한 상세한 설명은 이 책 용어 해설 중 '거류외인' 항목 참조.

이 추도사에는 전사자들에 대한 찬양, 죽은 자들의 용기가 산 자들에 대한 교훈이 된다는 사실 등이 열거되고, 마지막에는 죽은 자들의 가족과 친척들에 대해 예우해야 할 필요성이 언급된다. 또한 전사자들의 용기의 근원을 설명하기 위해 옛날 도시와 그 토착민의 미덕으로 거슬러 올라간다. 이들이 법의 지배에 기초한 민주정체를 수립했고, 페르시아전쟁, 헬라스인들 간의 내란, 그리고 아테나이의 지도력이 전 헬라스에 기여한 사실 등을 언급한다. 아테나이 역사의 주요 흐름이 간단하게 요약되어 소개되는 가운데, 아테나이 도시는 높은 긍지를 가지고 언제나 헬라스인들을 위해 봉사하는 것을 유일한 가치로서 받아들인다는 점, 그 시민들은 조국의 영광을 회복하기 위하여 노력한다는 점 등이 강조된다. 다른 한편, 무시하거나 특별히 강조함이 없이 담담한 어조로 페르시아전쟁 시기 라케다이몬인들이 기여한 바를 서술한다. 마지막에는 살아 있는 친척들의 슬픔을 확인하고 그들의 자제를 촉구하며, 영광의 죽음을 택한 전사자들을 치하한다.

이 기념사가 실제로 리시아스의 작품인지에 대해 논란이 있으나, 다수가 그의 것으로 본다. 이 글의 풍성한 문체가 리시아스의 다른 글과 차이가 있는데, 그것은 기념사의 성격 자체가 소박하고 단순한 재판소의 변론과는 다르기 때문이라고 할 수 있겠다.

⚖

이 무덤을 찾은 동지 여러분, 제가 여기 누워 있는 이들의 용기   1
(arete) 2가 말로 표현될 수 있다고 믿었다면, 저는 이들을 기리
도록 불과 며칠 전에 제게 부탁해온 이들을 원망했을 것입니
다. 그러나 그 누구에게나, 또 모든 시간을 다 준다 해도 이들
의 공적에 어울리는 찬사를 준비하는 데는 충분하지 않을 것이
기 때문에, 제 생각에는 이 도시 당국이 이 자리에 설 연사를
배려하여 고작 며칠 만에 준비를 하도록 부탁을 했을 것입니
다. 그래야 청중들로부터 용서를 구할 수 있기 때문이겠지요.
저는 물론 이들에 관해 이야기를 하겠습니다만, 저의 논점은   2
이들의 공적이 아니라 저보다 먼저 이들을 기렸던 연사들에 대
한 것입니다. 이들의 용기가 시를 쓰는 사람들과 연설을 하도
록 부탁받은 사람들 모두에게 풍성한 재료를 제공했습니다.
또한, 많은 공적들이 저보다 앞선 이들에 의해 언급되었음에
도 많은 것들이 여전히 생략된 채 남아 있어서 그 후계자들이
이어갈 수가 있습니다. 이들이 밟지 않은 땅과 바다가 아무 데
도 없고, 모든 장소와 온 세상 사람들이, 그들 자신의 불행을
슬퍼하는 이들마저도 이들의 용기를 기리고 있습니다. 3

---

2 '아레테'(arete)는 용기 혹은 덕성을 의미한다. 이 글에서는 각각 문맥에 따라 '용
   기'로 번역하기도, '덕성'으로 번역하기도 했다.
3 다른 기념사와 같이 이 글의 서론 부분에서도 추도의 대상이 되는 이들을 칭송하

3   그래서 가장 먼저 저는 우리 조상들의 명성에 대한 기억으로부터 그들이 겪었던 예전의 고난에 대해 말하렵니다. 노래로 찬양하고 그들의 공적에 대한 찬사를 드리며, 또 지금과 같은 기회를 얻어 칭송하는 동시에 죽은 자의 업적을 통해 산 자를 위한 교훈을 얻는 것으로써, 그들을 기념하는 것은 모든 이들에게 의미가 있습니다.

4   예전에는 아레스의 딸들인 아마존족4이 테르모돈5 강가에 살았습니다. 그 지역에서 이들만이 쇠로 무장을 했고, 처음으로 말을 탔습니다. 이런 것들을 통해 당황하여 달아나는 적들을 기습해 잡아내고 또 추격해오는 적들을 따돌리곤 했습니다. 이들의 성별은 여성이었지만 높은 기개를 가진 점에서 남성으

는 화려한 수사가 사용된다. 이소크라테스와 데모스테네스에서도 이와 같은 풍의 화법이 구사된다. 이 추도사는 현재까지 남아 전하는 5개 기념사 가운데 하나이다. 나머지 4개는 투키디데스의 《역사》(펠로폰네소스 전쟁사)에 나오는 페리클레스의 추도사, 기원전 338년 카이로네이아에서 마케도니아의 필리포스 Ⅱ세에 저항하다 전사한 자들에 대한 데모스테네스의 추도사, 기원전 323년 라미아 전투에서 전사한 자에 대한 히페레이데스의 추도사, 그리고 플라톤의 《대화편》에 수록된 〈메넥세노스〉에 나오는 것으로 소크라테스가 아스파시아로 추정되는 인물에 대해서 한 추도사가 그것이다.

4   전투적인 여인족으로 스키티아에서 이주해 와 카파도키아의 테르모돈 강변에 살았다고 전한다. 이들은 코카서스의 가르가레이스(Gargareis) 인들과만 관계를 하여 아이를 얻었다. 아이가 태어나면 여자 아이만 남기고 남자 아이는 부친에게 보냈다. 한편 플루타르코스의 〈테세우스〉(26. 1) 편에는 테세우스가 흑해 지역에서 아마존과 싸워 아마존의 여인 안티오페를 전리품으로 삼았다고, 혹은 생포했다고 전한다.

5   오늘날 터키 북쪽, 흑해로 흘러드는 강줄기이다.

로 간주되었습니다. 육체적으로 부족한 점이 있다기보다는, 용기에 있어서 남성을 훨씬 더 능가하는 것으로 보였기 때문입니다. 많은 민족들을 지배하고 그 주변의 사람들을 복속시키는 업적을 이루는 가운데 이 나라의 굉장한 명성에 대해 접하게 된 우리 조상들은, 많은 명예와 큰 야심을 쫓아서, 가장 호전적인 민족들을 불러 모아 그들과 함께 이 나라로 쳐들어갔습니다. 용감한 남성들을 만난 아마존족은 정신적으로 자연의 성(性)으로 되돌아갔습니다. 이는 그전의 명성과는 반대되는 것이었는데, 그들이 여성성을 돌이킨 것은 육체적인 본성 때문이라기보다는 그들에게 닥친 위기 때문이었습니다. 한편, 이들은 신의 실수로부터 교훈을 얻어 미래의 행동에 대한 지침으로 삼지도 못했고, 또 고향으로 돌아가서 자신들이 당한 불행과 함께 우리 조상들의 용맹함에 대해 알리지도 못했습니다. 이들은 그 자리에서 다 죽음으로써 그 어리석음에 대한 대가를 치렀으며, 그 때문에 한편으로 우리 도시로 하여금 그 용기로써 불멸의 명성을 얻도록 했고, 다른 한편으로 그들의 나라는 그곳에서 당한 패배로 인해 파멸했습니다. 이렇게 이 여인들은 다른 나라를 탐하는 부당한 욕심으로 인해 그 응보로 자신의 나라를 잃었던 것이지요.

한편 아드라스토스6와 폴리네이케스가 테바이로 쳐들어가

5

6

7

---

6 아르고스의 왕이며 폴리네이케스의 장인. 이 둘은 함께 카드모스의 후손들이 사는 테바이로 원정을 가서 크레온에게 왕위를 내놓을 것을 요구했다.

서 패전하고, 카드모스가 전사한 자의 시체를 묻는 것을 허락하지 않았을 때, 아테나이인들은 만일 죽은 자들이 잘못을 저질렀다면 그 죽음으로써 가장 가혹한 대가를 이미 치른 것이라 여겼습니다. 나아가 또 한편으로 지하의 신들이 자신의 몫을 받지 못할 것이고, 다른 한편으로 지상의 신들에게도 신전의 모독으로 말미암아 불경을 범하게 될 위험이 있다고 생각했습니다. 그래서 그들은 먼저 전령을 보내어 시신을 수습할 수 있도록 허가해주기를 요청했습니다. 살았을 때 적을 징벌하는 것은 용사의

8 의무이지만, 사자(死者)의 시신을 두고 기개를 자랑하는 것은 스스로에 대한 믿음을 결여한 것이라고 했습니다. 아테나이인들은 이런 요구가 관철되지 않자 테바이를 향해 진격해갔습니다. 그전에 아테나이인과 카드모스의 후손들 사이에 불화는 없었으며, 살아 있는 아르고스인들에게 아테나이인이 은혜를 베

9 풀려는 것도 아니었습니다. 다만 전사한 사람들을 관습에 따라 예우해야 한다는 생각에 아테나이인은 전투의 위험을 불사했는데, 그것은 분쟁 양측 당사자 모두를 위한 것이었습니다. 한쪽에 대해서는 사자를 능욕함으로써 신을 더 모독하지 않도록 하려는 것이고, 다른 쪽에 대해서는 헬라스의 법을 훼손하고 공동의 희망을 상실한 채 전통의 명예를 얻지도 못하고 조국으로 돌

10 아가는 일이 없도록 하려는 것이었습니다. 이런 마음가짐으로, 또 전쟁의 운은 모든 이에게 공동으로 주어진다는 생각으로 그들은 많은 적을 상대했고, 오직 정의를 우군으로 삼고 싸워서 이겼습니다. 그러나 행운에 취해서 카드모스의 후손들을 더 심

하게 벌하거나 하지 않았고, 오히려 상대의 불경한 행위와 대조적으로 자신의 덕 (arete) 을 실천했습니다. 그리고 원정의 대가, 즉 아르고스인의 시신을 확보하여 자신들의 땅 엘레우시스7에 묻어주었습니다. '테바이를 공격하다 전사한 7인'과 관련하여 아테나이인들이 행한 바는 이와 같습니다.

훗날 헤라클레스가 인간들 사이에서 사라지자8 그 자식들이 에우리스테우스를 피해 달아났으며 또 모든 헬라스인들이 그들을 쫓아냈습니다. 그들은 그렇게 하는 것을 부끄러이 여겼지만 에우리스테우스의 힘을 두려워했던 것입니다. 그런 가운데 헤라클레스의 자식들이 이 도시 (아테나이) 로 왔고 탄원자가 되어 사당에 앉게 되었습니다. 에우리스테우스가 그들을 넘겨달라고 요구했을 때 아테나이인들은 이를 거절했습니다. 이들은 자신에게 닥칠 위험을 걱정하기보다 헤라클레스의 덕을 더 숭배했고, 쫓기는 자를 넘김으로써 강한 자에게 호의를 베풀기보다는 정의의 편에서 약한 자를 위해 싸우는 편을 택했습니다. 에우리스테우스는 당시 펠로폰네소스를 장악하고 있던 사람들과 함께 아테나이로 쳐들어왔는데, 9 아테나이인들은 위험이 다가오는 가운데서도 주저함이 없었고, 그전과 다름없이 단호했습니다. 그 아이들의 아버지로부터 어떤 특별한 은혜를

11

12

13

---

7   Cf. Herodotos, 9. 27.
8   많은 기념사가 헤라클레스 신화에서 소재를 가져온다. 이때 사라진 헤라클레스는 죽지 않고 별이 되었다고 한다.
9   Cf. Herodotos, 9. 27.

받은 것도 아니었고 또 그 아이들이 성장하여 어떤 부류의 사
14 람이 될 것인지도 알지 못한 상황이었는데도 그랬습니다. 에
우리스테우스와의 옛 적의 때문도 아니었고 선의의 명예 이외
의 다른 어떤 이득을 추구했기 때문도 아니었습니다. 다만 정
의라고 생각했기에, 이들은 헤라클레스의 자식들을 위해서 위
험한 모험을 감수했습니다. 이는 피해자를 연민하고 압박하는
자를 미워하여, 후자는 억제하고 전자는 도우려 한 것입니다.
이들은 자신의 뜻에 반하지 않는 것을 자유로, 피해자를 돕는
것을 정의로 삼고, 양편 모두를 위하여 싸우면서 필요할 때 죽
15 음을 불사하는 것을 용기의 상징으로 여겼습니다. 양측의 생
각이 이러했으므로, 에우리스테우스 측에서는 원하는 것을 아
무것도 얻지 못한 반면, 아테나이인들은 에우리스테우스의 요
구에도 불구하고 탄원자들을 그에게 돌려주는 것은 옳지 않다
고 생각했습니다. 아테나이인은 군사력을 총동원하여 전 펠로
폰네소스에서 모집된 적들에게 대항하여 승전했고, 헤라클레
스의 자식들의 신체적 안전을 지켰습니다. 그들을 공포로부터
해방시킴으로써 그 정신을 자유롭게 했습니다. 그리고 스스로
의 위험을 감내하면서 그 아버지의 덕성을 기려 그 자식들에게
16 영예를 수여했던 것입니다. 이렇게 그 자식들은 아버지보다
더 큰 행복을 누리게 되었습니다. 헤라클레스는 온 세상 사람
들을 위해 많은 공적을 남기고 자신의 생애를 고난, 투쟁, 명
예로 점철하면서 실로 타인을 괴롭히는 자들을 징벌했지만,
정작 자신의 적이며 자신을 괴롭혔던 에우리스테우스를 벌하

지 못했던 것입니다. 반면 그의 자식들은 바로 이 도시(아테나이) 덕에 자신의 해방을 실현하는 동시에 그 적을 벌했기 때문입니다.

여러 계기를 통해 우리 선조들은 초지일관의 결의로써 정의   17
를 위해 투쟁해왔습니다. 그들 삶의 신조가 정의였기 때문입니다. 이들은 대부분의 사람들처럼 여러 곳에서 모인 사람들이 아니고10 또 원주민을 몰아내고 이방의 땅에 정착한 사람들도 아니고, 바로 이 땅에서 태어난 사람들로 같은 어머니와 조국을 가진 사람들입니다. 당시 이들은 처음으로 그리고 유일   18
하게 그들 나라의 지배자를 몰아내고 민주정을 세웠습니다. 만인의 자유가 훨씬 더 강한 화합의 길이라는 것을 믿고 또 위험에 직면하여 배태되는 희망을 서로 공유하면서 자유의 정신에 따라 통치했습니다. 그리고 법에 따라서 선인을 기리고 악   19
인을 벌합니다. 힘으로 서로를 종속하는 것은 짐승에게나 있는 것인 반면 인간의 의무는 법에 의해 정의를 규정하고 논리로 설득하며, 이 두 가지에 준하여 행동함으로써 법에 따라 통치되고 이성에 따라 배움을 얻는 것입니다.

실로 우수한 혈통11과 그 같은 심덕으로 이곳에 살았던 우리   20

---

10 아테나이인은 토착민으로 알려져 있었으며, 플라톤의 〈메넥세노스〉에도 이런 사실이 언급된다. 아테나이를 제외한 다른 그리스 땅에는 펠라스고이, 아카이오이, 이오네스 등 여러 이름으로 불리는 종족들이 그리스 본토와 에게해에 걸쳐 분포해 있었다. 그들은 이동하거나 식민지를 건설하면서 살았다.

11 Cf. Platon, *Memexenos*, 237a.

선조들은 선하고 훌륭한 업적들을 많이 이루었습니다. 또 그 후손들도 그들의 용기로 인해 불멸의 대단한 승전비를 곳곳에 남기게 되었습니다. 이들만이 수만의 이민족에 맞서 전체 헬라스를 방어하는 데 자신의 모든 것을 걸고 위험을 감내했기

21 때문입니다. 아시아의 왕은 이미 가진 것에 만족하지 못하고 유럽마저 예속하기 위해 50만의 군대를 보내왔습니다. 이들 이민족은 만일 바로 이 도시의 자발적인 우호를 얻어내거나 혹은 도시를 강제로 정복한다면 나머지 헬라스 땅을 쉬이 점령할 수 있을 것이라 생각하고[12] 마라톤에 상륙했습니다. 그들 생각에는, 공격해오는 적을 막아내는 데 어떤 방법이 가장 좋을까 하는 점에 대해 헬라스인이 서로 충돌하고 있을 때 공격을 한다면 헬라스 측에는 동맹군도 없을 것이라 생각한 것이지요.

22 더구나 그들은 전례를 통해 우리 도시에 대해서 다음과 같이 생각했어요. 그들이 다른 도시를 먼저 공격한다면 아테나이인들과도 함께 싸우게 될 것이라고 말입니다. 아테나이인은 곤경에 빠진 이웃을 자진하여 도우러 오곤 했으니까요. 그렇지 않고 그들이 이곳(아테나이)을 먼저 치게 되면 다른 어떤 헬라스인도 타자를 구하려고 하지 않을 것이고, 자신의 안위를 고려하여 공공연히 이민족의 적의를 사려 하지 않을 것이니까

23 요. 이민족의 생각은 이러했지요. 그러나 우리 선조들은 전쟁

---

12 이 문장의 주어(복수)는 다레이오스의 장군들, 즉 다티스, 아르타페르네스인 것으로 볼 수 있다.

의 위험을 계산하지 않았고 오로지 영광스러운 죽음은 그 훌륭한 행위에 대한 불멸의 칭송을 남긴다고 생각하고는, 적의 수에 겁먹지 않고 오히려 그들 자신의 용기(arete)에 의지했습니다. 13 이민족이 자신의 땅에 와 있다는 사실을 수치로 여기고 이들은 자신의 동맹군이 연락을 받거나 도우러 올 때까지 기다리지도 않았지요. 오히려 다른 이들이 자신을 구하러 오는 것에 감사하기보다 다른 헬라스인들이 이들 자신에게 감사하게끔 하는 편을 택했습니다. 모두가 한마음으로 이런 각오를 다   24
지며 이들은 소수로써 다수의 적을 상대했습니다. 이들 생각에, 모든 이에게 죽음은 당연히 찾아오지만 훌륭한 사람은 소수이며, 또 죽음으로 인해 생명은 사라지지만 감내한 위험에 따르는 명성으로 자신들에 관한 어떤 것을 남길 수가 있다고 여겼습니다. 또 홀로 이길 수 없다면 동맹국들의 도움을 받아도 불가능한 것이고, 또 만일 실패한다면 다른 이들보다 조금전에 죽는 것뿐이고, 승리한다면 자신의 힘으로 다른 이들을 해방하게 되는 것이라고 생각한 것입니다. 이들은 용사로서의   25
진면목을 입증하여, 몸을 사리지 않았고 용기가 필요한 곳에서 그 생명에 연연하지 않았습니다. 그리고 적 앞에서 닥치는 위험을 겁내기보다 그들 도시의 법을 더 중히 여겼습니다. 이렇게 해서 온 헬라스를 위하여 재물을 노리고 그들 국경을 넘어 타자의 땅을 침범한 이민족을 물리친 전승의 기념비를 자신

---

13 Cf. Platon, *Menexenos*, 240d.

26 의 땅에 세웠습니다. 이들이 너무나 신속하게 위기를 극복했
으므로 이민족이 이곳에 닿았다는 소식과 우리 선조들이 승리
했다는 소식이 같은 사자(使者)들에 의해 다른 헬라스인들에
게 전달되었습니다. 실로 다른 헬라스인들은 닥쳐오는 위기에
대한 공포조차 느끼지 못한 채, 승리의 소식만 접한 채 자신의
해방을 기뻐했습니다. 그러니 오래전에 이루어진 이런 공적들
이 언제나 새로운 것처럼 회자되고 그들의 용기가 지금까지도
뭇 사람들에 의해 선망의 대상이 되는 것은 놀랄 일이 아닌 것
입니다.

27 그 후 아시아의 왕 크세르크세스는 헬라스를 깔보았으나 자
신의 야망에 현혹되었고 그 결말로 불명예를 안게 되었습니다.
패전에 성이 난 그는 그런 상황을 야기한 주동자들을 원망했습
니다. 아무튼 역경에 대비할 줄을 몰랐고 또 용감한 인물을 분
별해내는 능력도 없었던 그는 10년간 전쟁 준비를 하여 200척
의 배로 쳐들어왔습니다. 그가 데려온 육군은 그 수가 너무 많
아서 종군한 민족들의 명칭만 적는다 해도 긴 목록이 되었을 것

28 입니다. 그 수에 대한 확실한 증거는 다음의 사건입니다. 크세
르크세스는 헬레스폰토스해협14 바다 넓이가 가장 협소한 곳을
통해 1천 척의 배로 아시아에서 유럽으로 육군을 실어 나를 수
도 있었겠으나 시간이 너무 많이 걸린다고 생각하고 그 계획을

29 변경했습니다. 자연의 순리, 하늘의 섭리와 사람의 목적 등을

---

14 소아시아 서북쪽 끝과 유럽 사이에 놓인 다르다넬스해협을 말한다.

모두 무시하고 그는 헬레스폰토스해협에 주교(舟橋) 15를 놓고 아토스16에 해구(海溝)를 만듦으로써, (헬레스폰토스) 바다를 가로지르는 통로를 건설하고 (아토스) 육지 사이로 배가 지나가 도록 길을 텄습니다. 아무도 그의 뜻을 거역하는 자가 없었지 요. 어떤 이는 싫은데도 복종했고, 어떤 이는 의도적으로 배반 했기 때문입니다. 전자는 저항할 만한 능력이 없었고, 후자는 뇌물로 매수되었던 것입니다. 즉, 이득과 두려움 이 두 가지가 이들을 침묵하게 했습니다. 헬라스가 이와 같은 상황에 처했을   30 때, 아테나이인들은 배를 타고 서둘러 아르테미시온17을 방어 하러 갔습니다. 한편, 라케다이몬18인과 그의 몇몇 동맹국들은 테르모필라이19에서 방어선을 구축했습니다. 이곳은 협곡이었 으므로 적의 진격을 막을 수 있다고 판단했기 때문입니다. 위기   31 는 동시에 들이닥쳤는데, 아테나이인은 해전에서 승리했으나 라케다이몬인은 패전했습니다. 라케다이몬인은 사기가 부족한 것은 아니었으나, 싸울 수 있는 아군과 싸워야 … 20 할 적군의

---

15 주교(舟橋)는 군주 휘하의 인력이 많다는 사실과 그 위세를 상징하는 것이다. 크 세르크세스가 헬레스폰토스에 설치한 것뿐 아니라 다레이오스왕의 스키티아 원정 시 보스포로스해협과 이스트로스강, 율리우스 카이사르(De Bello Gallico, 4)가 론강을 건널 때도 주교(舟橋)가 건조되었다.
16 그리스의 동북쪽 테살로니키만에 연한 칼키디케반도의 일부에 위치한다.
17 그리스 동북쪽 연안의 곶이다.
18 스파르타를 중심으로 한 지역을 의미한다.
19 그리스 중동부의 협곡. 이곳에서 스파르타의 300인 정예부대가 전멸했다.
20 이 부분의 원문에 공백이 있어서 의견에 따라 여러 가지 뜻으로 복원되고 있다.

숫자 파악에서 두 가지 다 오산했고,[21] 적과 싸우다가 패배한
것이 아니라 싸우려고 진을 친 그곳에서 죽음을 맞았습니다. 이
렇게 한쪽(라케다이몬인)은 패전했으나 다른 쪽(아테나이인)은
적의 해로를 제압하게 되자, 적군은 육로를 통해 이 도시(아테
나이)를 향해 진격해왔습니다. 라케다이몬인에게 닥친 재앙을
보고받고 다가올 곤경에 당황한 우리 선조들은, 만일 육지에서
이민족을 대적하기 위해 나간다면 적들이 1천 척의 배로 이 도
시를 공격하여 무방비의 도시를 장악하게 될 것이고, 또 만일
삼단노전선(三段櫓戰船, 전함)을 타고 나간다면 적의 육군에
의해 도시를 빼앗기게 된다는 것을 알게 되었습니다. 적과 싸울
전투력을 보강하는 동시에 도시의 방어력을 충분하게 확보하는
이중의 부담을 다 감당할 수가 없었습니다. 그래서 두 가지 가
운데 하나, 즉 조국을 버리고 떠나든지 아니면 이민족에게 항복
하여 헬라스인을 노예로 만들든지, 둘 중에서 선택해야 했습니
다. 이때 우리 선조들은 수치와 재물을 얻고 나라를 적에게 예
속시키는 것보다는 용기, 가난, 추방을 벗 삼아 자유를 택하기
로 결정했습니다. 그래서 헬라스를 위하여 도시를 떠났습니다.
그래서 육해군 양쪽을 동시에 상대하지 않고 하나씩 차례로 대
적하기 위해서였지요. 우리 선조들은 처자식과 어머니를 안전
하게 살라미스로 피신시킨 다음, 동맹국들의 도움을 요청하여
배를 소집했습니다. 며칠 후 이민족의 육군과 함대가 둘 다 모

32
33
34

---

21 고대 원문에는 이곳의 글자가 누락되었다.

습을 드러냈어요, 그 모습을 보고 누구 한 사람이라도 헬라스의
자유를 위한 싸움에서 우리들의 도시가 감당해야 하는 가공할
위험 앞에서 떨지 않은 이가 있겠습니까? 구원의 기약은 없고   35
위험이 목전에 다가오는 가운데, 저편에 배에 탄 이들을 내다보
는 사람들은 물론, **22** 혹은 가장 사랑하는 이들, 살라미스에 가
있는 소중한 것들을 위해 해전을 앞두고 있는 사람들의 심경이
어떠했겠습니까? 사방이 무수한 적들로 둘러싸여서 눈앞의 곤   36
경에 당면하여 죽음을 기다리는 것은 그나마 나은 것(즉, 겪을
수 있는 최소의 불행)이라고 생각했고, 최악의 상황은 이민족이
승리하여 생포된 사람들이 그들 손에 고초를 당하는 것이었습
니다. 실로 곤경에 처한 이들은 서로 수차례 손을 잡고 분별 있   37
게 서로를 위로했습니다. 아군의 함대 수가 적고 적군의 배가
다수인 것을 보았고, 또 자신의 도시가 무방비로 버려진 가운데
그 땅이 이민족에 의해 약탈, 유린되고 신전은 불타며 온갖 두
려운 상황들이 자신들에게 다가오고 있다는 것을 알았습니다.
그즈음 헬라스인과 이민족의 군가(軍歌)가 서로 섞이고 양편의   38
응원, 죽어가는 이의 비명이 진동했습니다. 바다는 시체로 가
득하고 아군과 적군 가릴 것 없이 파선한 배의 잔해가 넘쳐났습
니다. 해전은 한동안 막상막하로 이어졌지요. 한순간 이들이
승리하여 시름을 놓는 듯하면, 다른 순간 패배하여 낭패를 보았
습니다. 실로 엄습하는 공포 때문에 보지도 못한 많은 것들이   39

---

22 Cf. Herodotos, 8. 44~48; Thucydides, 7. 71.

실제로 본 것 같았고, 듣지도 못한 많은 것들도 들은 것 같았습니다. 신들에 대한 기도, 제사에 대한 경배, 자식들에 대한 연민, 아내에 대한 그리움, 부모에 대한 염려, 그리고 패전할 경우 닥칠 가공할 불행에 대한 예견 등 그 어느 것을 빠뜨렸겠습니까? 그 같은 처절한 위험 앞에서 어느 신이 이들에게 동정을 베풀지 않을 수 있겠습니까? 어느 인간이 눈물을 흘리지 않으며, 누가 이들의 용기 앞에 감탄하지 않을 수 있습니까? 실로 이들의 책략이나 전쟁의 위기에서 드러난 덕성은 다른 모든 이들을 능가했습니다. 자신의 도시를 버리고 배를 타고는 소수로 자신의 목숨을 걸고 수많은 아시아인들에게 대적했습니다. 이들은 해전에 승리함으로써, 수많은 노예들이 왕에게 종속된 채 자신의 예속을 위해 싸우는 것보다 소수에 편승하여 자유를 위해 위험을 불사하는 것이 더 낫다는 것을 증명했습니다. 23 그리고는 헬라스인의 자유를 위해 가장 지대하고 훌륭한 기여를 했습니다. 한편으로는 언변, 생각, 실천 등에서 가장 유능한 테미스토클레스 장군, 다른 한편으로는 여타 동맹국들보다 더 많은 배와 최정예의 인력을 제공했던 것입니다. 다른 헬라스인 중에서 누가 사려와 인력의 수와 용기에서 이들을 능가할 수 있겠습니까? 이렇게 해전을 통해 헬라스인들로부터 부인할 수 없는 명성을 당당하게 얻었으며, 위험을 극복한 데 상응하는 번영을 달성

40

41

42

43

---

23 이전까지는 위기에 당면하여 절박한 비통한 문체였으나 이후부터는 더 높은 사기와 강건한 문체로 바뀐다.

함으로써, 아시아에서 온 이민족에게 이 땅에 고유한 토착의 용기(arete)를 증명하게 되었습니다. 24

이렇듯 해전에 참여하여 자신의 용기로 가장 큰 위험의 몫을 부담하여 다른 이들로 하여금 다 같이 자유를 얻도록 했습니다. 그 후 펠로폰네소스인들이 (코린토스) 지협에 성벽을 쌓고는, 바다로부터의 위험에서 해방되었다고 생각하고 그들만의 안위를 도모하면서, 다른 헬라스인들이 이민족에 의해 예속되도록 방치하려 했습니다. 그러자 아테나이인들이 분노해서 그들에게 말하기를, 만일 그런 마음가짐을 지닌다면 온 펠로폰네소스반도를 둘러 성벽을 쌓도록 하는 것이 좋을 것이라고 했습니다. 펠로폰네소스인들이 다른 헬라스인에 의해 배반을 당하면 이민족과 연합해야 할 터이고, 그렇게 되면 1천 척의 배도 필요하지 않으며 지협의 성벽도 그들에게 도움이 되지 못할 것인데, 그것은 해상 지배권이 페르시아 왕에게 속할 것이 분명하기 때문이라는 것입니다. 이 말에 펠로폰네소스인들은 자신들이 부당하게 행했고 잘못 생각했으며, 오히려 아테나이인의 말이 옳고 자신에 대한 아테나이인의 충고가 아주 현명하다는 것을 스스로 깨닫고 플라타이아인들을 돕게 되었습니다. 적의 수가 많은 것을 보고는 밤이 되자 대다수 동맹군이 대열에서 빠져나갔으나, 라케다이몬인과 테게아인들이 이민족을 물리쳤으며, 또 아테나이인과 플라타이아인들은 자유를 포기

44

45

46

---

24 Cf. Platon, *Menexenos*, 245c~d.

하고 예속에 물들어 있는 헬라스인들과 싸워서 승리했습니다.

47 그날 이들은 지난날의 위기로부터 유종의 미를 거둠으로써 유럽이 자유를 누리도록 했고, 온갖 위기에 맞서서 그들의 용기를 증명했습니다. 홀로 그리고 다른 이들과 함께, 육전과 해전에서, 이민족에 대해서나 헬라스인에 대해서나 한결같이, 위험을 함께한 자들은 물론 적으로 상대하여 싸운 이 등 모든 이들로부터 아테나이인은 헬라스의 지도자인 것으로 인정받았습니다.

48 세월이 흐른 다음, 새로 생겨난 것들에 대한 질투, 성취한 것들에 대한 시기 때문에 헬라스인들 간에 전쟁이 일어나고, 모든 이가 자만에 빠지고 각기 작은 분쟁에 집착하게 되었습니다. 아테나이인은 아이기나인 및 그 동맹국들과 해전을 벌여

49 서 70척의 배를 나포했습니다.[25] 한편, 코린토스인과 그 동맹국 사람들은 아이깁토스와 아이기나를 동시에 포위하고, 젊은 이들이 전함과 육군에 복무하여 나가고 없을 때, 우리 땅에 지키는 사람이 없을 때 쳐들어가자고 생각했던지 아니면 아이기나에서 우리 군대를 철수하게 하려던 것인지, 총동원되어 와

50 서 게라네이아를 점령했습니다. 아테나이인들은 일부는 멀리, 또 일부는 가까이 있었지만, 그들 중 한 사람도 불러들이려 하지 않았습니다. 자신들의 기량을 믿고 적을 경멸하면서 한편

---

25 Cf. Thucydides, 1. 105. 참고. 이 전쟁은 기원전 461년부터 451년까지 10년간 지속되었다.

에 장로(長老)들, 다른 한편에 복무 적령 이하의 어린 사람들이 스스로 위기를 극복할 수 있다고 생각했던 것입니다. 장로들은 경험으로 그리고 어린 사람들은 천성으로 용기를 가졌던 것입니다. 전자는 여러 곳에서 자신의 능력을 증명했고, 후자는 그들을 모방했습니다. 또 장로들은 지휘할 줄 알았고 적령 이하의 젊은이들은 명령을 받들어 실천할 줄 알았습니다. 이렇게 미로니데스를 장군으로 하여 이들은 이미 힘이 쇠잔했거나 아직 적령에 다다르지 못한 사람들로 구성된 병력으로 메가라에서 적군을 맞아, 자신의 땅을 침범하려 했으나 그들이 미처 들어오기 전에 이국의 땅에서 적을 격퇴함으로써, 자신에게는 최고의 영예가 되고 적에게는 가장 수치스런 승전비를 세웠습니다. 기력이 쇠잔한 사람들과 아직 적령에 다다르지 않은 사람들이 모두 다 사뭇 등등한 기세로 전투에 임했고, 최고의 명예를 얻은 다음 자신의 영토로 돌아왔으며, 젊은이들은 다시 배움을 이어가고 장로들은 남은 일들의 처리에 골몰했습니다.

한 사람이 여러 사람들이 겪은 위험을 상세히 설명하거나 모든 지난날의 영광을 단 하루 만에 소개하는 것은 쉬운 일이 아닙니다. 어떤 말로, 언제, 혹은 어떤 연사가 이곳에 누워 있는 분들의 용기를 충분히 표현할 수가 있겠습니까? 한도 없는 수고, 빛나는 투쟁, 영광의 위기를 통해 이들은 헬라스를 해방하고 자신의 도시를 위대하게 만듦으로써, 70년간 바다를 지배했고,26 또 동맹국들의 상잔을 막음으로써, 다수가 소수에 종

51

52

53

54

55

56

속되지 않고 모든 이가 동등한 지위를 갖도록 했습니다. 동맹
국들을 약화시키지 않고 강화하여 (아테나이인) 자신의 힘과
같은 힘이 있음을 드러냄으로써, 페르시아 왕은 더 이상 타자
의 재물을 차지하려 하지 않았고 오히려 자기 것을 내놓고 남
57 아 있는 것을 지키려고 염려했습니다. 그래서 그때는 아시아
의 전함이 나다니지 않았고 헬라스인들 사이에는 참주도 없었
으며, 헬라스 도시들이 이민족에게 예속되지도 않았습니다.
이들의 용기는 모든 사람들에게 이 같은 사려와 경외심을 불러
일으켰습니다. 그래서 이들(아테나이인)만이 헬라스인의 보호
58 자, 도시들의 지도자가 되었던 것입니다. 불행을 당했을 때도
이들은 용기를 발휘했습니다. 사령관의 실수였든 하늘의 운명
이었든 간에 헬레스폰토스에서 전함들이 파괴되고 불행을 당
한 우리뿐 아니라 다른 헬라스인에게도 크나큰 재앙이 미쳤을
때, 곧 우리 도시의 저력이 헬라스의 구원자였다는 사실이 드
59 러나게 되었습니다. 다른 이들이 패권을 장악하고 그전에 바
다로 출항해본 적이 없는 이들이 한 해전에서 헬라스인을 이겼
습니다. 27 이들은 유럽으로 건너와서 헬라스인의 도시들을 예
속했으며 그곳에는 참주들이 들어섰는데, 그중 일부는 우리가
불행을 당한 다음, 그리고 다른 일부는 이민족이 승리를 거둔

---

26 이 70년간은 기원전 477~405년에 걸친 것으로, 아테나이가 델로스 동맹의 맹주
가 된 다음부터 시작하여 펠로폰네소스전쟁 말기 아이고스포타모이에서 라케다이
몬인에게 결정적으로 패배함으로써 패전으로 치달을 때까지를 말한다.
27 기원전 394년에 벌어진 크니도스(Knidos) 해전을 말한다.

다음이었습니다. 그래서 헬라스에서는 여기 누운 자들의 용기   60
와 함께 자신의 자유가 매장된 것처럼 이 무덤으로 와서 머리
를 자르며28 이들을 애도하는 것이 도리가 되었습니다. 이 용
사들을 잃음으로써 헬라스는 너무나 암울해졌고, 아시아의 왕
은 다른 지배자들을 거느림으로써 행복해졌습니다. 헬라스는
이들을 잃음으로써 예속의 나락으로 떨어지게 되었고, 다른
이들이 지배자가 됨으로써 페르시아 왕은 그 자신의 조상들이
추구하던 바를 따를 수 있게 되었습니다.

   제가 전체 헬라스를 위해서 이 추도사를 하게 되었습니다   61
만, 개인적으로나 공적으로나 이 용사들을 기억할 필요가 있
습니다. 이들은 예속을 거부하고 정의를 위해 싸웠으며, 민주
정 수호를 위해 투쟁하고 온갖 적의를 무릅쓰고 페이라이에우
스로 돌아왔습니다. 법의 강요에 의해서가 아니라 천성에 따
른 것이었고, 새로운 위기에 직면하여 그 선조들의 전통적인
용기를 본받았기 때문입니다. 자신의 목숨의 대가로 도시가   62
다른 사람들에게도 공동의 터전이 되도록 하고, 예속의 삶보
다 자유를 위한 죽음을 택했으며, 적을 향한 분노만큼 자신의
패배를 수치스럽게 여겼으며, 이방의 땅에 사는 것보다 자신
의 땅에서 죽기를 택했고, 맹세와 서약을 동맹군으로, 우세한

---

28 헬라스인들은 행복할 때 머리를 기르며, 슬플 때는 머리를 자른다. Cf. Homeros
   (*karekomoontas Achaious*）；Euripides, *Heracles Mainomenos*, 1382（*keirasthe*
   sympenthesat' elthet' eis taphon）.

63 자와 그 동료 시민들을 적으로 간주했습니다. 그렇지만, 적의
    수가 많은 것을 겁내지 않고 목숨을 걸고 대항하여 승전비를
    세웠고, 이 기념비 가까이 있는 라케다이몬인의 무덤에서 그
    들의 용기에 대한 증거를 볼 수 있습니다. 그들이 왜소한 도시
    를 위대하게 만들었고, 파당 싸움 대신 화합을 도모하였으며

64 무너진 자리에 성벽을 재건했기 때문입니다. 마침내 도시로
    돌아온 이들은 이 자리에 누워 있는 이들이 남긴 업적에 버금
    가는 생각을 가지고, 반대파에 대한 보복이 아니라 도시의 보
    전을 위해 기여했습니다. 그리고 남보다 더 왜소해지지 않도
    록 하고 또 스스로 더 많은 몫을 요구하지도 않은 가운데, 그들
    은 자신의 자유를 스스로 노예가 되고자 하는 사람들과도 함께
    나누는 한편, 그들의 예속에 함께 연루되는 것을 거부했습니

65 다. 너무나 위대하고 고귀한 업적에 의해 그들은 그전에 도시
    가 겪은 불행은 자체의 태만이나 적의 용맹 때문이 아니라는
    점을 입증했습니다. 왜냐하면, 내부 분열이 있고 펠로폰네소
    스인과 또 다른 적들이 들어와 있는 가운데서도, 자신의 도시
    로 돌아올 수만 있었다면, 화합을 이뤄 적을 쉽게 물리칠 수 있
    었을 것이 분명하기 때문입니다.

66   이렇듯 이들은 페이라이에우스[29]에서 당면했던 위기로 인해

---

[29] 펠로폰네소스전쟁 말기인 기원전 404~403년, 아테나이 폴리스의 민주정이 해체
    되고 30인 참주정이 들어섰다. 이 과정에서 민주정을 지지하던 사람들은 30인에
    의해 추방되었고, 30인 체제에 동조 혹은 묵인의 태도를 보인 이들은 아테나이 도
    심에 남았다. 추방된 이들 중 민주정을 회복하려는 이들이 필레에 집결했다가 아

온 세상 사람들의 부러움을 샀습니다. 그러나 우리는 여기 누워 있는 이방인들에 대해서도 칭찬하는 것이 마땅합니다. 그들은 민중을 돕기 위해 와서 우리의 안위를 위해 싸웠습니다. 그들은 용맹을 자신의 조국으로 간주했고, 그렇게 자신의 생을 마감했습니다. 그 때문에 도시가 그들을 애도하고 공공장례식을 마련했으며, 그들에게 시민과 같은 명예를 영원히 부여했습니다.

오늘 여기에 묻힌 이들은30 옛 친구에게 배신당한 다음 우리 우방이 된 코린토스인들을 도왔으며, 라케다이몬인들과는 생각이 같지 않았습니다. 라케다이몬인은 코린토스인의 부를 시기했으나, 여기 있는 이들은 억울한 처지에 있는 그들을 동정해서 옛 적의에 연연하지 않고 현재의 우정을 중시함으로써, 세상 사람들 앞에 자신의 덕성을 증명했습니다. 헬라스를 위대하게 만들고자 자신의 안위를 위해 위험을 무릅쓸 뿐만 아니라 적에게 자유를 가져오기 위해서도 목숨을 버렸습니다. 31 이

67

68

테나이의 외항 페이라이에우스로 내려가 그곳을 장악하고 참주파와 서로 대립했다. 마침내 페이라이에우스 사람들이 아테나이로 진군해 참주파를 몰아내면서 아테나이 민주정이 회복되었다. 리시아스는 페이라이에우스와 아테나이 도심으로부터 온 사람들이 힘을 모아서 참주정을 타도한 상황에 대해 자주 언급하며, 특히 〈30인에 속했던 에라토스테네스를 비난하여〉에서 그러하다. 이 상황에 대해서는 〈30인에 속했던 에라토스테네스를 비난하여〉의 해설 및 이 책 용어 해설 중 '30인 참주정' 항목 참조.

30 여기서부터 연사는 기원전 392년 코린토스전쟁에서 전사한 사람들에 대해 중점적으로 이야기한다.

31 여기서 말하는 적은 우방이 되어 싸운 코린토스인이 아니라 아테나이인이 적으로 하여 싸운 라케다이몬인을 지칭한다.

들은 라케다이몬인 동맹국의 자유를 위해 바로 그 같은 이들 (라케다이몬 동맹국) 과 싸웠기 때문입니다. 만일 이들이 이긴다면 적들이 자신과 동등한 권리를 얻어야 한다고 생각했던 것이나, 패배함으로써 펠로폰네소스인들을 예속 상태에 그대로 방치하게 된 것입니다.

69   이 같은 (예속의) 상황에 처한 그들에게 삶은 누추한 것이며 죽음이 바람직한 것이었습니다. 그러나 이들(죽어 누워 있는 자들) 은 살아서나 죽어서나 부러움을 삽니다. 선조의 미덕을 따라 교육을 받았으며, 성인이 된 다음에는 선조의 명예를 지키

70   고 스스로의 덕성을 발휘했습니다. 조국을 위해 훌륭한 공적들을 많이 이루었으며, 다른 이들에 의해 초래된 불행을 극복했으며, 전쟁이 자신의 나라로부터 멀리32 떨어진 곳에서 일어나도록 했습니다. 이들은 훌륭한 사람에게 어울리는 죽음으로 자신의 생을 마감함으로써, 자신을 키워준 조국에 보답했고

71   길러준 사람들에게 슬픔을 남겼습니다. 살아 있는 자들이 이들을 위해 슬퍼하고, 스스로를 연민하고, 앞으로 살아갈 날들 때문에 그 친족들을 연민하는 것은 당연지사입니다. 이 사람들이 매장된 지금, 살아 있는 자들에게 어떤 기쁨이 남아 있겠습니까? 모든 것에 우선하여 덕성(arete, 용기) 을 중시하면서 자신의 삶을 희생했으며, 아내를 미망인으로 만들고 자신의 아이를 고아로, 그리고 형제, 아버지, 어머니를 외로운 처지

---

32 코린토스 지역을 말한다.

에 남겨두게 되었습니다. 이들의 자식들은 많은 어려움을 앞 72
에 두고 있지만, 저는 그들을 부러워합니다. 그들은 너무 어려
서 그들이 잃은 아버지가 어떤 사람이었는지를 모르기 때문입
니다. 반면, 저는 죽은 이들의 부모를 연민합니다. 너무 나이
가 많이 들어서 자신에게 닥친 불행을 잊을 수가 없기 때문입
니다. 자식을 낳고 길러서 매장하고는 노년에 몸이 말을 듣지 73
않을 때 모든 희망을 잃은 채 친구도 없고 가진 것도 없어져버
리며, 또 전에는 선망을 받던 것이 지금은 애석한 것이 되고 삶
보다 죽음이 더 가치 있어 보일 때보다 더 견디기 어려운 것이
있겠습니까? 죽은 이가 더 용감한 남성일수록 뒤에 남은 이들
의 슬픔은 더 큽니다. 어떻게 사람들이 슬픔에서 벗어날 수 있 74
겠습니까? 도시가 재난을 당하면 그렇게 될까요? 그런 경우에
도 실로 죽은 이들은 다른 모든 이들에 의해 기억될 것입니다.
출세를 하면 슬픔을 잊게 될까요? 그렇지도 않습니다. 자식이
죽고 난 다음 그들의 용기의 대가를 누리는 것이기 때문입니
다. 사적으로 역경에 처하면 잊게 될까요? 옛 친구가 궁지에
처한 이들을 외면하고 또 죽은 자의 불행을 통해 적의 사기가
올라가는 것을 보게 되는 경우 말이지요. 제 생각에, 여기 누 75
운 이들에게 우리의 감사를 표시하는 길은 오직 하나밖에 없습
니다. 이들이 한 것과 똑같이 이들의 부모를 공경하는 것, 우
리가 이들이 남긴 자식의 아버지인 것처럼 그 자식들을 사랑하
는 것, 또 이들이 살았을 때 아내에게 한 것처럼 그 아내들을
도와주는 것입니다. 여기 누운 이들이 아닌 다른 어떤 이에게

76   우리가 명예를 줄 수 있겠습니까? 산 자들 가운데서 이들의 친
척보다 더 많은 관심을 마땅히 베풀어야 할 사람이 어디 있겠
습니까? 그 친척들은 이들 용기의 결실을 우리와 똑같이 누렸
으나, 이들이 죽은 지금 그 불행은 그 친척들에게만 전가되고
있기 때문입니다.

77   그럼에도 저는 무엇 때문에 이렇듯 슬퍼해야 하는지 알지 못
하겠습니다. 우리는 스스로 죽을 운명에 있음을 잊지 않고 있
기 때문입니다. 우리가 아주 오랫동안 예견해왔던 것인데 왜
지금에야 슬퍼해야 하며, 혹은 자연의 재앙에 대해 이렇게도
심히 마음 아파해야 하는 것입니까? 죽음이 비천한 자나 고귀
78   한 자에게 똑같이 찾아온다는 것을 잘 아는 터에 말입니다. 죽
음은 비열한 자를 경멸하지도 않고 덕 있는 자를 존경하지도
않는 것으로 모든 이에게 공평합니다. 전쟁에서 살아남은 사람
들이 영원히 살 수 있다면 산 자들이 죽은 자를 영원히 슬퍼할
만할 것입니다. 그러나 우리는 자연적으로 병과 노령으로 인해
약해질 뿐만 아니라 우리들의 운명을 관장하는 정령(다이몬)은
냉혹합니다.

79   그래서 위대하고 고귀한 목적을 위해 자신을 희생함으로써
생을 마감한 이들이 아주 행복하다고 생각하는 것이 타당합니
다. 이들은 자신을 우연에 맡기지도 않고 또 죽음이 저절로 찾
아오기를 기다리지도 않음으로써 가장 가치 있는 죽음을 선택
했습니다. 그들에 대한 기억은 영원히 시들지 않으며 그 명예
80   는 모든 사람들의 선망의 대상이 됩니다. 이들은 자연성에 의

해 사자(死者)로서 애도를 받고, 그 덕성으로 인해 불사의 칭송을 받습니다. 그래서 이들에게 공공 장례의 예를 갖추고 이들 무덤 옆에서 힘, 지혜, 부(富)의 경기33를 열어, 전쟁에서 죽은 이들에게 불사의 존재에 드리는 것과 같은 명예를 드립니다. 그래서 저는 그들의 죽음을 오히려 축복하고 또 부러워합니다. 그리고 사람들 가운데서 오직 죽을 몸으로 태어나 용기를 통해 불사의 기억을 남긴 이들만이 더 나은 존재로 탄생한 것이라 생각합니다. 그럼에도 우리는 예로부터 전해오는 관습을 좇고 우리 전통의 법을 지켜서 지금 여기 누워 있는 자들을 위해 애도해야 하겠습니다.

81

---

33 헬라스에는 전사자들을 기념하여 각종 경기를 개최하는 관습이 있었다. 호메로스에서는 트로이아(일리아스) 원정에 따른 경기가 개최되었고, 마라톤 전투 전사자들을 기념하는 시작(詩作) 경기에서는 시모니데스 케이오스가 애가(엘레지, *elegeia*)를 지어서 아이스킬로스를 능가했다. 또 펠로폰네소스전쟁 초기 페리클레스의 〈장례추도사〉(Thucydides, 2.46)에서도 전사자를 위한 경기가 개최된 사실이 언급된다.

3

시몬을 반박하는 변론

역자 해설

이 재판은 '계획적 상해'[1] 혐의 사건으로 아레오파고스에서 열린 것이다. 리시아스는 피고, 즉 시몬의 소송상대를 위하여 이 변론을 썼는데, 이 세 번째 변론 〈시몬을 반박하는 변론〉은 네 번째 변론 〈계획적 상해에 대하여〉와 함께 현재 남아 전하는 변론문 가운데서 보기 드물게 계획적 상해에 관련한 귀중한 정보를 남기고 있다. 계획적 상해에서 유죄선고를 받으면 추방과 재산몰수의 처벌을 받는다.

시몬은 테오도토스라는 플라타이아 출신의 한 소년을 사이에 두고 한 동향 시민과 다투었다. 동향 시민이 테오도토스를 빼앗아가려 하는 와중에 시몬이 상해를 입었다. 그러나 시몬은 당장에 상대를 고소하지 않았다. 그러다 4년이 지난 다음에 그는 상대가 민사소송에서 패소한 것을 보고는 작심을 하고 계

---

1   '계획적 상해'는 단순한 상해와 달리 그 죄가 무겁고 특별하게 다루어져서 아레오 파고스에서 재판한다. 이때 계획적 상해는 계획적 살인(고의 살인)과 맥락을 같이 하는데, 이들 혐의와 아레오파고스 재판에 관해서는 부록 1 참조.

획적 상해 혐의로 가해자를 고소한다. 피고를 위해 변론한 화자(話者)에 따르면, 상해는 계획성이 없었고 단순한 소동의 소치였으며, 피고가 아니라 고소인이 먼저 주먹질을 했다. 고소인인 시몬은 소년을 빼앗기 위해 피고의 집을 침범하고 길거리에서 피고를 공격했다(6~8). 피고는 말썽을 피하기 위해서 테오도토스를 데리고 잠시 외국으로 나갔다. 그런데 다시 아테나이로 돌아왔을 때 시몬과 그 일당이 소년을 낚아채려 하고 그에 따라 다소간 난투가 벌어지게 되었다(9~20). 이어서 화자는 시몬이 소년을 사기 위해 돈을 지불했다가 후에 피고와의 협의하에 돈을 되돌려 받았다는 주장, 또 시몬이 자신의 집 밖에서 심하게 두들겨 맞고 계획적 상해에 의해 희생되었다고 하는 주장이 허위임을 지적한다(21~34). 이런 원고의 주장에 대해 화자는 피고가 계획성이 없었을 뿐만 아니라 먼저 공격을 한 것이 아니므로 죄가 없음을 주장한다(40~43). 이어서 시몬이 군 복무 시 방자하고 불성실했던 사실을 언급하고(44~45), 유죄선고를 내릴 경우 피고가 겪어야 할 심각한 불이익과 위험에 대해 피력한다(46~48).

당사자들의 신원, 가계, 재판이나 판결 시기 등은 알려진 것이 없다. 재판 시기에 관련하여 두 가지 설('기원전 395~394년' 설과 '394~393년 혹은 그 후' 설)이 있는데 45절의 내용이 기원전 395~394년에 있었던 사건에 관련되는 것이라고 본다. 그해 아테나이인이 테바이, 코린토스, 아르고스인과 합세하여 라케다이몬을 상대로 싸웠기 때문이다. 그러나 이곳에서 코린토스와 코로네이아에서의 전투가 언급되고 있으므로, 이 변론이 그 다음 해인 기원전 394~393년경[2] 혹은 그 후에 있었던 것이라고 보는 견해도 있다. 이 재판에서 아마도 피고가 무죄로 판결되었을 것이라고 추정되는데, 그것은 고소인 시

---

2   Zakas, A. I. (1907~1910). *Lisiou Logoi kai apospasmata*, II. Athens.

몬의 주장에 거짓이 있는 것으로 보이기 때문이다. 피고의 지난날의 삶과 관련하여 그가 상당한 사회적 지위와 좋은 가계 출신이라는 점이 드러난다.

이 변론은 인물의 성격에 대한 분명한 묘사, 힘 있는 표현 등이 장점이다. 한편으로 피고는 정직하고 평화 지향적인 반면, 고소인 시몬은 무모하고 방자하고 폭력적이라는 점을 대조적으로 그린다. 다른 한편으로 거리에서 벌어진 난투극에 대한 사실적 묘사와 더불어 중년 남성들의 동성애 행각과 그 바람직하지 못한 결말에 대한 솔직한 묘사를 보여준다.

⚖️

시몬이 부족한 점이 많은 줄을 제가 알고 있으나, 의원 여러분, 그가 벌을 받을 정도의 범죄를 저질러놓고는 피해자로 고소를 제기할 만큼, 또 중차대하고 엄숙한 선서까지 하면서 여러분 앞에 설 정도로 뻔뻔한 사람이라는 생각은 제가 미처 하지 못했습니다. 혹 (여러분 아닌) 다른 이들이 저에 관한 판결을 내리는 상황이라면, 그에 따르는 위험에 대해 제가 매우 겁을 냈을 겁니다. 가끔 그렇듯이 모함과 우연이 재판을 받는 사람들에게 자주 예기치 않은 결과를 안겨다주니까요. 그러나 제가 서 있는 곳이 여러분 앞이니 공정한 재판을 받을 것이라 생각합니다. 의원 여러분, 제가 곤혹스러워하는 것은 여러분에게 이 사건의 전말을 말씀드려야 한다는 것입니다. 제가 억울한 변을 당한 사실을 많은 사람들이 알게 된다는 사실을 생

1

2

3

각만 해도 저는 창피합니다. 그러나 시몬이 저를 이런 지경으
로 몰아넣었으니, 조금도 숨김없이 자초지종을 여러분께 말씀

4   드리도록 하겠습니다. 의원 여러분, 제게 죄가 있다면 저는 용
서를 구할 생각이 없습니다. 그러나 시몬이 선서와 함께 진술
한 사실에 대해 저의 무죄를 증명한다면, 여러분이 그 소년에
대한 제 행동이 제 나이에 비해 너무 부적절한 것이었다고 판
단하시더라도, 그 때문에 저에 대해 나쁘게만 생각하지는 말
아주십시오. 왜냐하면, 사람이라면 모두가 바라는 것이지만,
주지하다시피 곤경에 처하여 차분함을 잃지 않는 것은 가장 훌
륭하고 현명한 자만이 할 수 있는 것입니다. 이런 입장에서,
일어난 모든 상황은 시몬에 의해 초래된 것이라는 점을 제가
여러분에게 증명하도록 하겠습니다.

5   의원 여러분, 우리는 플라타이아 출신 소년 테오도토스에
대해 연정을 품고 있었습니다. 그런데 저는 호의로 그의 관심
을 끌려고 했습니다만, 시몬은 완력에 의지하고 법을 무시하면
서 자신의 뜻을 받아들이도록 그에게 강요하려 했지요. 소년이
시몬 때문에 고생한 것을 다 말하자면 이야기가 길어져요. 그
러니 여러분은 시몬이 저에게 범한 무례를 듣는 것만으로도 충

6   분하다고 생각합니다. 소년이 저의 집에 있다는 소리를 들은
시몬은 그 밤에 취한 상태로 저의 집에 와서 문을 부수고 여인
들이 있는 방으로 들어왔어요. 거기에 저의 누이와 조카들이
있었는데, 그들은 단정하게 생활하므로 친척들에게 자신들을
보이는 것도 부끄러워해요. 그런데 시몬은 무례하게도 나가지

7

도 않고 버티고 있어서, 거기 있던 사람은 물론 그를 따라왔던 사람들도 시몬이 소녀들과 고아들이 있는 곳을 덮친 것이 잘못된 일임을 깨닫고 그를 쫓아냈습니다. 자신의 무례한 행위에 대해서 반성도 하지 않은 채 그는 우리가 식사하고 있는 곳을 알아내서는, 그의 광기를 모르는 사람에게는 이상하고도 믿기어려운 행동을 했어요. 그는 저를 문밖으로 불러냈는데, 제가 **8** 나가자마자 바로 제게 덤벼들었어요. 제가 그를 밀어내자 그는 저만치 멀리 서서 돌을 던져대는 것이었어요. 저는 돌을 피했는데, 그를 따라왔던 아리스토크리토스가 맞아서 이마가 깨졌어요. 의원 여러분, 이렇듯 저는 부당하게 피해를 입었으나, **9** 앞에서 이미 여러분에게 말씀드렸듯이, 제가 당한 일을 창피하게 생각하여 참고, 제가 시민들에게 머저리같이 보이는 것보다는 그가 범한 무례를 무시하는 것이 좋겠다고 생각했습니다. 제가 알기로, 그가 범한 행위는 그 자신의 비열함에 어울리는 것이지만, 저로서는 이런 일을 당한 것 때문에 도시에 기여하는 이가 되고 싶은 사람을 흠모하는 많은 이들로부터 비웃음을 살 것이기 때문입니다. 의원 여러분, 저는 시몬의 방자한 행위 **10** 에 참으로 곤혹스러워 해외에 나가 있는 것이 최선이라 생각했습니다. 그래서 숨김없이 말씀 드리자면, 소년을 데리고 도시를 떠났습니다. 한동안 시간이 흘러 시몬이 소년을 망각하고 또 자신이 한 행위를 반성할 것이라는 생각이 들 즈음, 저는 다시 돌아왔어요. 제가 페이라이에우스(아테나이의 외항)로 들어 **11** 와 있을 때, 테오도토스(소년)가 도착하여 리시마코스가 세를 얻은 집에 함께 머물고 있다는 정보를 시몬이 바로 입수하고는 자신의 친구 몇 명을 불러냈어요. 이들이 음식을 먹고 술을 마시면서 지붕에는 망을 세워놓은 채 소년이 밖으로 나오면 잡으려고 기다렸지요. 그즈음 제가 페이라이에우스에서 출발하여 지나는 길에 리시마코스에게 들렀지요. 얼마 후 우리(저와 소년)가 함께 밖으로 나왔을 때, 그들이 술에 취한 채 우리를 덮

12 쳤어요. 그들 중 몇 명은 거기에 협조하지 않았으나, 여기 있는 시몬과 테오필로스, 프로타르코스, 아우토클레스가 소년을 끌고 가려 했어요. 그러자 소년은 겉옷을 벗어던지고는 달아났

13 지요. 저는 소년이 잘 달아났고, 또 이들이 곧 사람들을 만나게 되면 창피해서 추격을 그만둘 것이라 짐작하고는 다른 길을 따라 그곳을 떠났어요. 이렇듯 저는 조심을 하여 그들을 피하려 했고, 그들과 엮여 일어난 모든 상황이 제 자신에게 큰 불행

14 이라고 생각했어요. 시몬이 싸움이 일어났다고 진술하는 그곳에서는 그들이나 저, 어느 편도 머리를 상하거나 다른 어떤 피해가 발생하거나 한 적이 없습니다. 이 모든 사실에 대한 증인들로서 저는 그곳에 있었던 사람들을 여러분께 소개합니다.

증인들

15 바로 이 시몬이 범죄자입니다. 의원 여러분, 제가 그를 공격한 것이 아니라 그가 우리를 공격한 사실이 당시 그곳에 있었던 사람들에 의해 여러분에게 입증되었습니다. 그 후 소년은 한

축융업자의 가게에 피신해 있었습니다. 그러나 이들은 다시 소년을 찾아내어 강제로 끌어냈고, 소년은 소리를 치고 비명을 지르며 저항했지요. 많은 사람들이 몰려와서 그런 상황에 16 분개하고 그들의 행위를 몹쓸 짓거리라 비난했어요. 그런데도 이들은 사람들의 비난에도 개의치 않았고 축융업자 몰론과 소년을 보호하려 했던 또 다른 이들까지 두들겨 팼던 것이지요. 그즈음 그들은 람폰의 집이 있는 곳까지 이동해 있었고, 그곳 17 을 지나가던 제가 그들과 조우한 것입니다. 저는 소년이 이렇듯 무법 폭행에 노출된 상황을 수수방관하는 것이 너무나 수치스러운 일이라고 여겨서 그를 손에 넣으려 했지요. 그러면서 왜 소년에게 이런 횡포를 부리는지를 따져도 아무런 대답이 없이, 그들은 일단 소년에게서 손을 떼고는 저를 때리기 시작했어요. 이렇게 싸움이 붙었지요. 의원 여러분, 소년이 돌을 던 18 지면서 자신의 몸을 방어했고, 이들은 우리를 향해 돌을 던져 댔어요. 술에 취한 그들이 또 소년을 구타하고 저는 제게 들어오는 공격을 막고 있었으며, 그곳에 있던 다른 이들은 피해자인 우리를 지원했답니다. 이 난장판에서 우리 모두가 머리에 상처를 입었습니다. 시몬과 함께 있던 다른 사람들이 사건이 19 일어난 직후 제게 사과를 했습니다. 그들이 피해자가 아니라 오히려 가해자로서 폭력을 자행했기 때문이지요. 그 후 4년이 지났으나 아무도 저를 상대로 어떤 고소 조치를 취한 적이 없습니다. 이 모든 질곡의 원인을 제공한 여기 시몬도 한동안 스 20 스로를 배려하여 조용히 있었습니다. 그러다 제가 재산교환3

소송에서 패소한 사실을 그가 알고 난 다음 저를 얕보고, 또 여러분이 지금 목격하시는 것과 같이 뻔뻔함을 지니고, 이 일련의 소송으로 저를 엮어 넣었습니다. 이런 점에서도 제가 진실을 말씀드리고 있음을 증명하기 위해, 저는 당시 그 자리에 있었던 이들을 여러분에게 증인으로 소개합니다.

증인들

21   이제 여러분은 저는 물론 증인들로부터 일어났던 사건의 전말을 들으셨습니다. 만일, 의원 여러분, 시몬이 저와 같은 진솔함을 가졌다고 제가 바랄 수만 있다면, 우리 두 사람에게 진실을 들은 다음 여러분은 올바른 결정을 쉽게 내릴 수도 있었을 겁니다. 그러나 시몬은 자신이 서약한 맹세에 눈곱만큼도 연연해하지 않으므로, 그가 거짓말한 사실에 관해서도 여러분께 말씀드리고자 합니다. 뻔뻔하게도 그는 계약에 따라 테오도토스

22   에게 3백 드라크메4를 주었다고 진술했습니다. 또 제가 꾀를

---

3   '재산교환'(*antidosis*) 소송은 국가의 부담을 할당받은 사람이 자신보다 더 부유하다고 생각되는 사람을 고발해 자신의 부담을 전가시키려 할 때 발생하는 소송이다. 이때 양측의 분쟁이 해결하기 어려운 국면으로 접어들면, 고발된 자가 그대로 부담을 떠안든지, 아니면 고발한 자와 자신의 재산을 교환한 다음 부담을 떠안게 된다. 이 책 용어 해설 중 '재산교환소송' 항목 참조.
4   화폐 단위이다. 이 밖에도 탈란톤, 므나, 오볼로스라는 화폐 단위가 있었다. 1탈란톤은 60므나, 1므나는 100드라크메, 1드라크메는 6오볼로스와 같았다.

써서 그로부터 소년을 꾀어 데려갔다고 주장합니다. 만일 이런 것이 사실이라면 시몬은 가능한 한 많은 증인들을 불러들여서 우리 법에 따라 사건을 해결했어야 할 것입니다. 그러나 그는 23 그렇게 하지 않았고, 우리 둘을 두들겨 패기만 했으며, 또 폭력으로 문을 부수고 들어와서는 밤중에 자유인 여인들에게 무례를 범했습니다. 의원 여러분, 여러분은 이 모든 상황들이야말로 그가 여러분에게 거짓말을 하고 있다는 주요 증거라고 보셔야 합니다. 그의 진술이 얼마나 터무니없는가를 생각해보십 24 시오. 그는 자신의 재산을 통틀어 250드라크메로 평가했습니다. 그런데 어떻게 자신이 실제로 가진 것보다 더 많은 돈으로 반려자를 고용할 수 있겠습니까? 뻔뻔함이 도를 넘어서 그는 25 돈을 준 사실에 대해 거짓말하는 것만으로는 부족해 그것을 되돌려 받았다고 또 거짓말을 하고 있어요. 그런데 그가 비난하고 있는 바, 저희가 그로부터 3백 드라크메를 훔쳐간 잘못을 범한 다음, 그와 제가 서로 난투극을 벌인 상황에서, 배상 청구의 해제나 강제조치 같은 어떤 절차도 밟지 않은 채 제가 그 돈을 다시 그에게 되돌려주는 일이 가능하다고 보십니까? 그런게 아니라, 의원 여러분, 이런 이야기가 다 시몬이 꿰어 맞춰 26 서 꾸며낸 것입니다. 아무런 사전 거래도 하지 않고 느닷없이 소년에게 폭행을 가한 사실을 감추기 위해서 그 자신이 돈을 주었다고 하고, 또 그가 돈을 돌려받은 것처럼 가장한단 말이지요. 그게 확실한 것이, 그는 한 번도 돈을 요구하거나 돈 문제를 일언반구 언급한 적이 없기 때문이지요. 그의 주장에 따 27

르면, 제가 그의 집 문 앞에서 그를 두들겨 패서 중상을 입혔다고 합니다. 그러나 그가 아무 탈 없이 자신의 집에서 4스타디온 떨어진 곳까지 소년을 쫓아간 것이 확실하고, 2백 명 이상의 사람들이 이를 목격했는데도 그는 이 사실을 부인하고 있습니다. 시몬의 주장에 따르면, 우리가 질그릇 조각을 가지고 그의 집을 찾아갔고 또 제가 그를 죽인다고 위협했으며 이것이 미리 계획한 것이었다고 합니다. 그러나 의원 여러분, 이것이 거짓말이라는 것은 이런 종류의 사건을 조사해온 여러분뿐만 아니라 다른 모든 이들도 쉽게 간파할 수 있는 것입니다. 제가 완전히 정신 나간 것이 아니라면, 백주대낮에 많은 사람들이 시몬과 함께 있을 때 저 혼자 그들을 상대하려고 미리 계획하여 제가 소년과 함께 시몬의 집을 찾아갔다고 누가 생각을 하겠습니까? 더구나, 실제로 그가 연이어 제 집을 찾아와서 강제로 침입하고 제 누이와 조카들을 백안시하고, 또 무례하게도 나를 찾아내서는 식사를 하고 있는 저를 밖으로 불러내어 두들겨 패는 판에, 그가 자신의 집 문간에서 저를 보게 되면 오히려 반색하리라는 사실을 제가 알고 있는 상황에서 말이지요. 그리고 당시 시몬의 교활함을 저 자신의 불행으로 여기며 말썽을 피하기 위해 조용히 있었던 제가, 시간이 가면서, 그가 주장하듯이 자의로 말썽을 일으키는 자로 변했단 말입니까? 소년이 그와 함께 살고 있었던 것이라면, 아주 말도 안 되는 어리석은 행동을 자의로 하는 사람으로 변했다고 하는 시몬의 거짓말에도 다소 일리가 있는 것처럼 보였을 겁니다. 그렇지만 실제로

28

29

30

31

소년은 시몬과 말도 하기 싫어했고 세상에서 누구보다도 그를 싫어했으며 저랑 같이 살고 있었거든요. 제가 시몬과의 분규를 32
피하기 위해서 그전에도 소년과 함께 이 도시를 떠난 마당에, 돌아온 다음에는 아주 곤혹스러운 상황이 발생할 수도 있는 시몬의 집으로 소년을 데리고 왔다는 그의 주장이 여러분은 말이 된다고 생각하십니까? 그리고 제가 그를 해치려 하면서 제 친 33
구나 하인이나 또 다른 이의 도움을 구하지도 않은 채 아무 준비도 없이 그를 찾아가다니요! 그것도 저를 도와줄 수도 없을 뿐 아니라 고문을 받게 되면 오히려 제가 저지른 범행에 대해 정보를 제공하게 될 소년만은 데리고 가면서 말이죠. 게다가 제가 시몬을 음해하면서 밤낮으로 그가 혼자 있을 때 덮칠 수 34
있는 곳에서 기회를 엿보지 않고 많은 사람들이 저를 보고 몽둥이세례를 퍼부을 수도 있는 곳으로 찾아갈 만큼 그렇게 어리석겠습니까? 이는 마치 저의 적에게 극단적인 폭행을 당하기 위해서 저 자신을 음해하는 것과 같은 것이지요!

더구나 의원 여러분, 폭행사건의 정황을 통해 그가 거짓말 35
하고 있음을 여러분은 쉽게 간파할 수 있습니다. 소년은 상황을 감지하고는 외투를 벗어던진 채 달아났습니다. 사람들이 그를 추격했고, 저는 다른 길로 해서 떠났지요. 그러면 어느 36
쪽이 이 사태의 책임을 져야 하겠습니까? 달아나는 쪽입니까, 잡으려고 하는 쪽입니까? 제 소견으로 모든 이에게 명백한 사실은, 달아나는 자는 스스로를 염려하는 것이고 쫓는 자는 무언가 해를 끼치고자 한다는 것이죠. 실제로 전개된 상황을 보 37

더라도 다르게 볼 수가 없어요. 그들이 소년을 잡아서는 강제로 길 밖으로 끌어낼 때 제가 그들을 만났는데, 당시 저는 그들에게 손도 대지 않고 소년을 손에 넣었어요. 그러나 그들은 소년을 억지로 끌고 갔고 저를 두들겨 팼지요. 이 모든 사실은 목격자의 증언으로 여러분께 제시된 바 있습니다. 제가 미리 계

38 획을 하여 이렇듯 엄청난 저들의 위법행위를 초래했다는 것은 이치에 닿지 않는 것이죠. 실제로 시몬이 이런 상황을 초래하고 제가 부득이 얽혀든 상황에서도 저는 제 조국에서 추방당하고 재산을 몰수당할 위험에 처한 마당에, 만일 사건이 실제 상황과 반대로 전개되었다면 저는 어떤 처지가 되었을까요? 제말은, 만일 제가 동료들을 많이 데리고 시몬을 만나러 가 그와 싸워서 때리고 쫓아가서 잡고 또 강제로 그를 끌어냈다면 말이

39 지요. 가장 중요하고 가장 명백한 것은, 저에게 부당행위와 음해를 당했다고 주장하는 그가 4년 동안 여러분 앞에 저를 고소할 엄두를 내지 못했다는 사실입니다. 다른 이들은 사랑에 빠진 연모의 대상을 잃고 또 폭행을 당하면 바로 반발하고 보복하려 하는 법인데, 시몬은 세월이 오래 흐른 다음에야 그렇게 하려 한단 말이지요.

40 그러니 의원 여러분, 이런 분규에 대해서 저는 아무런 잘못이 없다는 사실이 충분하게 소명되었다고 봅니다. 그리고 이런 상황에서 일어난 분쟁을 대처하는 저의 입장에 유념해 주십시오. 저는 시몬으로부터 다른 여러 가지로도 곤혹스러움에 처했고 머리에 상처를 입기도 했으나, 그를 고소할 엄두를 내지 못

했습니다. 소년을 두고 서로 경쟁을 하고 누구를 고향에서 추
방당하게 한다는 것이 부담스러웠던 것입니다. 더구나 살해하 41
려는 의도 없이 상처를 입힌 사람의 경우 저는 계획적 상해죄
가 성립된다고 보지 않았습니다. 그의 적 누군가에게 상처 정
도 입히려고 오래전부터 계획을 할 만큼 멍청한 사람이 있겠습
니까? 우리의 입법자들조차도 사람들이 어쩌다 싸워서 서로 머 42
리를 다칠 때 추방 사유가 된다고 생각하지 않았습니다. 그렇
지 않았다면 그들은 많은 사람들을 추방했을 것입니다. 그러나
어떤 이가 살해하려고 미리 계획을 하였으나 죽이지 못하고 상
해를 입힌 것이라면, 엄하게 벌을 하도록 규정했습니다. 음모
와 계획을 한 사람은 그 대가를 치러야 한다고 보았던 것이지
요. 뜻한 바를 실천하지 못했다 해도 벌이 가벼워지는 것이 아
닙니다. 이미 예로부터 번번이 여러분은 계획된 행위에 대해 43
이런 식으로 판단해왔습니다. 취중이나 시합, 비난, 연인을
뺏기 위한 싸움에서 상처 입은 것을 두고 여러분이 시민들을
조국에서 추방하는 무거운 형벌을 내린다면 실로 터무니없는
일이 될 것입니다.

시몬의 심보를 보고 저는 정말 놀랐습니다. 저는 같은 사람 44
이 연인도 되고 모략가도 될 수 있다고 생각하지 않습니다. 연
인은 좀더 단순하고 모략가는 가장 교활한 사람일 테니까요.
제가 다른 면에서도 시몬이 교활했음을 여러분께 밝힐 수 있도
록 기회만 주어진다면, 그는 다른 이를 조국에서 추방당할 위
험에 빠뜨리기보다 오히려 자신의 생명을 구하기 위해 진력하

45 　는 것이 훨씬 더 타당하다는 점을 깨닫게 되었을 것입니다. 그러나 저는 이 모든 것을 생략하고 그의 뻔뻔함과 무모함의 확실한 증거로 여러분이 꼭 알아야 한다고 생각하는 것만 말씀드리겠습니다. 그가 적을 맞아서 코로네이아로 원정한 다음 다시 코린토스로 와서 연대장 라케스와 함께 싸울 때 라케스의 뒤통수를 쳤지요. 그래서 시민 병력이 총동원되었을 때 그 불량함과 교활함 때문에 아테나이인 가운데서 유일하게 장군들에 의해 쫓겨난 사람이 바로 그입니다.

46 　그에 관해서 많은 다른 이야기를 할 수도 있겠으나, 관련 사건 이외의 것을 언급하는 것이 법으로 금지되어 있으므로 다음 사항만 유념하시기를 제가 부탁드립니다. 저의 집으로 들이닥치고 우리들을 추격하고 강제로 잡아서 길에서 끌어낸 것이 바로 이들이었다는 사실. 이 점을 염두에 두시고 공정하게 투표하시고, 제가 많은 위험을 무릅쓰고 공익을 위해 봉사해온 조국 땅에서 추방되는 일이 없도록 해주십시오. 저는 조국에 해를 가한 적이 없고 저의 선조들도 마찬가지였으며, 오히려 조국을 위해 많은 봉사를 해왔습니다. 저는 여러분은 물론 다른 이들로부터도 당연히 동정을 받아야 할 것입니다. 시몬이 원하는 그런 지경에 제가 빠지게 될 것인가 하는 문제뿐 아니라 부득이한 상황 때문에 이같이 송사에 말려들어 있으니까요.

4

계획적 상해에 대하여
무명의 의뢰인과 소송상대인

역자 해설

이 재판은 계획적 상해 혐의로 아레오파고스에서 열린 것이며, 변론은 피고 측을 위한 것이다. 계획적 상해는 엄하게 처벌되며, 여기서 유죄가 되면 추방 과 재산몰수의 처벌을 받는다.

신원이 밝혀지지 않은 한 아테나이인이 역시 신원이 밝혀지지 않은 다른 아테나이인을 고소했다. 고소인에 따르면 피고가 강제로 집에 침입하여 도편 (도기 조각)으로 자신을 상해했고 이 행위가 계획적인 것이라고 한다. 싸움의 원인은 한 여인 때문이었는데, 고소인은 이 여인이 자신에게 속하는 자유인이 라고 주장한다. 피고 측을 변호하기 위해서 쓰인 이 변론에 따르면 피고는 계 획성이 없었고 상해는 고소인의 선제공격에 대한 방어 차원에서 이루어진 것 이라고 한다. 여인과 관련해 피고는 고소인과의 합의하에 여인을 공유하기로 했고, 여인을 살 때 든 비용의 절반을 냈으므로 절반에 대한 권리가 있다고 주장한다. 만일 고소인이 여인을 독점하려고 한다면 자신이 투자한 돈을 고 소인이 돌려주어야 한다는 것이다.

이 재판의 결과는 알려지지 않았고 또 재판의 시기도 불분명하다. 현재 남아 있는 것은 전체 변론의 일부뿐이다. 리시아스의 이 네 번째 변론 〈계획적 상해에 대하여〉는 그의 세 번째 변론인 〈시몬을 반박하는 변론〉과 함께, 계획적 상해에 관한 드문 변론이다. 화자는 인상적이고 경쾌한 화법을 구사하며, 당시 아테나이 사회의 풍속도와 가치관의 일면을 보여준다.

피고소인 화자에 따르면, 그 자신과 고소인은 분쟁이 발생한 후 친구들의 중재에 따라 타협을 했다. 화자는 고소인을 '재산교환'의 절차에 회부한 적이 있었는데, 이것은 고액의 국가부담을 맡게 된 시민이 자신보다 더 많은 부를 가진 다른 시민에게 부담을 전가시킬 것을 요구하는 것이었다. 고소인은 피고소인 화자의 이런 요구를 개인적인 적의의 표시로 간주하지만, 피고소인은 실제로 이 재산교환의 요구는 양자의 타협에 의해 취소되었으므로, 적의가 있었음을 증명하는 것이 아니라는 점을 강조한다(1~2). 또 피고소인은 그들의 사이가 호의적이었음을 증명하는 또 다른 증거를 제시한다. 그것은 피고소인이 디오니시아 축제의 경연 심판관으로 고소인을 추천했다는 사실이다. 고소인이 결국 지명되지는 못했으나, 고소인이 피고소인의 부족을 지지하는 의견을 적은 서편을 손에 들고 있었다는 것이다. 그리고 설혹 양자 간에 적의가 있었다고 하더라도, 상해는 계획적인 것이 아니었다고 피고소인은 주장한다. 고소인은 눈두덩에 멍이 든 것을 심하게 맞아서 생긴 상처라고 주장하지만, 현장에 있던 하녀를 심문하도록 넘겨주지 않으려고 한다(5~10). 피고소인의 주장에 따르면, 이런 고소인의 비협조적 태도야말로 피고소인의 무죄를 증명하는 것이라고 한다. 이에 대해 고소인은 그 하녀가 자유인이기 때문에 심문을 받게 해서는 안 된다고 반박하고, 피고소인은 이런 고소인의 변명이 거짓이라고 주장한다(12~17).

일부만 남아 전하는 이 변론은 노골적이고 생생한 문체로 구성되었으며 실제 리시아스의 작품인 것으로 인정받는다.

의원 여러분, 우리들 간에 협상의 존재 여부를 둘러싸고 분쟁   1
이 일고, 또 그가 서약에 따라 소 한 쌍, 예속노동자, 거래1에
의해 취득한 토지에서 생산된 것 등을 반환했던 사실을 부인하
지 못하는 마당에, 모든 다른 사안에 대해서는 분명하게 입장
차이가 해소되었음에도 불구하고 우리가 여인을 공유하기로
동의했던 적은 없었다며 그가 부인하고 있습니다. 그가 거래를   2
한 것이 그 여인 때문이었음은 명백합니다. 그리고 그가 받은
것을 반환한 원인에 대해, 그가 사실대로 말하려 한다면, 댈 수
있는 유일한 핑계는 친구들이 이 모든 사안들에 대해 화해하도
록 우리를 중재했기 때문이라는 것뿐일 거예요. 저는 디오니시   3
아 제전의 심판관을 뽑는 추첨에서 그가 탈락하지 말았으면 했
어요. 그래서 제가 속한 부족이 우승한 것으로 그가 판정하게
되면 여러분이 그가 저와 화해한 줄을 분명히 알 수 있었을 테
니까요. 실제로 그는 이런 판정 의견을 서판에 적었는데 (최종)
추첨에서 탈락해 버렸어요. 저의 진술이 사실이라는 것을 필리   4
토스와 디오클레스도 알고 있습니다. 그러나 이들은 증언할 수
가 없어요. 제게 지워진 혐의와 관련하여 서약하지 않았거든

---

1   원고는 '재산교환'을 요구했고 피고로부터 소 한 쌍, 예속노동자를 받았다. 그 후
    그것을 반환했는데, 다만 여인을 공유한다는 것을 유보조건으로 달았다. 그리고
    피고는 디오니시아 축제 때 기부자의 임무를 떠안았다. 이 변론 3절 참조.

요. 이렇게 그를 재판관으로 추천한 것이 우리라는 사실, 그리
고 그가 심판관 (후보로) 자리에 나간 것이 우리 덕분이었다는
사실을 여러분은 분명하게 이해했을 것입니다. 그러나 그가 원
한다면, 그가 우리의 적이라고 합시다. 아무튼 그런 것은 크게
중요한 것이 아니니 그의 말이 옳다고 치자는 거지요. 그런데
그의 주장에 따르면, 제가 직접 그를 죽이려고 그의 집으로 들
어갔다는 겁니다. 그런데 왜 제가 그를 죽이지 않았겠습니까?
그를 제 손에 넣고 있었고, 여인도 손에 넣을 만큼 상황을 제압
하고 있었는데 말이에요. 그로 하여금 여러분에게 설명하라고
요청하실 수는 있겠으나, 그는 하지 못할 거예요. 더구나 여러
분 모두 주지하듯이, 주먹보다는 단검으로 그를 죽이는 것이
더 효과적입니다. 그런데 보시듯이, 그 자신도 우리가 그런 흉
기를 손에 들고 들어왔다고 비난하지는 않아요. 그저 질그릇
조각에 맞았다고 할 뿐이죠. 그러니 그의 진술을 통해서도 바
로 상황이 계획적으로 일어난 것이 아니라는 점이 명백해지는
거예요. 만일 계획을 했더라면, 그를 죽일 때 쓸 질그릇 조각
같은 것들을 찾을 수 있는지가 불명확한 상황에서 그런 식으로
무턱대고 들어가지는 않았을 것이고 출발할 때 집에서 그런 것
을 준비해가지고 들어갔어야만 하는 거지요. 당시 우리는 소년
들과 피리 부는 소녀들을 보러 갔을 뿐이고 그것도 취중이었음
을 밝힙니다. 그런 것이 어떻게 계획적인 것이겠습니까? 제 소
견으로는 전혀 아니지요. 그가 오히려 다른 이들에 대한 자신
의 정념을 변태적으로 발로시키곤 했는데요. 두 가지 방법으로

다 욕심을 채우려고 했어요. 돈은 지불하지 않으면서도 여인은 차지하려 하는 것이었지요. 그는 욕망이 솟구치자 극도로 공격성을 띠게 되고 또 취중이었으므로 부득이 누구라도 방어를 해야만 했던 거예요. 그녀도 저와 그, 두 사람의 사랑을 다 차지하고 싶어서, 어떤 때는 저를, 또 어떤 때는 그를 더 사랑한다고 말하곤 했어요. 저는 처음부터 대범하게 마음먹었고 지금도 $\quad$ 9
마찬가지예요. 그런데 그이는 안달이 나서 부끄러운 줄도 모르고 상처로 눈가에 멍이 들었다고 하고, 들것 위에 누운 채로 다니며 매춘부 여인 때문에 곤경에 처하게 되었노라고 소문을 냈어요. 돈을 제게 돌려준다면 그는 그 여인을 확실하게 가질 수 있는 상황이었고요. 그런데 제가 음흉하게 그를 음해한다고 하 $\quad$ 10
면서 매사에 제게 시비를 걸어왔고, 그 여인을 심문함으로써 증거를 확보할 수 있는데도 그렇게는 하려고 하지 않았어요. 그녀를 우리 둘이서 같이 공유했는지 아니면 그녀가 그에게만 속했는지, 제가 돈을 절반 냈는지 아니면 그가 모두 지불했는지, 우리가 화해를 했는지 아니면 여전히 적으로 남아 있었는 $\quad$ 11
지, 그리고 우리가 초청을 받고 갔는지 아니면 그냥 갔는지, 또 그이가 먼저 저를 공격해서 때렸는지 아니면 제가 먼저 그를 구타했는지 하는 것을 여러분에게 가장 잘 말해줄 수 있었던 것이 그녀일 텐데 말이에요. 이런 사실들 하나하나, 그리고 또 다른 사안들을 다른 사람들은 물론 이곳에 있는 재판관 여러분께 밝히는 것은 크게 어려운 것이 아닙니다.

이렇듯 미리 계획했다거나 제가 잘못을 한 것이 아니라는 점 $\quad$ 12

은, 의원 여러분, 많은 증거와 증언에 의해 증명되는 것입니다. 제가 그녀를 심문하지 않으려 한다면 그런 사실을 그가 진실을 말한다는 증거로 삼을 수 있듯이, 저도 그가 그녀를 심문하려 하지 않는 사실을 저 자신이 거짓말하지 않는다는 증거로 삼는 것은 정당하다고 봅니다. 또 그녀가 자유인이라고 하는 그의 말도 마찬가지로 믿을 만한 것이 아닙니다. 저 자신이 그녀의 해방에 관여하여 그와 같은 액수의 돈을 지불했기 때문입니다. 그러나 그는 거짓말을 하고 진실을 말하지 않습니다. 참으로 기가 막히는 것은, 적으로부터 해방시키기 위해 제가 몸값을 냈다면, 제가 필요할 때 그녀를 부릴 수 있어야 하는 것이지만, 조국에서 추방될 위기에 처한 저에게는 이 법정의 현안과 관련하여 그녀에게 진실을 진술해주기를 요구할 수도 없다는 사실입니다. 그러니 제게 주어진 혐의와 관련하여 그녀를 심문에 넘기는 것이, 적의 손에서 제가 해방되기 위해 그녀가 팔려가도록 조치하는 것보다 훨씬 더 효과가 있다 할 것입니다. 누구라도 그를 해방시키고 싶은 사람들에게서나 혹은 다른 가능한 곳에서 돈을 구하여 풀려날 수가 있지만, 적의 손아귀에 들어가 있으면 그런 것이 불가능하기 때문이지요. 왜냐하면 적들은 돈이 아니라 그를 조국에서 쫓아내버리려 하고 있거든요. 그러니 그녀가 자유인이라는 핑계로 그녀를 심문하는 데 찬성하지 않으려는 그의 주장을 거부하셔야 합니다. 오히려 그가 여러분을 쉽게 속일 수 있다는 생각에 결정적인 검증 절차를 회피하려 했으므로, 여러분은 그를 험담꾼으로 아주

확실하게 처벌해야 합니다. 실로, 그가 자기 수하의 하인들을   15
심문에 붙이려 한다고 해도, 여러분은 그가 하는 비방을 우리
가 하는 진술보다 더 신빙성 있는 것으로 간주해서는 안 됩니
다. 우리가 그의 집으로 갔던 사실은 그의 하인들이 알고 우리
도 그것을 인정하죠. 그러나 우리가 초대를 받아서 갔는지의
여부, 또 제가 먼저 얻어맞은 것인지 아니면 먼저 공격했는지
하는 것은 누구보다 그녀가 더 잘 알 수 있는 것이거든요. 더구   16
나 전적으로 그에게 개인적으로 예속된 하인들을 심문하게 되
면, 그를 향한 우직한 충성심 때문에 진실을 외면하고 거짓으
로 저에게 혐의를 씌울 가능성도 있지요. 그러나 그녀는 자신
이 잘 알듯이 우리가 같이 돈을 지불했으므로 공동의 소유입니
다. 우리 사이에 이런 분쟁이 생긴 것도 그녀 때문이에요. 그   17
녀가 심문을 받게 되면 저의 입장은 더 불리할 수 있다는 것을
모르는 사람이 없으나, 저는 그런 위험을 감수하렵니다. 그녀
가 저보다는 그와 훨씬 더 가깝고 저를 음해하는 데에 그와 동
조하는 한편, 그를 공격하는 저에게 협조한 적은 없었기 때문
이지요. 그럼에도 저는 그녀를 저의 피난처로 삼으려 하는 반
면, 오히려 그는 그녀를 믿지 않고 있어요.

의원 여러분, 제가 이렇듯 큰 위험에 처해 있으므로, 그의   18
진술을 쉽게 받아들이지 마십시오. 오히려 여러분은 저의 싸움
이 조국에서 추방되지 않고 제 삶을 지키기 위한 것이라는 점
을 유념하셔서 주어진 혐의들을 검토해주십시오. 그리고 제가
진술한 사실보다 더 확실한 증거를 구하지 마십시오. 그를 음

해하기 위한 무언가를 계획한 적이 없다는 사실에 대한 증거로

19 저는 이외에 다른 것을 댈 수가 없기 때문입니다. 의원 여러분, 저는 매춘부와 예속노동자(노예) 때문에 제게 가장 소중한 것을 잃을 위기에 처하게 된 것이 곤혹스럽습니다. 제가 도시나 그(고발인 측) 자신에 대해 음해한 적이 있습니까? 아니면 시민 누군가에게 아무런 범죄를 저지른 적이 있습니까? 저는 그러한 행위를 한 번도 한 적이 없으나, 참으로 어이없게도, 이들 때문에 저 스스로 너무나 큰 불행의 위험에 직면해 있습

20 니다. 저는 여러분의 자식과 아내, 그리고 이 땅을 지키는 신들의 이름으로 여러분이 저를 연민해주실 것을, 또 제가 그의 손아귀에 놀아나는 일이 없도록, 돌이킬 수 없는 재앙으로 저를 빠뜨리지 않도록 해주실 것을 기원하고 간청합니다. 제가 조국으로부터 추방되거나, 그가 사실무근으로 피해를 보았다고 주장함으로써 저를 처벌하려는 목적을 달성한다면 부당한 처사가 될 것입니다.

5

신성모독죄 혐의를 쓴 칼리아스를 변호하여

역자 해설

이 변론은 신성모독 혐의를 쓴 피고를 변호하기 위한 것으로, 피고의 친구에 의해 헬리아이아 법정에서 이루어졌다. 피고는 중년의 거류외인(metoikoi)으로 하인들에 의해 고발되었다. 참고로, 리시아스의 일곱 번째 변론 〈아레오파고스 재판소: 성역을 위한 변론〉(7. 16)에도 하인들이 주인의 불경죄(不敬罪)에 대해 정보를 제공한 공로로 자유를 얻는 사례가 사회에 끼치는 부작용이 언급된다.

이 변론은 짧은 단편으로만 전하므로 피고의 어떤 행위가 신성모독죄에 해당하는지, 재판이나 판결이 언제 이루어졌는지는 정확하게 밝혀지지 않았다. 신성모독죄로 유죄선고를 받으면 흔히 사형에 처해졌으며, 특히 30인 참주정이 붕괴하고 민주정이 부활한 후에는 처벌이 더욱 엄격해졌다고 볼 수 있다.

화자는 피고인의 친구가 크나큰 위기에 처했으므로, 다른 이들에 더하여 자신도 친구를 위해 그의 좋은 점을 변호하지 않을 수 없다고 한다(1~2). 그리고 하인들의 증언은 오점 없는 평판을 훼손하는 데 이용되어서는 안 된다고 한다. 만일 그들의 증언이 받아들여진다면, 하인들은 주어진 일은 하지 않고 주인을 험담함으로써 자유를 얻는 데만 관심을 가지게 된다고 주장한다(3~5).

 ⚖

1　칼리아스가 이 법정에서 자신의 목숨 이외의 어떤 것을 걸고 있
　　다면, 배심원 여러분, 저는 여러분이 다른 연사들의 말을 들으
　　신 것으로서 그만 만족했을 것입니다. 그러나 지금 그가 제게
　　부탁하고 애원하고 있고 또 그가 제 친구일 뿐 아니라 제 아버지
　　역시 생전에 그의 친구였으며, 또 우리는 서로 여러 가지 관계
　　를 맺고 있었으므로, 정의에 부합하는 한, 또 제 능력이 허용하

2　는 한 칼리아스를 돕지 않는다면 저의 수치가 될 것입니다. 제
　　소견에, 그가 이 도시에서 거류외인으로 거주하면서 처신한 바
　　에 따르면, 그는 이와 같은 혐의를 받아 위험에 처할 것이 아니
　　라 오히려 여러분으로부터 감사를 받을 자격이 있습니다. 그러
　　나 지금 음모자들은 많은 죄를 지은 이들은 놔두고 아무 잘못도
　　저지르지 않은 사람들을 적지 않은 위험으로 내몰고 있습니다.

3　그러니 여러분은 하인(예속노동자)들의 진술에만 비중을 둔 채,
　　피고의 진술을 무시해서는 안 되겠습니다. 여러분이 유념해야
　　할 것은 개인 시민이건 공직자이건 간에 이전에 아무도 칼리아
　　스를 고발한 사람이 없었다는 사실, 그리고 이 도시에 사는 동
　　안 그가 여러분에게 많은 기여를 했으며 지금 이 나이에 이르도
　　록 어떤 비난도 받은 적이 없다는 사실입니다. 반면, 이들(하인
　　고발인)은 온 생애에 걸쳐 중대한 범죄를 저지르고 많은 문제점
　　들을 일으켰으며, 지금 발언을 하면서 굉장한 기여를 하는 것처
　　럼 허세를 부리지만 실은 자유1를 얻으려는 목적을 가진 것이에

요. 제게는 놀라울 것도 없습니다. 그들은 만일 거짓말하다가   4
처벌받는다 해도 상황이 원래보다 더 열악해질 것이 없지만, 혹
여 그들이 여러분을 속이는 데 성공하면 그들이 현재 당면한 질
곡에서 벗어난다는 사실을 알기 때문이지요. 실로 고발인이 되
건 증인이 되건, 다른 사람에 대한 비방을 통해 스스로 막대한
이득을 보는 사람들 대신, 오히려 공익을 도모하면서 스스로 위
험을 불사하는 사람들을 신실한 사람으로 간주해야 합니다. 제
소견으로는, 이 재판은 피고의 사적인 사건이 아니라 도시 모든   5
이의 공공 관심사로 간주되어야 합니다. 이들만이 아니라 다른
모든 사람들이 하인을 소유하고 있기 때문입니다. 이 하인들은
피고의 운명을 보면서, 자유를 얻기 위해서 주인에게 어떻게 훌
륭하게 기여할 것인가 하는 것이 아니라, 어떻게 거짓 정보를
가지고 주인을 음해할 것인가 … . 2

---

1   예속노동자(노예)들이 다른 사람을 대상으로 행하는 비난이 진실인 것으로 증명
      되면 그 대가로 자유를 얻게 된다.
2   이하 내용은 소실되어 원전에 전하지 않는다.

6

안도키데스의 불경죄를 비난하여

역자 해설

기원전 415년 아테나이 함대가 시켈리아 원정을 떠날 무렵, 비의(秘義)[1]에 대한 신성모독, 그리고 헤르메스 신의 두상절단 사건이 발생했다. 그런데 이 두 사건에서 모두 장군 알키비아데스가 주범으로 연루되었다. 그 때문에 시켈리아 원정에 파견되었던 알키비아데스가 아테나이로의 소환명령을 받게 되고, 알키비아데스는 아테나이로 가지 않고 적국인 스파르타로 망명한다.

안도키데스도 신성모독 사건에 연루되어 재판을 받게 되었는데, 그는 다른 사람들에게 죄를 전가하고 풀려나게 된다. 그러나 이소티미데스의 제안으로 안도키데스로 하여금 신전 출입을 금지하는 조령이 통과되었다. 실로 이 조령은 훗날 안도키데스가 유죄선고를 받는 단초가 되었다.

안도키데스는 이 조령이 자신에게 적용되는 것이 아니라고 반발했으나, 그는 진즉에 아테나이를 떠나 망명하여 키프로스로 가서 무역 일에 종사했

---

1   엘레우시스 비의(秘義, *mysteria*)를 말하는 것이다. 엘레우시스에서 대지의 여신 데메테르를 위해 거행되는 은밀한 제식은 공개되어서는 안 된다.

다. 그러나 그는 2차에 걸쳐(기원전 411년 · 기원전 407년)의 아테나이로 돌아오려 시도했으며, 마침내 기원전 402년에 아테나이로 돌아오게 된다. 그 1년 전인 기원전 403년, 펠로폰네소스전쟁이 끝난 다음 수립되었던 30인 참주 체제가 무너지고 민주정체가 부활되면서 일반 사면을 위한 조령이 통과되었기 때문이다.

기원전 399년 안도키데스는 500인 의회[2] 의원으로 선출되었는데, 그해에 그는 지난날의 비의 사건에 연루되어 두 가지 소송에 피소되었다. 첫 번째 소송에 대해서는 전하는 정보가 없다. 두 번째 것은 케피시오스의 고발에 의한 것인데, 이때 안도키데스는 자신을 변호하기 위해서 변론 〈비의에 관하여〉[3]를 썼다.

리시아스는 그 재판을 위해 이 변론을 썼고, 이 재판은 재판소가 아니라 민중의 민회에서 이루어진 것으로 '탄핵'(에이산겔리아)[4] 절차에 의한 것이었다. 원고는 공공 사제의 집안으로 자코로스의 아들인 디오클레스였고 케피시오스는 그 비난에 합세했다.

이 변론이 이루어진 것은 기원전 399~392년 사이로 추정된다. 유죄선고에 의해 예견되는 처벌은 사형(55)이나, 판결은 안도키데스에게 부정적이지는 않았던 것이 거의 확실하다. 안도키데스는 기원전 392년에 자유인으로서 참정권을 보유했고 사자가 되어 스파르타로 파견되었기 때문이다.

2　500인 의회는 아테나이의 10개 부족(클레이스테네스 부족 개편 이후 아테나이에는 총 10개 부족이 있었다)에서 각 부족 당 50인씩으로 구성되는 의회이다.

3　Andokides, On the mysteries(Peri ton mysterivn), in *Minor Attic Orators* (Havard U. P., 1941), p. 325 ff.

4　탄핵(*eisangelia*)은 주로 공적 중요성이 클 때 밟는 절차인데, 이것은 피고뿐 아니라 원고에게도 위험부담이 있는 것으로서 5분의 1의 지지표를 얻지 못하는 원고는 처벌받는다. 이 책의 부록 3 및 용어 해설 중 '에이산겔리아' 항목 참조.

이 변론은 실제로 리시아스의 것이 아닐 수도 있다는 의혹이 예전부터 강하게 일었다. 안도키데스의 정적이 썼다든가, 양이 더 많은 원본의 축약본이라든가, 아니면 기원전 4세기 말 한 소피스트가 썼다든가 하는 견해가 제기되었다. 이러한 의혹이 제기되어온 이유는 문체가 리시아스의 다른 작품들과는 너무 다르기 때문이다. 현재 남아 있는 것은 전체 변론이 아니라 도입부, 전개부, 주요 논증부분, 결론부분 등이 빠진 것이다.

⚖

… 봉헌하듯이 그는 신전 문고리에 말을 매어두었다가, 다음 1
날 밤 말을 빼냈습니다. 이런 짓거리를 한 사람은 가장 극심한
고통, 굶주림으로 인해 죽었습니다. 진수성찬이 그 앞 식탁에
차려져 있었으나 빵과 단 과자에서 괴상한 냄새가 나서 먹을
수가 없었다고 합니다. 우리들 중 많은 이가 제식을 주관하던 2
사제에게서 이 사실을 들었습니다. 저는 피고와 관련하여 당 3
시에 들었던 이야기들을 상기하고, 또 그의 행위와 그가 제공
한 정보에 의해 그 친구들이 죽게 되고, 그뿐 아니라 그 자신도
다른 원인에 의해 죽게 될 것이라고 생각합니다.

이와 같은 사건을 재판하면서 여러분이 안도키데스에게 동
정이나 관용을 베푼다는 것은 있을 수 없는 일입니다. 이 두 여
신5이 잘못한 자들에게 어김없이 복수한다는 것을 여러분은
알고 있기 때문입니다. 모든 사람이 자신은 물론 다른 이들도

같은 운명에 놓인다는 점을 예상하고 있어야 하는 것이지요.

4 제가 여러분에게 묻고 싶은 것은, 만일 안도키데스가 무사히 이 법정에서 살아 나가서 9인 아르콘(장관)6에 추첨되고 또 '왕'(바실레우스)7 아르콘직을 맡게 된다면, 어떤 다른 업무도 함께 맡거나 아니면 여러분을 위하여 선조의 관습에 따라 때로는 이곳 엘레우시니온8에서, 때로는 엘레우시스 신전에서 제물을 바치고 기도를 드리며, 또 비의를 주관하면서 누구도 신성(神聖)에 대해 부정이나 불경을 범하지 않도록 하겠지요.

5 그러면 제식을 위해 참석한 비의의 신도들이 누가 '왕'(바실레우스)인지를 알고는 그가 범한 신성모독 행위들을 기억해낼 때 어떤 느낌을 갖게 될 것이라고 여러분은 생각하십니까? 또 제물을 드리거나 구경하기 위해 이 축제를 찾아온 다른 헬라스인

6 들은 또 어떤 생각을 하겠습니까? 안도키데스는 국내외를 막론하고 그 신성모독 행위로 소문이 나 있습니다. 선행이든 악행이든 두드러진 행위는 부득이 그 행위자를 유명하게 만드는 것이지요. 더구나 안도키데스는 시켈리아, 이탈리아, 펠로폰

---

5 데메테르와 페르세포네를 말한다.

6 서기 1인을 합하여 10인 아르콘이라고도 한다. 이 9인 아르콘은 폴리스를 대표하고 행정을 관장하는 '수석(명칭) 아르콘', 종교제의를 관장하는 '바실레우스'(왕), 국방 및 비(非) 시민 관련 사무를 담당하는 '폴레마르코스', 사법을 담당하는 6명의 '테스모테테스'(법무장관)로 구성되었다. 이 책 용어 해설 중 '아르콘' 항목 참조.

7 archon basileus. 위 주석 참조.

8 엘레우시스의 신전이 아닌 다른 곳으로 데메테르 여신에게 바쳐진 성소이다.

네소스, 테살리아, 헬레스폰토스, 이오니아, 키프로스 등 여러 도시에서 문제를 일으키고 다녔습니다. 그는 그가 접촉한 많은 왕들에게 아첨을 떨었어요. 시라쿠사이의 왕 디오니시오스만 예외였는데, 그는 그들 가운데 가장 운이 좋은 이였거나 7 아니면 지혜가 뛰어나서, 안도키데스와 관계를 가진 사람들 가운데 유일하게도, 적에게는 아무런 해를 입히지 않고 친구들에게는 가능한 한 많은 해를 끼치는 그런 부류의 사람에게 속아 넘어가지 않았던 것입니다. 이렇듯, 신의 이름으로 맹세하되, 정의를 그르치면서 그에게 관용을 베푼다는 사실을 헬라스인들이 알지 못하게 숨기기란 결코 쉬운 일이 아닙니다.

지금 여러분은 그에 대해 판결을 내려야만 합니다. 여러분이 8 주지하듯이, 아테나이인 여러분, 선조의 법과 안도키데스를 동시에 인정하고 사는 것은 불가능합니다. 둘 중에 하나를 택해야 하지요. 법을 없애든지, 그를 없애든지 둘 중 하나를 해야 합니다. 그의 뻔뻔함이 도가 넘쳐, 그는 우리가 그에 관련하여 9 만든 법이 폐기된 것이라고 주장하면서 시장과 신전에 출입할 수 있다고 말합니다. … 9 오늘은 그가 아테나이인의 의사당에까지 들어왔어요. 전하는 말에 따르면, 언젠가 페리클레스가 10 여러분에게 권하기를, 불경한 사람을 다룰 때는 성문법뿐 아니라, 에우몰피다이 가문에 의한 해석, 그리고 누구도 폐기하거나 감히 부인하지 못하며 누가 정초했는지도 알 수 없는 불문법

9　이곳은 몇 자가 누락되었다.

11 까지 적용하라고 했답니다. 이렇게 함으로써 사람뿐 아니라 신들에게도 벌을 받아야 한다고 본 것이지요. 그런데 안도키데스는 신들과 신들을 위해 징벌의 의무를 지닌 이들을 너무나 무시하여, 도시에 돌아온 지 10일이 안 되어 '왕'(바실레우스) 아르콘 앞으로 신성모독 관련 소송을 제기하여 입건되도록 했지요. 그 피고도 사실 신에 대한 불경죄를 범하긴 했으나 여러분, 특히 이 점에 주목해주십시오, 안도키데스는 아르키포스가 자신의 집에 있는 전통의 헤르메스 상에 대해 불경죄를 범했다고 주장한 거예요. 10 아르키포스는 안도키데스의 주장에 반발하고, 맹세를 곁들여 헤르메스 상이 원래 온전하지 못했고, 또 다른 헤르메스 상과 같이 특별히 파손된 것은 없다고 진술했지요.

12 다만 안도키데스와 같은 사람과 엮여서 더 곤혹스러워지는 사태를 피하려고 돈을 주고 해결했어요. 그러자 안도키데스는 또 다른 이를 불경죄로 얽어 넣으려 했으므로, 다른 사람들도 그를 얽어 넣어서 벌을 주는 것이 공명정대한 일이 될 것입니다.

13 아마도 안도키데스의 입장에서 보면 고발인은 중벌을 받는데, 고발된 자는 온전한 자격으로 여러분과 함께 권력을 행사하는 것이 어처구니없는 일이라고 할 것 같습니다. 그리고는 자신을 변호하는 것이 아니라 다른 이를 비난하는 것이죠. 실

---

10 안도키데스 자신이 법으로 금지된 엘레우시스 비의를 흉내 낸 혐의와 헤르메스 두상 절단사건 관련 혐의를 받고 있으면서, 오히려 다른 사람인 아르키포스에게 혐의를 전가하고 있다.

로 다른 사람들의 귀환을 명한 이들은 잘못을 저지른 것이므로 그 같은 불경죄에 걸리게 되어 있어요. 만일 여러분이 전권을 가진 주체로서 신의 응징을 구현하지 않고 외면한다면, 죄인으로 낙인찍힐 사람은 절대로 그들이 아닙니다. 그러니 여러분에게 비난이 돌아오지 않도록 오히려 상대를 죄인으로 벌하여 여러분 자신의 혐의를 벗도록 하십시오. 더구나 그들은 혐의 행 14 위를 부인하지만, 그는 자신의 죄를 인정하고 있어요. 그리고 가장 엄하고 공정한 법정인 아레오파고스 재판소에서는 죄를 인정한 이는 사형선고를 받지만, 혐의를 부인하면 심사가 이루어집니다. 그래서 실제로 많은 이들이 죄가 없는 것으로 판명되었어요. 그러니 여러분은 혐의를 부인하는 자와 인정하는 자를 같이 취급하면 안 됩니다. 이해가 안 가는 것이 있어요. 머 15 리, 얼굴, 손, 발 등 사람의 몸에 상처를 입힌 사람은 아레오파고스 법에 따라 상처받은 피해자가 있는 도시에서 추방되고, 또 만일 그 가해자가 돌아오면 고발되어 사형에 처해집니다. 그런데 신상(神像)에 그런 해를 입힌 경우에는 방해받지 않고 해당 신전에 접근하며 또 그곳에 들어가도 벌을 받지 않는다는 것11이 말이 됩니까? 덕을 입건 해를 입건 간에 여러분이 피해를 입게 될 사람들을 조심하는 것은 당연하고도 바람직한 것이죠. 또 헬라스인들 가운데 많은 사람들이 신전에서 행해진 불 16

---

11 '않는'(ou)은 Aldus Manutius(*Orationes Rhetorum Graecorum*, Venice, 1513) 가 삽입한 것으로서, Loeb판, Kaktos판이 모두 이것을 수용하고 있다.

경스런 행위 때문에, 그에 연루된 사람들이 그곳에 접근을 못 하도록 배제한다고 합니다. 그런데 여러분은 그런 피해를 입은 당사자이면서도, 여러분 자신의 법에 오히려 이방인들보다도 관심을 덜 가지고 있는 겁니다. 그리고 안도키데스는 멜로스의 디아고라스12보다 훨씬 더 불경하다는 사실에 유념하십시오. 디아고라스는 이방 나라의 제사나 축제에 대해 신성모독을 범했으나, 안도키데스는 자기 도시의 신성을 모독했습니다. 신성에 관련한 사안에서, 아테나이인 여러분, 이방인이 아니라 오히려 여러분 자신의 동료 시민들에게 분노해야 합니다. 이방인의 범죄는 남의 일이지만, 시민의 경우는 집안일이거든요.

18   그리고 죄가 있어 잡은 자를 방면하지 마시고, 죄인들을 잡아 오거나 죽이는 사람에게 은 1탈란톤의 현상금을 걸어서 체포하도록 하십시오. 그렇지 않으면 여러분은 헬라스인들에게 죄인을 처벌하려는 것이 아니라 허풍만 떠는 것으로 비칠 것입니다.

19   다. 안도키데스는 신들을 경배하지 않는다는 사실을 헬라스인들 앞에 드러내면서, 자신이 한 행위에 대해 일말의 반성도 없이 오히려 당당하게 배를 준비하여 바다로 나갔던 것이죠. 그러나 신의 조화에 의해 그는 죄를 범하게 되고 저의 소송제기로 인해 벌을 받게 될 처지에 이르렀습니다.

20   저는 실로 그가 죗값을 치를 것이라고 생각하고, 상황은 제 예상을 벗어나지 않

---

12   멜로스의 디아고라스는 '무신론자'로 불리었다. 자세한 내용은 Aristophanes, *Ornithes*(Birds), 1073; Diodoros Sikeliotes, 13. 6. 참고.

게 되어 있어요. 불경한 행위를 한 다음 오랜 후에 대가를 치르고 또 후손들이 선조의 죄 때문에 벌을 받는 경우 등, 여러 사례를 통해 제가 짐작하건대 신은 당장에 벌을 내리는 것이 아니기 때문이죠. 조만간에 신이 죄지은 사람에게 많은 환난과 위험을 보내므로, 많은 사람들이 차라리 생을 마감하고 죽음으로 곤경에서 벗어나기를 원하는 것입니다. 결국, 신은 그들을 파멸로 몰아가 죽음으로 삶을 마감하게 합니다.

안도키데스가 불경죄를 지은 이후 그가 지나온 삶의 길을 보 　21
면서, 그런 사람이 달리 또 있을 수 있는지를 생각해보십시오. 그는 죄를 지은 후 재판에 회부되었는데, 그때 그는 만일 자신의 하인을 심문하도록 넘겨주지 않는 경우 그에 상응하는 벌로 금고형을 받고, 투옥되겠다고 스스로 제안했어요.[13] 그때 그　22
는 하인을 넘겨주지 못한다는 사실을 이미 알면서도 말이지요. 하인이 안도키데스와 안도키데스가 지은 범죄에 대해 밀고하지 못하도록 그전에 하인을 살해해버렸거든요. 그러니 그가 벌금보다 금고가 더 유리할 것이라고 잔머리를 굴린 것은 어떤 신성이 그를 파멸시키려고 했기 때문이 아닐까요? 이렇　23
게 자신의 제안에 따라 그는 거의 1년을 감옥에 있었는데, 그런 상태에서 자신의 친지나 친구들을 밀고했어요. 그가 제공

13 　고대 아테나이의 재판은 두 번에 걸쳐 진행되었다. 1차 재판에서 유죄 혹은 무죄를 선고하고, 유죄로 선고되면 2차 재판이 열린다. 2차 재판에서는 형량을 결정하는데, 피고와 원고가 각각 형량을 제시하고 배심원이 그 가운데서 선택한다.

한 정보가 사실로 간주되어 사면을 받을 수 있을까 하고 또 머리를 굴린 것이지요. 사면이 될지 안 될지도 모르는 상황에서 친구를 배반하여 고자질할 만큼 참으로 비열한 행위를 자행한 그는 도대체 어떤 성품의 인간이라고 여러분은 생각하십니까? 그 후, 그 자신이 매우 존경한다고 말하던 사람들을 죽음으로 몰아감으로써 그는 중요한 정보를 밀고한 것으로 인정을 받고 석방되었습니다. 그때 여러분은 그로 하여금 시장이나 신전에 출입하지 못하도록 조치하여, 그가 적으로부터 피해를 입어도 재판을 받을 수 없도록 했습니다. 전래하는 아테나이의 역사를 통틀어 지금까지 이런 정도로 불명예를 당한 사람은 아무도 없었습니다. 그만큼 이날까지 아무도 그런 죄를 범한 사람이 없었지요. 이런 상황을 신의 조화로 돌려야 할까요? 아니면 우연일까요? 아무튼 그런 일이 있은 다음 그는 배를 타고 키티온의 왕에게로 갔어요. 거기서도 그는 반역죄에 연루되어 구금되었고, 사형선고뿐 아니라 매일매일 고문에 시달리며 산 채로 능지처참을 당할 위기에 놓이게 되었지요. 그런데 어쩌다 이런 위기를 모면하고 조국으로 돌아오게 되었습니다. 마침 그때 400인 정부가 들어서 있었지요. 신이 그에게 건망증을 선사했는지, 그는 바로 자신이 피해를 입힌 사람들에게 돌아오려고 했던 거예요. 그래서 도착하자마자 붙들려서 고문을 당했는데, 죽지는 않고 풀려나게 되었지요. 그 길로 배를 타고 키프로스의 왕인 에우아고라스에게 갔는데, 거기서도 죄를 지어 감금되었어요. 거기서도 다시 도망치고, 이곳의 신들로부

24

25

26

27

28

터 도망치고, 조국으로부터 도망치고, 그는 가는 곳곳마다, 모든 곳에서 도망자가 되었지요. 숨 돌릴 틈도 없이 여러 번 수 난을 당하니 그 인생에 어떤 즐거움이 있겠습니까? 키프로스   29 에서 이곳으로 돌아온 것이 민주정체가 회복된 다음이었는데, 그는 행정부 관리14들을 매수하여 자신을 받아들이도록 하려 했지만, 여러분이 신들의 뜻에 따라 제정한 법령에 의해 그는 이 도시에서 추방당했습니다. 이렇게 민주정도 과두정도 전제   30 정도 그 어느 도시도 그를 받아들이려 하는 데가 없습니다. 불 경죄를 범한 이후 내내 그는 망명객으로 지냈고, 알고 지낸 사 람들에게 끼친 해 때문에 지인보다 낯선 이들에게 언제나 의지 했지요. 마침내 이 도시에 오고 난 후 그는 같은 장소에서 두 번15이나 고발당했어요. 그의 몸은 언제나 감옥에 가 있고 재   31 산은 곤경에 처하면서 줄어들었지요. 더구나 적이나 협잡꾼들 과 어울리게 되면 삶이 삶 같지 않아요. 신의 조화로 이런 운명 이 주어진 것은, 구원이 아니라 그가 저지른 불경죄 때문에 벌 을 받은 것이었어요. 마침내 지금 이 순간, 그는 하릴없이 여   32

---

14 '프리타네이스'(*prytaneis*)들을 말한다. 아테나이 10개 부족으로 구성된 500인 의 회의 10분의 1의 인원, 즉 각 부족 출신 50명의 의원들이 1년의 10분의 1의 기간 (약 36일)마다 번갈아가면서 대표행정부(프리타니스)를 구성한다. 그 행정부를 맡은 50명의 당번 의원들을 '프리타네이스'라고 하며, 이들이 의회, 민회에서 회 의를 주관하는 등 도시의 사무를 주관한다. 이 책 용어 해설 중 '프리타네이스' 항 목 참조.

15 Andokides, *Peri ton mysterion*〔비의에 관하여〕, 8.92~96 참조.

러분 앞에서 처분을 기다리고 있습니다. 그것도 스스로 죄가 없다는 믿음이 아니라 어떤 신성의 조화에 의해 어쩔 수 없이 강요되어서 말이지요. 이제 신에 대한 맹세로서, 안도키데스가 저지른 신성모독의 행위를 세상 모든 이가 알고 있는 판에, 나이의 고하를 막론하고 사람들이 그가 곤경을 모면하는 것을 보고는 신에 대한 믿음을 상실하도록 만들면 안 되는 것이죠. 우리가 유념해야 할 것은 근심 없는 절반의 삶이 안도키데스와 같이 번민으로 가득한 삶을 두 배로 연장해 사는 것보다 낫다는 사실입니다.

33   파렴치가 도를 넘어서 그는 실제로 공직에 임하려 하고, 대중 앞에서 발언하고 소송을 제기하며 장관들을 자격심사[16]에서 탈락시키며, 의회에 참석하여 제식, 축제, 기원과 예언에 관한 토론에서 의견을 내곤 합니다. 그런데 여러분이 사람의 말에 넘어가면 어떤 신들이 기뻐할 것 같습니까? 배심원 여러분, 여러분이 그가 한 행위를 잊어버리려 한다고 해서 신들도

34   그럴 것이라고 생각하지 마십시오. 그는 자신이 죄인이라는 사실을 반성하여 조신하게 도시 일에 함께하는 것이 아니라, 자신이 오히려 도시를 해치는 자를 찾아낸 것처럼 처신하는 겁니다. 여러분의 심약함과 방심으로 인해 여러분 손에 처벌받

---

16   흔히 공직에 임하기 전에 받는 인사청문 절차를 말한다. 아르콘(장관)들을 포함한 아테나이의 모든 공직자는 임기 시작 전 자격심사를 거쳐야 한다. 이 책 〈에우안드로스의 자격심사를 위하여〉의 해설 및 용어 해설 중 '자격심사' 항목 참조.

지 않은 것임에도 불구하고, 그는 남들보다 더 큰 권력을 가지
려 하고 있어요. 지금 그가 짓는 죄는 감출 수가 없으며, 어김
없이 단죄되어 처벌받을 것입니다.

　그가 또 다르게 변명을 할 수도 있어요. 양쪽의 말을 다 들어　　35
보셔야 더 나은 판단을 하게 될 것이므로, 그가 내세우게 될 구
실에 대해 참고로 말씀을 드려야 할 것 같습니다. 그것은 그가
아주 유익한 정보를 제공해서 당시의 공포와 혼동으로부터 여
러분을 구해냄으로써 도시에 공을 세웠다고 하는 것이겠죠. 그
러나 우리에게 닥친 크나큰 질곡의 원인 제공자가 누구이겠습
니까? 그 같은 행위를 저지른 바로 그 아닙니까? 그런데도, 그　　36
의 덕을 본 것처럼 우리가 그에게 감사해야 합니까? 그는 밀고
를 하여 여러분에게서 사면을 얻어내고, 또 여러분은 불경한 자
들을 수색하러 다닌다고 혼동과 질곡을 초래했기 때문에 말입
니까? 결코 그런 것이 아닙니다. 오히려 그가 도시를 혼동으로
몰아넣은 것을, 여러분이 도로 평정을 회복시킨 것이지요.

　그가 화해협정17이 다른 아테나이인과 마찬가지로 자신에게　　37
도 적용이 된다는 구실로 방어막을 치려 한다는 것을 저는 알
고 있습니다. 이런 빌미로 여러분 중 다수가 화해협정을 깨지
않으려고 그를 무죄로 방면할 것이라고 계산하는 것이지요.

17　기원전 403년 30인 참주정이 무너지고 민주정체가 복구될 때, 참주정에 동조 혹
　　은 묵인하며 아테나이 도심에 남아 있던 이들과 그 외항 페이라이에우스에 있던
　　민주정을 회복하려는 이들 간에 맺어진 화해의 협정을 말한다.

38 그래서 안도키데스가 이 협정과 무관하다는 점에 대해 제가 말씀드리겠습니다. 여러분이 라케다이몬인과 맺은 그 협정은 물론이고, 제가 장담하건대, 페이라이에우스 측과 도시(아테나이 도심) 측 사람들 사이에 맺어진 협정의 경우에도 마찬가지입니다. 우리들 가운데 아무도 안도키데스가 저지른 그 같은 혹은 그에 버금가는 어떤 범죄를 저지른 적이 없으므로, 오히

39 려 그가 우리 덕을 볼 수가 있었던 것이지요. 우리의 내분이 안도키데스 때문이 아닌 것처럼, 화해가 이루어질 때 협정의 조건 속에 그 같은 사람을 포함하기 위해 기다리지도 않았습니다. 화해협정과 서약이 이루어진 것은 한 사람이 아니라 우리들, 즉 도시(아테나이 도심)와 페이라이에우스 사람들을 위한 것이었거든요. 그러니 궁지에 처해 있던 우리가 해외에 나가서 옆에 있지도 않은 안도키데스를 고려하여 그의 죄가 사면되도록 배려를 하는 일이 있었다고 한다면 어불성설이 되겠지

40 요. 그런데 라케다이몬인이 안도키데스에게 득을 본 것이 있어서 협상과정에서 그 같은 자도 배려했다고 그가 주장할 수도 있겠네요. 그런데 여러분이 그를 배려한 적은 있습니까? 기여한 바가 어떤 것이죠? 그가 여러분을 생각하고 도시를 위해서

41 여러 번 위험을 감수한 적이라도 있습니까? 아테나이인 여러분, 그의 주장은 실이 없는 것이니 속지 마십시오. 사적인 범죄로 안도키데스를 처벌할 때가 아니라, 공적 피해를 구실로 사적인 보복을 행할 때야말로 여러분은 화해협정을 어기는 것이 됩니다.

혹 그가 케피소스를 맞고소하면서 할 말이 있을 수도 있습니 **42**
다. 그러나 여러분은 같은 투표로 피고와 원고를 동시에 처벌
하지 못합니다. 지금은 안도키데스에 대해 판결을 내려야 하
며, 케피소스는 물론 우리 각각에 대한 것은 다음 기회가 있습
니다. 그러니 다른 이에 대한 분노로 인해 죄를 지은 안도키데
스를 방면하지 마십시오.

안도키데스는 자신이 밀고했는데, 그런 자기를 처벌하면 앞 **43**
으로 아무도 여러분에게 밀고하려는 이가 없을 것이라고 말할
수도 있어요. 그러나 안도키데스는 밀고의 대가로 여러분에게
서 보상을 받았습니다. 그는 다른 이들을 죽음으로 몰아넣는
대신 자신의 생명을 구했던 것이죠. 여러분은 그의 생명의 은
인이지만, 그는 현재 자신이 당면한 질곡과 위험을 자초한 것
입니다. 지켜야 할 법령과 사면의 조건들을 위반함으로써 밀고
자가 되었기 때문이지요. 여러분은 밀고자가 더 이상 죄를 저 **44**
지르도록 하는 방종을 허용해서는 안 됩니다. 이미 저지른 것
만으로도 충분하기 때문입니다. 오히려 범법자들을 처벌해야
합니다. 수치스러운 혐의로 유죄선고를 받은 다음 서로를 음해
하여 밀고를 한 다른 모든 제보자들도 적어도 한 가지 사실, 피
해를 본 사람들을 절대로 괴롭히면 안 된다는 사실을 깨달아야
하는 것이지요. 또 해외로 나가면 온전한 권리의 아테나이인으
로 간주되지만, 이곳 조국 땅에서 피해를 입은 시민들과 함께
살게 되면 교활하고 불경한 사람으로 간주된다는 사실 말입니
다. 이렇게, 안도키데스를 제외한 모든 사람 중에서 가장 사악 **45**

한 바트라코스는 30인 정부하에서 밀고자가 되었고, 엘레우시스로 간 사람들과 맺은 화해협정과 맹세의 혜택이 적용되는데도 불구하고, 여러분 가운데 자신이 피해 준 사람들을 껄끄러워하여 다른 도시로 이주해 나갔습니다. 그러나 안도키데스는 바로 신을 모독했으나, 바트라코스가 사람에 대해서 한 것보다 더 신들을 깔보면서 신전에 들락거렸습니다. 그러니 그는 바트라코스보다 더 사악하고 더 무례한 자로서 여러분이 그 목숨을 살려놓는 것만으로도 감지덕지해야 합니다.

46   도대체 어떤 이유로 안도키데스를 방면해야 한다고 여러분이 생각하십니까? 훌륭한 군인이라서요? 그는 마흔 살이 넘도록 재난18이 닥치기 전에나 그 후나, 기병이나 보병으로도, 아니면 선주나 해병으로도, 한 번도 도시를 떠나 군역에 복무한
47   적이 없습니다. 그런데 추방된 다른 자들은 헬레스폰토스에서 여러분과 함께 선주로 협조했습니다. 수많은 시련과 전투를 거치면서 여러분이 스스로의 수고로 자신과 도시를 해방시킨 사실을 기억하십시오. 거기에는 공사(公私)를 막론하고 많은 육체적 수고와 자금, 그리고 싸우다 땅에 묻힌 많은 용감한 시민
48   들의 희생이 있었습니다. 그러나 안도키데스는 이런 희생에 전혀 동참하지 않았고 조국의 구원에 … 기여한 바가 없으면서

---

18 기원전 405년 흑해 입구 헬레스폰토스에 있는 아이고스포타모이해전에서 펠로폰네소스 함대가 아테나이 측을 누르고 승리를 거둔 사건으로, 펠로폰네소스전쟁의 마지막 결정적인 전투를 말한다.

도, **19** 지금 도시의 공무에 동참할 자격이 있는 것처럼 행세하면서 다른 한편으로 불경죄를 범하고 있습니다. 부자로서 돈이 있어 왕들과 참주들의 손님으로 다니면서, 여러분의 기호를 알고 있는 그가 여러분 앞에 생색을 내기만 했지, 그가 어떤 기여를 했다고 ⋯ 기특하게 여길 거리가 있나요? 도시가 혼동과 위험에 직면해 있음을 알면서도, 선장인 그는 곡물을 수입하여 도시에 도움을 주어야겠다는 생심을 내지 않았던 것이지요. 오히려 거류외인과 이곳에 거주한 이방인들이 곡물을 수입하여 도시를 도왔습니다. 그런데 안도키데스 당신은 어떤 기여를 했고 어떤 범죄를 보정하도록 했으며 어떤 먹거리를 들여왔습니까? ⋯   **49**

아테나이인 여러분, 안도키데스의 행위를 기억하시고, 또 **50** 세상 사람들이 여러분에게 특별한 영광으로 기린 축제**20**에 대해서 상기하십시오. 그러나 지금 여러분은 안도키데스의 범죄에 대해 너무나 자주 보고 들었기 때문에 이미 세뇌가 되어, 터무니없는 것이 터무니없는 것으로 보이지 않는 지경이 되었습니다. 그럼에도 정신을 가다듬어서 그가 저지른 행위를 곰곰이 반성해본다면 더 나은 결론에 닿을 수 있을 것입니다. 그는 **51** 사제의 제복을 입고 제식을 흉내하면서 신성한 것들을 비(非)신도들에게 누설하였으며, 금지된 주문을 발설했습니다. 또 우리가 숭배하며, 경건함과 순결함으로 우리가 제사하고 기도

---

19 앞의 누락된 부분을 추측에 의거해 복원한 것이다.
20 여기서는 비의(秘義, *mysteria*)를 말한다.

하는 신상들을 그가 파손했고요. 그런 행위를 한 그에게 여사
제들과 사제들이 서쪽21을 향하여 저주를 퍼부으면서, 전해져
52 오는 오래된 관습에 따라 자줏빛 옷자락을 흔들어댔지요. 그
자신도 자신이 한 행위를 인정했습니다. 더구나 여러분이 제
정한 법을 어긴 범법자로 신전의 출입이 금지되었는데도, 이
런 규제를 무시하고 우리 도시로 들어와서는 그에게 금지된 제
단에서 제사를 지냈어요. 또 불경을 범했던 신성물에 접근을
했답니다. 엘레우시니온22으로 들어가서 신성한 물에다 손을
53 씻었던 것이지요. 이런 그의 행위를 누가 용서하겠습니까? 친
구나 친지나 같은 마을(데모스) 사람이거나 간에 은밀하게 그
에게 호의를 베풀었다가 노골적으로 신들의 적의를 사고 싶은
사람이 누가 있겠습니까? 그러니 여러분은 오늘 안도키데스를
처벌하여 그를 당신들에게서 제거함으로써 도시를 정화하고,
악을 쫓아내고 불행을 멀리하며, 무뢰한을 제거하십시오. 안
도키데스가 바로 그런 자입니다.

54 이제 저는 디오클레스가 한 조언을 소개하겠습니다. 디오클
레스는 공공 사제(*Hierophantes*)인 자코로스의 아들이며 저의
조부였는데, 그 조언은 여러분이 불경죄를 범한 한 메가라인에
대한 조치를 모색하고 있을 때 여러분에게 준 것이었습니다.

---

21 Plutarchos, *Alcibiades*, 22에 알키비아데스에 대한 저주가 묘사되어 있다. 지상
의 신들에 대한 기도와 맹세를 할 때 화자는 동쪽을 향하고, 지하의 신들에 대한
맹세는 서쪽을 보고 한다.
22 데메테르 여신을 모시는 성소이다.

다른 사람들이 재판도 없이 그를 당장 사형하라고 재촉했으나, 그는 인류에 득이 되도록 메가라인에게 판결함으로써 그것을 듣고 본 세상 사람들이 더 엄숙한 마음가짐을 갖도록 하라고 했습니다. 그리고 신들을 위해서는 여러분이 각기 먼저 집에서 불경죄를 지은 자의 운명을 어떻게 할 것인지 마음속으로 판단한 다음에 법정에 들어서라고 지시를 내렸어요. 아테나이인 여러분, 여러분은 무엇을 해야 하는지를 알고 있지요. 안도키데스의 말에 넘어가지 마십시오. 노골적으로 불경죄를 지은 그에 대한 결정권이 여러분의 손아귀에 있습니다. 여러분은 그의 죄상을 보고 들으셨습니다. 그가 여러분에게 간청하고 애원할 것입니다만, 연민하지 마십시오. 연민은 지당하게 처형되어야 할 사람이 아니라 부당하게 처형되는 사람들에게 베푸는 것이기 때문입니다.

55

7

아레오파고스 재판소
성역을 위한 변론

역자 해설

청년 니코마코스가 어떤 부유한 농부를 고발했는데, 이유는 농부가 아테나 여
신에게 바쳐진 것으로서 자신의 땅에 있던 성(聖) 올리브나무의 성역(聖域)을
없앴다는 것이었다. 이 나무는 신성한 것이므로 열매를 맺는 것, 말라서 둥치
만 있는 것뿐 아니라 그 영역도 법에 의해 보호를 받았다. 고발인의 비난은
처음에는 나무를 뽑아버렸다는 것이었는데, 그것으로 유죄선고를 받아내기 힘
들다고 생각되자 그다음에는 방향을 틀게 된다.

성 올리브나무의 보호는 아레오파고스에서 관장했으며, 재판은 바실레우스
(왕) 아르콘의 주도하에 진행되었다. 이 재판은 '아포그라페'(apographe)의 절
차에 의해 제기되었다. 아포그라페는 흔히 개인이 공적인 사안에서 불법을 저
지를 때 적용될 수 있으며 유죄에 대한 처벌은 추방과 재산몰수이다. 몰수된
재산의 반은 국고로, 나머지 반은 고발인의 몫으로 돌린다.

이 재판이 이루어진 시기는 정확하게 알려지지 않았다. 그러나 11절에 기원
전 397~396년 관련 사건이 언급되는 것을 근거로, 이 재판은 그 후인 기원
전 396년 혹은 395년에 있었던 것으로 추정하기도 한다. 판결의 결과도 알려

지지 않았으나 피고가 무죄 석방되었을 것으로 본다. 많은 증인이 증언을 했고, 자신의 하인도 심문하도록 내놓는 데 동의했기 때문이다.

⚖️

1   의원 여러분, 지금까지 저는 누군가 원한다면 송사(訟事)와 번잡한 일로부터 벗어나서 조용하게 살 수 있다고 생각했습니다. 그런데 지금은 뜻하지 않게 혐의를 쓰고 비열한 험담꾼들에 의해 궁지에 몰려 있습니다. 그래서 이런 일도 생길 수 있는 것이므로, 저는 아직 태어나지 않은 이마저도 그들에게 닥쳐올 일에 대해 경각심을 가져야 한다고 생각하게 되었습니다. 이들은 아무 잘못도 범하지 않은 사람에게 많은 죄를 지은 사람과 똑같은 위험 부담을 지우기 때문입니다. 그리고 특히 이 재판이 저를

2   곤혹스럽게 하는 것이, 처음에 저는 제 토지에서 올리브나무를 파낸 것 때문에 고발을 당했고, 그들은 신성한 올리브의 과실을 산 사람을 상대로 조사를 했어요. 그런데 제가 잘못했다는 어떤 증거를 얻지 못하자, 다음에 그들은 제가 성역을 제거했다고 하는 거예요. 이런 비난에 대해 제가 반박하기 아주 어려울 것이고, 반면 그들에게는 편리한 대로 어떤 진술이라도 할 수 있다

3   고 판단한 것이지요. 그리고 그(원고인 니코마코스)가 여기로 오기 전에 저를 음해하기 위해 용의주도하게 계획했으나 저는 이 사건을 재판하려 하는 여러분과 같은 순간에 듣게 된 그런 비난

에 대해 조국에서의 생존권과 재산을 걸고 제 자신을 변호해야 하는 입장에 처했습니다. 그럼에도 저는 여러분에게 사건의 시작부터 말씀드리도록 하겠습니다.

이 땅은 페이산드로스의 것이었으나 그의 재산이 몰수되었 4
을 때 메가라의 아폴로도로스가 민중으로부터 하사받아서 한동안 경작을 했습니다. 그런데 30인 체제가 시작되기 바로 전에 안티클레스가 그 땅을 사서 세를 놓았습니다. 의원 여러분, 5
제가 여러분에게 말씀드려야 하는 것은, 제가 그 땅을 취득했을 때는 올리브나무도 없었고 성역도 없었다는 거예요. 제 소견으로는, 이전에 거기에 성스러운 올리브나무가 있었다 하더라도 제가 처벌받는 것은 부당합니다. 우리가 그 나무들을 없앤 것이 아니고, 다른 사람들이 한 행위를 가지고 우리가 처벌받을 이유가 없기 때문이지요. 여러분이 주지하듯이, 전쟁에 6
의해 발생한 많은 질곡 가운데서 외곽지역은 라케다이몬인들에 의해 유린되었고, 가까운 곳은 우방에 의해 약탈되었습니다. 그런데 도시를 덮친 재난에 대해 제가 왜 처벌을 받아야 합니까? 특히 이 땅은 전쟁 중에 몰수되었던 곳이라 3년이 넘도 7
록 팔리지도 않았어요. 우리가 스스로 가진 재산도 지킬 수 없었던 당시에 사람들이 신성한 올리브나무를 캐버렸다 해도 놀랄 일이 아니지요. 의원 여러분, 특히 여러분 중에 이런 일의 감독을 맡았던 분들은 당시에 많은 땅이 개인의 것과 신성한 올리브나무로 울창하게 덮여 있었으나, 지금은 대부분이 뽑혀버리고 불모지로 변했다는 사실을 알고 계시지요. 평시에는

8 물론 전시에도 동일인이 그 땅을 소유하고 있지만, 다른 이들에 의해 뽑혀버린 그 나무 때문에 그들을 처벌하는 것이 옳다고 생각하십니까? 더구나 여러분이 내내 그 땅을 경작해오던 사람들을 무죄라 한다면, 평시에 그것을 구매한 사람들은 무죄가 되어 여러분의 법정을 떠나야 할 것입니다.

9 의원 여러분, 그전에 어떤 일이 있었던가를 제가 길게 말씀드렸고, 이 정도면 충분하다고 생각합니다. 저는 그 땅을 인도받은 후 5일이 채 지나지 않아서 칼리스트라토스에게 세를 주

10 었는데, 그것이 피토도로스 아르콘(장관)1 때였습니다. 칼리스트라토스는 2년간 그 땅을 경작했으나, 개인 것은 물론 신성한 올리브나무를 양도받은 것이 없고 성역도 없었습니다. 3년째 데메트리오스가 그 땅을 받아서 12달을 갈았어요. 4년째 제가 그 땅을 안티스테네스로부터 해방된 알키아스에게 대여했는데, 그는 죽었어요. 그 후 프로테아스가 같은 상태로 그 땅을 받아서 3년간 세를 얻었지요. 여기 저의 증인들을 불러주십시오.

증인들

11 이렇게 세월이 흐른 다음 제가 스스로 그 땅을 경작하게 되었습니다. 저를 고발한 사람들은 수니아데스 아르콘(장관)2 때에 제

---

1 기원전 404~403년.

가 성역을 없애버렸다고 합니다. 그러나 수년 동안 이 땅에 세든 사람들은 그 땅에 성역이 없었다고 여러분에게 증언했습니다. 고발인이 거짓말을 한다는 것을 어느 누가 이보다 더 명백하게 증명할 수 있겠습니까? 그전에 없었던 것을 후에 경작한 자가 없앤다는 것이 가능합니까?

의원 여러분, 그전에 사람들이 저를 보고 철저하고 정확한 **12** 사람, 대충 하거나 계산 없이 하는 일이 없는 사람이라고 말할 때 저는 그런 말이 사실보다 더 과장된 것이라고 생각하고 기분이 나빴어요. 그런데 지금은 여러분이 그렇게 저를 봐주셨으면 합니다. 제가 이런 일에 착수하기 전에, 성역을 없애면 어떤 이익이 내게 생기고 또 그것을 그대로 두면 어떤 손해를 볼지, 들키지 않고 해낸다면 무엇이 내게 떨어질지, 들킨다면 제가 여러분으로부터 어떤 처벌을 받을지 하는 것들을 계산할 것이라고 여러분이 봐주셨으면 하는 겁니다. 언제나 그런 행 **13** 위는 단순한 오만이 아니라 이익을 얻기 위해 하는 것이거든요. 바로 이 점이 여러분이 던져야 하는 질문의 올바른 방향이고, 기소자도 비난의 기초를 그런 점에 두고서 범죄자에게 어떤 이익이 돌아갈 것인지를 증명해야 합니다. 그러나 그(고발 **14** 인)는 제가 가난에 쪼들려 그런 행위를 부득이 하게 되었다든가, 아니면 그 땅에 성역이 있어서 땅값이 떨어지고 있었다든가, 혹은 (올리브나무) 그루터기가 포도나무를 방해하거나 건

---

2 기원전 397~396년.

물에 너무 가까이 있다든가, 혹은 여러분의 법정에서 제가 감수하는 위험을 알지 못했다든가 하는 사실들을 증명해낼 것 같지 않아요. 반면, 제가 그런 행위를 시도했다면 제게 무거운 형벌이 떨어질 것이라는 점을 분명하게 밝혀놓아야 하겠습니다. 첫째, 성역을 파괴한 것이 낮이었다고 해요. 다른 사람이 안 볼 때 해야 하는데 온 아테나이인이 다 보도록 말이지요. 그런 행동이 수치스럽기만 한 것이라면, 행인을 무시하고 할 수도 있겠지요. 그러나 그것은 수치 정도가 아니라 중벌을 받을 위험을 감수해야 하는 것이거든요. 이런 일을 알게 된 제 하인들이 앞으로의 여생에 더 이상 노동을 하지 않고, 제 주인이 된다면,[3] 어떻게 제가 세상에서 가장 불쌍한 사람이 되지 않을 수 있습니까? 그들이 저에 대해 아무리 무거운 혐의를 씌우더라도 제가 그들을 응징할 수가 없게 될 것입니다. 그들이 당장 내게 복수하고 나를 고발함으로써 자신의 자유를 획득할 수 있는 능력을 갖게 된다는 사실을 제가 어김없이 숙지하고 있었기 때문입니다. 더구나 제가 하인들에게 전혀 신경을 쓰지 않았다고 가정하더라도, 그렇게 많은 사람들이 제 땅을 빌려 경작하며 또 모두가 사실을 아는 가운데, 쥐꼬리만 한 이익을 위하여 어떻게 감히 성역을 제거하려고 했겠습니까? 더구나 차지인(借地人)들을 보호하는 기소 시효가 없으므로,[4] 그 땅을 갈

15

16

17

---

3 예속노동자들이 주인의 비리를 알고 고발을 하게 되면 자유를 획득할 수도 있다. Lysias, 5(신성모독죄 혐의를 쓴 칼리아스를 변호하여) 참조.

앴던 사람들이 모두 성역의 보호에 연루된 마당에, 만일 누군가가 그들을 고발하게 되면, 다음 승계자에게 그 비난을 전가할 수가 있겠습니까? 그러나 그렇다고 하더라도 그들은 제게 죄가 없음을 분명히 했고, 그래서 만일 자신이 거짓말을 하는 것이라면 혐의를 함께 짊어지게 되는 것이지요. 또 만일 제가 18 이런 상황을 조작해낸 것이라면, 서로 모든 것을 볼 수 있을 뿐만 아니라 우리가 다른 이들에게 숨기려고 하는 정보까지도 알고 있는, 지나가는 사람들이나 이웃들을 어떻게 모두 설득할 수 있겠습니까? 그들 중에는 저의 친구도 있지만, 저에게 적대적인 사람도 있습니다. 그(고발인)는 이런 터무니없는 혐의를 19 제기하는 대신 이런 사람들을 증인으로 불러야 할 것입니다. 그에 따르면, 제가 옆에서 서 있는 가운데 하인들이 나무를 베어 넘어뜨리고 마차꾼이 나무를 싣고 가버렸다는 거예요.

그러면 니코마코스여, 당신은 그때 그 자리에 있던 사람들 20 을 증인으로 불러서 사건을 폭로했어야 하는 것이지요. 그러면 당신은 내가 변명할 여지를 없애버리고, 또 내가 당신의 적이라면 그렇게 함으로써 나에게 보복할 수 있었을 것이고, 또 만일 당신이 도시의 이익을 위하는 것이라면, 당신 자신이 험담꾼으로 보이지 않으면서 나를 유죄로 몰 수 있었겠지요. 만일 당신이 이득을 노렸다 해도, 그렇게 함으로써 더 큰 이득을 얻

---

4 신성과 무관한 사건의 경우 기소 시효가 있어 일정 기간이 지나면 더 이상 범죄를 처벌할 수 없으나, 신성과 관련된 사안은 기소 시효가 없다는 뜻이다.

21 었겠지요. 사실이 드러나게 되어, 내가 살아날 수 있는 유일한 길이 당신을 회유하는 것이었을 테니까요. 그런데 당신은 그렇게는 하지 않고, 당신의 진술로 나를 파멸시킬 거라 기대하고 있소. 당신의 변명에 따르면, 내가 가진 위세와 자금력 때문에

22 아무도 당신을 위해 증인이 되려 하지 않는다고 했어요. 그러나 만일, 당신이 진술하듯이, 내가 신성한 올리브나무를 캐내는 것을 당신이 보았을 때 9인 아르콘(장관)이나 다른 아레오파고스 의원들을 현장에 불러왔다면, 다른 증인들을 구하지 않아도 되었을 것이오. 그랬다면 본건을 판결해야 할 사람들이 당신 진술의 진실을 확인할 수 있었을 것이오.

23 제게 가장 곤혹스러운 상황은, 그가 증인을 데리고 왔다면 여러분이 그들을 믿으리라 기대할 수도 있는 것이겠습니다만, 그는 아무런 증인도 없으면서 그런 상황도 제게 불리한 것이라고 생각하는 것이에요. 그러나 그런 그를 보고도 저는 놀라지 않습니다. 실로 중상모략을 일삼는 자는 증인의 경우와 같이 이 같은 옹색한 진술에도 곤혹스러워하지 않기 때문입니다. 그러나 여러분은, 제가 믿기로, 이 사람(원고 니코마코스)과 같은

24 생각을 가지지 않았습니다. 여러분이 주지하듯이, 들판에는 신성한 올리브나무가 많았고 제가 가진 다른 땅에는 타버린 것들도 있었는데, 나무가 너무 많아서 부정행위가 드러나지도 않을 것이므로, 제가 마음만 먹었다면, 더 안전하게 그것들을 제거하거나 베어버리고 밭을 넓힐 수가 있었지요.

25 그러나 저는 제 조국은 물론 제가 가진 온 재산과 같이, 이

두 가지가 다 제게는 없어서는 안 되는 것들이라, 나무들을 극진히 돌보고 있습니다. 이런 사실에 대해 저는 여러분 자신을 증인으로 모십니다. 여러분이 매달 상황을 점검하고 또 해마다 사정관을 보내는데, 제가 신성한 올리브나무가 있는 땅에 경작했다는 이유로 저를 처벌한 이는 아무도 없었습니다. 실로 제가 사소한 처벌에 대해 이처럼 신경을 많이 쓰는데, 생명이 걸린 문제를 깡그리 무시할 리가 없죠. 실로, 저는 많은 올리브나무들을 없애버릴 수도 있었지만, 이렇듯 돌보고 있는데도, 몰래 파내버릴 수가 없는 신성한 올리브나무를 없애버린 혐의로 지금 재판을 받는 것이지요.

26

의원 여러분, 민주정과 30인 체제 중 어느 정부하에서 제가 더 쉽게 법을 어길 수 있겠습니까? 제 말은 그때는 제가 영향력이 있었는데 지금은 찬밥 신세라는 뜻이 아니고, 마음을 먹는다면 지금보다는 그때가 범법을 저지르기에 더 좋은 기회였다는 뜻입니다. 그렇지만 저는 그때도 이런 일은 물론이고 다른 사안에서도 부정을 행하지 않았습니다. 제가 세상사람 가운데 저 자신에 대해서 가장 큰 해악을 끼치는 사람이 아니라면, 여러분이 감시하고 있는 판에 이 땅에서 신성한 올리브나무를 어떻게 파내버릴 수가 있단 말입니까? 그곳에는 한 그루의 나무도 없었는데, 그(고발인)가 어떻게 올리브나무를 보호하는 성역이 있었다는 말을 할 수가 있습니까? 주변을 둘러서 길이 나 있고 양쪽으로 이웃들이 거주하며 울타리도 없어 사방에서 훤히 다 보이는 그곳에 말입니다. 그런 곳에서 어떤 바보 같은 이

27

28

29　가 그런 일을 벌이겠어요? 신성한 올리브나무를 지속적으로 감독하도록 위임받은 여러분이 한 그루라도 손상한 죄로 저를 처벌하거나 파내버린 것으로 재판에 회부한 적이 없습니다. 또 그(고발인)는 저의 곁에서 농사를 짓거나 감독관으로 임명되거나 또 그런 일을 알 만한 연배도 아니면서도 이 땅에서 신성한 올리브나무를 베어 없앴다고 저를 고발한 것이 저는 통 이해가 가지 않습니다.

30　　그러니 부탁드릴 말씀은, 사실보다 그런 진술에 더 많은 비중을 두지 마시고, 여러분이 직접 알고 있는 사안에 있어서 제 적이 하는 주장에 넘어가지도 마시고, 다만 제가 말씀드린 것과 또 다른 저의 봉사경력을 고려하여 결단을 내리십사 하는

31　것입니다. 저는 도시가 요구하는 것보다 더 지극한 열성으로 제게 주어진 온갖 의무를 완수하면서, 전선을 마련하고 특별세를 기부하고 비극을 후원하고 그 외 공적 의무의 수행에 있

32　어서 시민들 가운데 누구에게도 뒤지지 않았습니다. 만일 제가 이런 것들을 대충 열성 없이 처리했다면, 추방 생활은 물론 다른 재산 때문에 투쟁하는 일은 없었을 것이고 오히려 부정을 저지르거나 생명의 위협을 받지 않고 저의 재산을 증식했을 것입니다. 그(고발인)가 비난하는 것처럼 실제로 제가 그런 방식으로 살았더라면, 제게 아무 이득은 생기지 않고 다만 위험에

33　빠지게 되었을 거예요. 여러분 모두 중요한 사안은 중요한 증거에 의해서 판단하며, 한 사람이 하는 비난보다 전체 도시가 보증하는 증거에 더 큰 신빙성을 부여하는 것이 더 타당하다는

것을 인정하실 것입니다.

게다가 의원 여러분, 다음과 같은 점도 고려해주십시오. 제 34
가 증인들을 대동하고 그를 보러 갔고, 그 땅을 구입할 때 대동
했던 하인들을 지금도 여전히 제가 데리고 있으며, 누구라도
원한다면 그들을 심문에 부칠 수도 있다고 말했지요. 그것이
고발인의 말과 저의 행위 간에 진실을 가려내는 더 강한 시금
석이 될 것이라고 보았기 때문입니다. 그러나 제 하인들은 믿 35
을 수가 없다고 그가 거절했습니다. 심문을 받는 이들이 자신
이 죽을 수도 있다는 것을 알면서도 고발인에게 불리한 사실을
진술하며, 주인인 저에 대해서는 자연히 나쁜 감정을 가졌으
면서도, 주인의 유죄를 인정함으로써 당면한 고통에서 해방되
려 하지 않고 고문을 견디는 쪽을 선택할 것이라고 그가 본다 36
는 것이 제게는 뜻밖의 일이지요. 진실로, 의원 여러분, 모든
이에게 명백한 사실은 니코마코스(고발인)가 요구를 하는데도
제가 제 하인을 그에게 넘기지 않았다면, 저의 죄를 제가 스스
로 인정하는 것으로 보였겠지요. 그런데 제가 그들을 넘기겠
다고 했을 때 그가 거부했으므로, 그에 대해서도 같은 식의 논
리를 적용하는 것이 타당하겠지요. 특히 우리 양쪽이 지게 되
는 위험이 같지 않은 상황에서 말입니다. 만일 그들(하인)이 37
그가 원하는 대로 저에 대해 진술했다면 저는 스스로를 변호할
기회조차 갖지 못했을 것이지만, 반면, 그들이 그(고발인)의
진술을 지지하지 않는다 해도 그는 아무런 벌을 받지 않게 되
는 것이기 때문입니다. 그러니 제가 그들을 넘겨주어서 얻는

이익보다 그가 그들을 받아들이는 것이 훨씬 더 득이 되는 것이었지요. 이렇듯 저는 적극적으로 대처했고, 심문, 증인, 증거들을 동원하여 본건과 관련된 진실을 여러분이 파악할 수 있도록 하는 것이 저를 위한 일이라 생각했습니다. 유념하십시오, 의원 여러분. 많은 이들이 증인으로 나선 쪽과 아무도 나서지 않은 쪽 중에서 어느 편을 믿어야 할 것인지, 아무 위험 부담 없이 그가 거짓말을 하는 것인지 아니면 크나큰 위험을 감수하고 제가 그런 죄를 저지른 것인지, 그리고 그가 고발한 것이 도시를 위한 것인지 아니면 그저 험담을 위한 것인지를 말입니다. 니코마코스가 이런 고발을 하게 된 것이 제 적의 설득에 넘어갔던 것이고, 제 죄를 밝히려는 것이 아니라 제게 돈을 갈취하려고 하는 것임을 여러분은 파악했을 것이라고 저는 믿습니다. 이런 부류의 사람들은 극히 고발을 남발하고 위험을 불사하므로, 모든 이가 차라리 그들을 기피하는 것이죠.

그러나 저는, 의원 여러분, 그렇게 하지 않으렵니다. 그가 저를 고발하자 저는 전적으로 여러분의 처분에 저 자신을 맡겼고, 시련을 겪으면서도 스스로의 품격을 높이기보다 저를 비방하는 데 더 골몰하는 제 적들 어느 누구와도 타협하지 않았습니다. 그중 아무도 공개적으로 또 스스로 나서서 저를 해치려고 하지 않았고, 대신 여러분이 당연히 신임하지 않는 그런 부류의 사람들을 시켜서 저를 음해하곤 합니다. 제가 부당하게 추방을 당하게 된다면 세상에서 가장 가련한 존재가 될 것입니다. 저는 자식이 없고 혼자라, 저의 집은 폐가가 되고 저

38

39

40

41

의 어머니는 완전히 빈곤의 나락으로 떨어질 것이며, 저는 가장 수치스러운 혐의를 지고 제게 너무나 소중한 조국 땅을 떠나야 합니다. 그 조국을 위하여 저는 여러 번 해전에서 싸웠고 여러 번 육전에도 동참했으며 민주정이나 과두정하에서 항상 착실한 사람으로 처신했습니다.

그러나 의원 여러분, 더 이상 무엇을 말해야 할지 저는 알지 42
못하므로 이만 줄이겠습니다. 그 토지에는 성역이 없었다는 사실을 여러분에게 증명했고, 또 증인과 증거를 제시했습니다. 이런 사실들에 유념하여 여러분이 현안에 대해 판결을 내리십시오. 그리고 그로 하여금 여러분에게 해명하도록 하십시오. 왜 그가 현장범으로 바로 저를 잡아서 유죄로 고발하지 않고 오랜 세월이 지난 다음에 와서야 이렇듯 중차대한 고발을 하게 되었는지, 실제 사실을 통해 죄인임을 증명해야 하는데 43
도 왜 아무런 증인도 없이 그저 자신의 진술만 믿으라고 하는 것인지, 그리고 당시 현장에 있었다고 그가 주장하는 하인들을 제가 죄다 넘겨주겠다고 했는데도 왜 그들을 받아들이지 않았는지 하는 것을 말입니다.

8

동아리 회원을 중상하는 데 대한 고발

역자 해설

이 변론은 재판소가 아니라 리시아스 생존 당시 아테나이에서 조직되곤 했던 동아리 협회에서 이루어진 것이다. 화자는 동아리로부터 떠나려 하고 있다.

이런 동아리들은 개인이나 공직자인 정치가들로 구성된 것으로 장관이나 배심원 등을 뽑을 때의 상호부조가 목적이었는데, 세월이 흐르면서 그 영향력이 증가하여 정치계에 직접적인 영향을 미치는 존재로 부상했다. 리시아스의 다른 변론, 〈30인에 속했던 에라토스테네스를 비난하여〉에서도 이런 동아리들이 민주정을 해체하고 과두정 수립을 지원할 만큼 발전했음을 볼 수 있다.

적지 않은 이가 이 변론을 리시아스가 습작으로 적은 것이라고 보기도 하지만, 여러 가지 점에서 실제 사건이 언급되고 있고, 또 동아리를 이탈하려고 하는 이를 위해 쓰였다는 견해가 힘을 받는다. 또 이 글을 더 긴 변론의 요약문이라고 보는 견해도 있으나, 그 자체로서 서두, 논리의 전개, 맺음말을 가지고 있으므로 완결된 작품으로 볼 수 있다. 이 변론은 당시 동아리들의 운영 실태에 대한 정보를 준다는 점에서 의미를 가진다.

1 　오랫동안 제가 하고 싶었던 말을 할 수 있는 적절한 기회를 잡
았다고 저는 생각합니다. 제가 비난해야 할 사람들이 여기 임
석해 있고, 또 제게 피해를 입혔으므로 비난하고 싶은 사람들
도 제 앞에 있기 때문입니다. 실로 임석하신 분들에 관련하여
아주 중차대한 현안이 있습니다. 제가 보기에, 이들(상대측)
은 친구들에게서 우정이 없다고 평가받는 것에 대해 개의치 않
는 것 같습니다. 그렇지 않았다면 애초에 저를 괴롭히려고 하

2 지도 않았겠지요. 이들이 이전에 저를 괴롭혔으나 저는 이들
에게 아무 피해를 준 것이 없다는 점을 말씀드리려고 합니다.
이런 것들에 관해 말해야 한다는 것이 괴롭지만, 하지 않을 수
가 없는 것이, 뜻밖의 괴로움을 당하고 또 친구로 여겼던 이들
에 의해 피해를 본 것을 제가 깨닫게 되었기 때문입니다.

3 　먼저, 당신들 중 누구라도 그의 잘못에 대한 변명을 찾아서
부정한 행위에 구실을 대는 일이 없도록, 그로 하여금 대답하
게 하십시오. 당신들 중 누구라도 말이나 행동으로 저 때문에
피해를 본 것이 있는지, 혹은 그의 부탁을 듣고 제가 줄 수 있
는 것을 제게 청했으나 얻지 못한 사람이 있는지를 말입니다.
내가 묻고 싶은 것은, 왜 당신들이 말로 행동으로 나를 해치려

4 고 하는가, 게다가 당신들이 그들에게 가서는 내 욕을 하고,
또 내게 와서는 그들 욕을 하는가 하는 것이오. 실로 이렇듯
당신네가 못살게 구니, 어떤 이가 다른 사람이 제게 와서 말하

도록 하기보다 자신이 직접 나를 위해 염려하는 것 같았지요. 2
나는 그가 한 이야기를 당신들에게 다 말해줄 수가 없어요. 들
어서 마음이 상하는 이야기 말이죠. 당신들이 나를 비방한다
고 해서 제가 같은 방식으로 대응하지도 않을 것이오. 내가 나
자신을 위한답시고 당신들에게 그런 비방을 한다면, 당신들을
향하는 내 비난으로부터 당신들이 면죄부를 받는 꼴이 되기 때
문이오. 오히려 내가 당신들에게 하고 싶은 말은, 당신들은 내   5
게 무례를 범한다고 생각했겠지만 실제로는 당신들 스스로를
우스개로 전락시켰다는 것이죠. 당신들의 주장에 따르면, 내
가 당신들과 어울려 이야기한 상황은 침입이 되고, 당신들이
아무리 애를 써도 어떻게 나를 쫓아내야 할지 몰랐으며, 급기
야 당신들이 나와 함께 엘레우시스로 일이 있어 간 것은 끌려
간 것이 되는 거죠. 이런 진술을 하면서 당신들은 나를 비방하

---

1   해당 문구는 Kaktos판과 Loeb판의 원어가 다르게 편집되어 있고, Loeb판에서는
    고대 그리스어 원문의 영문해석도 인칭의 해석에서 자체 편집된 고대 그리스어 원
    문과 다른 점이 있다. 즉, Loeb판의 복수 '그들'이 단수 '그'로 되어 있는 등 편집된
    원문 내용이 다르다. Loeb판: "당신들이 그들에게 가서는 우리〔내 (Loeb 영문번
    역에서 단수)〕 욕을 하고, 또 우리들에게〔내게 (Loeb영문번역에서 단수)〕 와서
    는 그들 욕을 하는가."; Kaktos판: "당신은 그에게 우리 욕을 하고, 그는 또 우리
    에게 와서 당신들 욕을 하는가."
2   Kaktos과 Loeb판의 원본이 MSS 판본을 약간씩 보정한 것인데, 각기 다르게 보
    정되어 그 뜻이 다음과 같이 차이가 있다. Kaktos판: "그가 이렇듯 못살게 구니,
    결국 나보다는 당신들을 위하고 나를 비난하는 것 같은 모양새가 되었지요.";
    Loeb판: "이렇듯 당신네가 못살게 구니, 누구라도 다른 사람이 제게 와서 말하도
    록 하기보다 자신이 직접 나를 위해 염려하는 것 같았지요."

고 있다고 생각했겠지만, 실은 당신들 스스로를 세상에서 제일가는 바보로 만들고 있었을 뿐이오. 드러내놓고 친구로 대했던 바로 그 사람에 대해 동시에 뒤에서는 욕을 하고 있었으니 말이오. 욕을 하지 말든지 아니면 공개적으로 관계를 단절하고 친구로 지내지 않든지 해야 하는 거예요. 그런데 관계를 단절하는 행위가 명예롭지 못하다고 생각한다면, 단절하는 것조차 명예롭지 않다고 생각하는 사람과 교제해온 사실이 또 당신들에게 얼마나 수치스러운 일이 되겠소? 내 입장에서 보면, 당신들이 내 동료들을 비하해야 할 아무런 타당한 이유를 찾지 못했소. 당신들이 아주 현명하고 나는 어리석다고 말할 수는 없을 것 같고, 또 당신들은 친구들이 많고 나는 없는 것 같지도 않고, 당신들은 부자고 나는 가난한 것도 아니고, 또 당신들이 특별히 평판이 좋고 나는 욕을 얻어먹는다든가, 내 입장은 위험하고 당신들은 안전하다든가, 뭐 그런 것 같지도 않소. 나와 어울려서 당신들이 곤혹스러워했다는 사실을 내가 도대체 어디서 알아낼 수 있겠소? 당신들이 새로 사귄 사람들에게 그런 욕을 할 때 그들이 우리에게 고해바칠 것이란 사실을 미처 생각하지 못했고, 비열한 자들과 자진하여 교제했다고 말함으로써 당신들 모두가 스스로를 욕보이고 다니는 것이 오히려 득이 되는 지혜의 소치로 생각하는 것이죠.

　내게 정보를 준 자에 대해서 당신들은 모른 척할 것 같네요. 첫째, 그를 안다고 해도 짐짓 내게 물었을 것 같아요. 그러나 당신들이 말을 해준 그 사람을 어떻게 스스로 모를 수가 있단

6

7

8

말이오? 둘째, 그가 당신들과 수작한 것과 같은 일을 내가 만 9
일 그에게 한다면 내가 나쁜 사람이 되지요. 그가 내게 정보를
줄 때의 의도는 당신들이 그에게 정보를 줄 때의 의도와 같지
않았기 때문이에요. 그는 나에 대한 친절로 인해 그것을 내 친
척에게 알려준 것이지만, 당신들은 나를 해치기 위해서 그에
게 말해준 것 아니오. 내가 만일 그의 말을 믿지 않았다면 확인
을 해야 하는 거죠. 그런데 그 정보가 그전의 소문과 일치했어
요. 그가 전해준 정보가 그전에 들었던 소문의 확증이 되는 것
이고, 또 그전 보고 내용이 그가 준 정보에 의해 확인이 되는 10
것이었지요. 무엇보다, 전적으로 당신들을 통해 말(馬)을 위
탁하는 건에 관련하여 헤게마코스와 거래하면서, 제가 병든
말을 돌려주려고 했거든요. 그때 디오도로스가 나를 말리면
서, 폴리클레스가 아무런 이의제기 없이 12므나를 변상하기로
했다고 하는 겁니다. 그때 그가 그렇게 말했죠. 그런데 말이
죽고 난 다음에 그는 결국 내 반대편에 있는 사람들 편을 들면
서, 제게 그 돈에 대한 변상을 받을 권리가 없다고 했어요. 이 11
런 식으로 나온다면, 그들은 스스로를 욕보이고 있을 뿐이지
요. 그들과 함께 동업을 하면서 피해를 보아도 변상받을 권리
가 없다고 한다면, 정말 동업이 잘3 되는 거네요. 사실 저는 그

---

3 MSS판본, Kaktos판에서는 '잘'(*kalos*)로 되어 있으나 Loeb판에는 '잘못'(*kakos*)
으로 수정하였다(Gernet, Bizos). 여기서는 MSS 판본을 따라 '잘'로 번역했고,
'*e pou kalos*'를 합쳐서 냉소적 반어법으로 표현한다.

들이 반대할 때 그냥 말로만 그런 줄로 단순하게 받아들였어요. 그런데 그들은 말이 아니라 실제 행동으로 내게 반대하고 있었고, 폴리클레스로 하여금 나에 대한 소문을 알도록 하려는 것이었어요. 그런 상황이 분명한 것이, 폴리클레스가 중재자들 앞에서 화가 나서 말했어요. 내 친구들도 내가 잘못했다고 말했다나요. 친구들이 그에게 그렇게 말했다는 겁니다. 그러면 이런 말이 내가 얻은 정보와 일치할까요? 내게 일러준 사람 말에 따르면, 당신들이 내 편을 들려는 이들을 저지할 것이고 이미 몇 사람을 그런 식으로 조치했다고 했다는데요. 제가 이런 사실에 대해 더 분명하게 증명할 필요가 있습니까? 말해보십시오, 내가 클레이토디코스에게 도움말을 해주도록 청했으나 거절당한 사실을 그가 어떻게 알았는지요? 내가 듣기로, 그는 모임에 오지도 않았다고 합니다. 그가 무슨 이득을 보겠다고 내가 여러분과 불화하도록 그렇게 애를 쓰면서 내 친척들에 관하여 그런 이야기까지 조작을 해낸답니까?

나는 지금뿐 아니라 이미 오래전부터 당신들이 명분을 찾으려 한다는 것을 알고 있었어요. 나 때문에 트라시마코스가 당신들을 비방한다고 당신들이 말했을 때였지요. 그래서 내가 그에게 물었어요. 그가 디오도로스를 욕하는 것이 나 때문이냐고요. 그랬더니 그가 '나 때문에'라는 말을 말같이 여기지 않는 겁니다. 그 자신은 어느 누구 때문에 디오도로스를 욕하는 것이 절대 아니라고 했어요. 만일 내가 문제를 제기한다면, 트라시마코스는 그가 한 말에 관련하여 기꺼이 대질심문에 응하

겠다고 했고요. 반면, 그(디오도로스)는 그렇게 했을 것 같지   15
않네요. 그다음에도 아우토크라테스가 내 앞에서 트라시마코
스에게 말했지요. 에우립톨레모스가 트라시마코스에 대해서
욕을 하고 다닌다고 하고, 그 때문에 트라시마코스가 욕을 먹
게 되었으며, 이런 사실을 알려온 이가 메노필로스라고요. 그
러자 당장에 트라시마코스가 나를 대동하고 메노필로스를 보
러 갔지요. 그런데 메노필로스는 그런 말을 들은 적도 없고 또
에우립톨레모스에게 말을 건넨 적도 없다고 하고, 거기에 더
하여 오랫동안 그와 만나 이야기한 적도 없다는 것이었어요.
그런 것들이 나와 트라시마코스를 두고서 당신들이 명백하게   16
날조해낸 이야기들이었지요. 그런데 그런 거짓말이 먹혀들지
않게 되자, 이제 당신들은 더 방자하게도 나를 음해하는 데 수
단방법을 가리지 않는 거죠. 당신들이 내 앞에서 당신들 자신
의 동료들을 욕할 때, 그때 나도 그렇게 당하게 될 것이라는 것
을 깨달아야만 했던 것이오. 당시에 지금 당신들 편에 있는 폴
리클레스에 대한 내 의견을 내가 낱낱이 당신들에게 이야기한
적이 있었소만. 내가 왜 그렇게 부주의했던 것인지? 멍청한 짓   17
이었죠. 그때 나는 당신들의 각별한 친구이기 때문에 온갖 비
방으로부터 초월해 있다고 생각했던 거요. 당신들이 내게 다
른 이들의 흉을 털어놓았다는 바로 그 이유 때문에, 다른 이에
대해 당신들이 하는 악의에 찬 비방이 내가 당신들 각각으로부
터 받은 서약이라고 여겼기 때문이오.

이제 나는 여러분의 우정을 한사코 사양하겠소. 신의 이름   18

으로 맹세코, 당신들과 어울리지 않을 때 어떤 재앙을 당할지 알 수가 없고, 또 당신들과 어울리는 것이 내게 득을 가져오는 것도 아니기 때문이오. 내게 문제가 생길 때 변호인과 증인 두 가지 중 어느 것이 필요할까요? 지금 생각해보면, 당신들은 나를 위해 변호하는 대신, 어떤 이라도 변호하지 못하도록 방해하고, 또 나를 도와서 공정하게 증언하는 대신 반대쪽에 합세하여 그들을 위해 증언하려 할 것 같소. 혹시라도 나를 지지하는 사람이 되어 최선을 다하여 나를 위해 당신들이 말해줄 거요? 아니지요. 지금 유일하게 나를 비방하는 것이 당신들뿐이오. 아무튼 나는 당신들을 비방하지 않을 거요. 비방은 바로 당신들 가운데서 오고가게 될 것이기 때문이오. 당신들은 당신들 동료 중의 누군가를 말뿐 아니라 행동으로 음해하는 습성을 가지고 있소. 내가 떠나면 당신들은 당신들끼리 적이 되어서 그중 누군가를 차례로 음해하고, 마침내 마지막 남은 한 사람은 스스로를 비방하게 될 거요. 반면, 이제 맨 처음으로 당신들을 떠남으로써 당신들로부터 가장 적은 피해만을 보고 말 것이라는 것, 그것이 바로 내가 얻는 이익이라오. 당신들은 말과 행동으로 함께하는 사람들을 음해하지만, 함께하지 않는 사람들은 아무도 해치지 않기 때문이지요.

9

병사를 변호하여

역자 해설

이 변론은 아르콘(장관)들을 모욕한 혐의로 고발된 폴리아이노스라는 군인을 변호하는 것이다. 그는 실제로 부당행위를 저질렀는데, 그 이유는 장관들이 잘못하여 자신을 중무장보병(호플리테스)으로 등재했기 때문이다. 그는 소액의 벌금형을 받았으며, 거기다 프로볼레[1] 절차에 의해 민회에 문제가 상정되었다.

폴리아이노스는 자신이 군적에 등재된 것은 법을 어긴 것이며, 그 주요 원인은 자신이 30인 참주 체제하에서 영향력을 행사했던 소스트라토스와 친했기 때문이라고 주장한다. 그에 따르면, 이 재판은 단순히 벌금형의 시비를 가리는 것이 아니라 피고인의 참정권 여부가 달려 있다고 한다. 유죄선고를 받게 되면 또 다른 일련의 고발이 계속될 것이므로, 차라리 그가 도시를 떠나는

---

1 '프로볼레'(*probole*)는 명백한 부정에 대한 고발로, 은밀한 부정에 대한 고발 (*phasis*)과 대조되는 것으로 전해진다. *Lexicon Cantabrigiense*(*s. v. probole*), 이 책 부록 3 및 용어 해설 중 '프로볼레' 항목, 그리고 다음을 참조하라. 최자영 (2007), 《고대 그리스 법제사》, 아카넷, 567쪽.

편이 더 나을 것이기 때문이라는 것이다.

이 재판은 기원전 390년경에 있었던 것으로 추정된다. 특히 전투와 원정에 대한 잦은 언급은 코린토스전쟁 시기와 관련된 것이 아닌가 한다.

증언의 소개에서 약간의 모호함이 있으므로, 이 변론이 리시아스의 것인가에 대한 의혹도 있다. 그러나 그런 약간의 미흡함은 변론의 길이가 너무 짧기 때문인 것으로 정당화되기도 한다. 고발인은 피고인의 모욕 혐의에 대해 충분히 입증하기 전에 폴리아이노스에 대해 사형과 추방 등으로 처벌할 것을 먼저 제시하고 있다. 그러나 폴리아이노스를 위한 정합적인 변론의 전개에서 이 작품은 리시아스가 쓴 것이 확실한 것으로 간주된다.

⚖️

1   현안은 무시하고 제 인성을 매도하려 하는 제 소송상대인은 어떤 의도를 가진 것일까요? 현안을 다루어야 한다는 것을 모르는 것일까요? 아니면 잘 알면서도 관련 사안도 아닌 다른 것들에 초점을 두는 꼼수로 사람을 속일 수 있다고 보는 것일까요?

2   그들의 진술이 제가 아니라 현안을 무시하는 것임을 저는 분명히 알고 있습니다. 그러나 혹여 여러분이 그것도 모르고 그들의 중상에 넘어가서 제게 유죄선고를 내릴 것이라고 그들이 생각하고 있을까 하여, 바로 그 점을 제가 염려하는 것이지요.

3   배심원 여러분, 저는 이 재판이 제 인성이 아니라 혐의의 사안에 관한 것이어야 함을 알고 있습니다. 그러나 제 소송상대인이 제 사적 이력을 비난하므로, 그들이 언급하는 모든 사안에

대해서 저도 변명을 하지 않을 수가 없는 것이죠. 그래서 먼저 제 병적(兵籍)에 대한 것부터 여러분께 말씀드리겠습니다.

재작년에 도시로 돌아온 후 두 달이 채 되지 않아 제가 병적   4
에 등록되었습니다. 사실을 알게 된 저는 당장에 부당하게 등록된 것이라고 생각했습니다. 그래서 장군을 찾아가서 이미 제가 군역을 마친 사실을 보고했으나, 먹히지 않았어요. 크게 모욕을 당한 저는 속이 상했지만 입 다물고 있었죠. 초조한 끝   5
에 어떻게 대처해야 좋을지를 한 시민과 의논하게 되었는데요. 그때 제가 듣게 된 것이, "폴리아이노스가 도시에 거주한 기간이 칼리크라테스보다 더 적은 것이 아니다"2라고 하면서 그들이 저를 감옥에 가두겠다고 협박을 한다는 거예요. 이런 대화는 필리오스의 은행에서 나누었던 것입니다. 게다가 크테   6
시클레스 아르콘의 일당이 제가 그들을 욕한다는 소문을 듣고는 불법적으로 저를 처벌하기로 결정했어요. 법에 따르면 오직 공식석상에서만 관리를 비방하지 못하도록 금지할 뿐이거든요. 그들이 벌금형을 내렸는데, 벌금을 징수하지도 않고 그들의 임기가 끝날 때 (공적 채무인 것처럼) 그것을 목록에 적어서 국고(國庫)3의 서기들에게 넘겨버렸습니다. 그들이 한   7

---

2 칼리크라테스라는 사람이 병적에 등록도 하지 않고 자신보다 더 오랫동안 집에서 머물렀다고 폴리아이노스가 불평을 한 사실이 있으나, 사실은 병적에 등록된 폴리아이노스도 휴가라는 구실로 집에 머무른 기간이 칼리크라테스보다 적지 않았다는 뜻이다. 즉, 병적을 가지고도 군이 아니라 집에서 어정거리고 있었을 수도 있다는 말이다.

짓거리가 이러했어요. 그런데 신전의 서기들은 그들과 견해가
달라서, 목록을 넘긴 사람들에게 연유를 물었지요. 전말을 들
은 다음 제가 받은 처우에 문제가 있다고 생각한 서기들이 그
들더러 저를 풀어주라고 했어요. 시민들 가운데 누구라도 개
인적 원한 때문에 공적 채무자로 등록되는 것은 불합리하다고
지적하면서 말입니다. 이렇게 서기들을 설득하지 못하게 되
자, 그들은 이렇듯 직접 여러분 앞으로 소송을 제기하는 모험
을 감행하게 되었고 벌금형은 무효로 돌아갔지요. …

8   이렇게 신전의 서기들에 의해 풀려나게 된 사실을 여러분은
아시게 되었습니다. 이런 근거와 증거를 가지고 혐의에서 벗
어나는 것이 옳다고 생각하며, 더 많은 법과 명분들을 여러분
에게 소개하겠습니다. 자, 저를 위해 법조문을 읽어주십시오.

법조문

9   여러분께서 들으셨듯이, 법에 따르면 명백하게 공식석상에서
비방한 자만을 처벌하도록 되어 있습니다. 그러나 저는 관청에
들어간 적이 없고, 또 제 벌금이 부당하게 부과된 것이니 저는
납부할 의무가 없으며, 그것을 지불하는 것이 부당하다는 사실
10   에 대해 증인을 소개합니다. 제가 공식석상에 가지 않은 것이
명백하고, 법은 공식석상에서 무례를 범한 사람에게 벌금을 부

---

3   아크로폴리스에 있는 팔라스 아테나(파르테논) 신전이다.

과하도록 규정하고 있음이 분명하다면, 제가 잘못한 것도 없으면서 아무 이유 없이 사적인 원한 때문에 불법적으로 벌금형을 받은 것이 증명됩니다. 그들은 자신의 잘못을 속으로 알고 있습니다. 그래서 그들은 자신의 행위를 심의에 회부하지도 않았고 또 자신의 조치를 판결을 통해 추인받기 위해 재판소에 회부한 적도 없습니다. 그들이 제게 벌금을 매긴 것이 정당하며 과세조치가 여러분의 법정에서 추인된 것이라고 하더라도, 저는 국고 서기들에 의해 석방되었으므로 혐의를 완전히 벗은 상태입니다. 그런데 만일 그들(국고 서기)에게 벌금을 부과하거나 면제할 권한이 없다면, 4 저는 법에 따라 벌금형을 받은 것으로 당연히 지불해야 하겠지요. 반면, 만일 그들에게 그런 권한이 있다면, 그들이 한 조치에 대해서 수행보고를 해야 할 것이고, 거기서 잘못한 것이 있으면 바로 응분의 벌을 받게 되어 있습니다. 저의 이름이 (국고로) 넘어가고 벌금이 부과되는 과정에 대해 여러분은 이제 이해하셨습니다. 그러나 제기된 혐의뿐만 아니라 적의의 원인도 여러분이 파악하실 필요가 있습니다. 그들이 적

11

12

13

---

4 고전 원본(MSS)에는 '없다'(me)라는 표현이 나오지 않으나, T. Thalheinm (Teubner판)이 추가하고, Loeb판과 Kaktos판 등이 모두 이를 추종하여 추가한다. 그러나 이 문장에 대한 Loeb판과 Kaktos판의 해석은 같지 않다. Loeb판: "만일 그들이 벌금을 매기거나 면제할 권한이 없는 것이라면, 저는 법에 따라 벌금형을 받은 것이므로 당연히 지불해야 하겠지요."; Kaktos판: "만일 그들이 벌금을 매기거나 저를 방면하는 권한을 가지고 있지 않다면, 제가 처벌을 받은 것이므로 당연히 그들이 벌금을 받아들여야 하겠지요."

의를 갖기 전에 저는 소스트라토스를 친구로 사귀게 되었는데, 그것은 그가 도시를 위해 큰 공훈을 세운 사실을 알게 되었기 때문입니다. 저는 그의 개인적 영향력 때문에 유명해지게 되었으나, 그것을 이용하여 적에게 복수하거나 친구를 도우거나 하지는 않았습니다. 저는 그의 생전에는 제 나이 탓에 공적 활동이 활발하지 않았고, 그의 사후에는 말에서나 행동에서나 저를 고발한 사람들 중 누구도 해친 일이 없습니다. 제 자신에 관한 이런 진술은 제가 소송상대인으로부터 악의가 아니라 오히려 호의를 받는 것이 훨씬 더 타당함을 증명하는 것입니다. 그들이 적의를 갖게 된 데에는 실제 원인이라고 할 것이 아무것도 없지만, 제가 지금까지 말씀드린 상황이 그들의 화를 점증시키는 효과를 낳았던 거예요. 그래서 군에 복무한 적이 없는 사람들만으로 병적을 작성하겠다고 맹세를 해놓고는 그 맹세를 어겼고, 또 관리를 비방했다는 이유로 제게 벌금을 부과해놓고는 정의를 완전히 무시한 채 제 사건을 사형 여부를 결정하는 민중들 앞으로 회부한 거예요. 그들은 어떤 구실을 달아서라도 저를 해치려 했지요. 그들은 제게 치명적인 해를 끼칠 수 있고, 또 그들 자신에게 큰 이익이 되기만 한다면 어떤 짓이라도 할 수 있어요. 그리고 이 두 가지 중 어느 것이라도 불확실할 때는 모든 것에 우선하여 부정을 자행합니다. 여러분, 민중을 얕보던 자들은 신을 두려워할 필요도 없다고 보았습니다. 이렇듯 그들의 행위는 너무나 무모하고 불법적이어서 그들조차 자신들이 내린 결정을 변호하려 하지 않습니다. 제게 한 복수가 불충분하다는 생각에 그들은 마침내 저를 도시로부터 추방하려는 마지막 절차에 착수했습니다. 이렇듯 그들은 불법과 폭력을 서슴지 않고 그들이 저지른 18
행위의 부당함을 은폐하려 하지도 않은 채, 또 같은 혐의로 이
재판에 다시 저를 소환해놓고 아무런 범죄사실을 소명하지 못하면서도, 여전히 저를 비방하고 있습니다. 그 비방은 제 생활 원
칙이 아니라 그들의 〔악의적〕 취향과 습관에서 오는 것이지요.

이들은 이 재판에서 저의 유죄를 유도해내기 위해서 수단과 19
방법을 가리지 않습니다. 여러분은 이들의 중상에 넘어가 저
에게 유죄를 선고하지 마시고, 또 사람들이 더 선하고 공정한
숙고를 통해 내린 결정을 무효로 만들지도 마십시오. 그들(결
정을 내린 사람)은 전적으로 합법적이고 타당하게 사안을 처리
했으며, 부정을 행한 것이 아니라 훨씬 더 정의를 중시했다는
점이 증명되기 때문입니다. 이들(고발인)이 저지른 부정은 저 20
를 크게 곤혹스럽게 한 것은 아니었어요. 적을 해치고 친구를
돕는 것은 일면 인지상정이라고 생각했기 때문입니다. 그러나
여러분의 손에서 정의가 실종된다면 제가 받는 타격은 훨씬 더
심할 것입니다. 왜냐하면 저의 가련한 처지가 〔어떤〕 적의가
아니라 도시 자체가 갖는 폐단에서 온다는 생각 때문이지요. 5
명분상으로 저는 병적(兵籍) 문제로 재판에 회부되었으나, 실 21

---

5 이 문장의 해석에서도 Kaktos판과 Loeb판은 차이가 있다. Kaktos판의 해석을 소
   개하자면 다음과 같다. "제가 사적인 적의의 희생물이 아니라 제가 저지른 잘못으
   로 도시에 의해 추방된 것으로 보일 것이기 때문입니다."

제로는 제 시민권 문제가 연루되어 있습니다. 제가 승소한다면, 이런 점에서 저는 여러분의 판단을 믿습니다만, 저는 이 도시에 그대로 남아 있게 됩니다. 그러나 이들의 기소에 의해 만일 부당하게 유죄가 된다면 저는 이곳을 떠나야만 합니다. 제 소송상대인의 악의를 알면서도 어디서든 정의를 구할 데를 찾지 못한다면, 저는 어떤 희망으로 또 어떤 마음으로 동족 시민들과 함께할 수 있겠습니까? 그러니 다른 모든 것에 우선하여 정의를 존중해주십시오. 그리고 명백한 부정행위에 대해서조차도 여러분은 관용을 베푼 사실을 기억해주십시오. 그리고 아무 잘못도 없이 사적인 원한 때문에 극한의 불행으로 부당하게 추락하는 일이 없도록 살펴주십시오.

22

10

테옴네스토스를 비난하여 1

역자 해설

이 변론은 명예훼손죄에 관한 것이다. 피고는 테옴네스토스인데, 그는 고발인이 그 자신(고발인)의 아버지를 죽였다고 주장하여 명예훼손 혐의를 받게 되었다.

이 소송의 발단은, 다수의 견해에 따르면, 코린토스 전투가 있던 기원전 394년경에 벌어진 사건에 있다. 테옴네스토스는 어떤 위기에 직면하여 방패를 버린 적이 있다. 이로 인해 그는 당장에 공적 생활에서 배제되었다. 그로부터 10년쯤 지난 다음 그는 자신의 행위가 잊혔을 것이라는 기대를 품고 정치활동에 관여하게 되었다. 그러나 이 일로 리시테오스가 그를 민회에 고발했고, 민회는 이 사건을 헬리아이아로 추정되는 법정에 회부했다.

고발인 리시테오스는 디오니시오스와 함께 협조하여 테옴네스토스가 방패를 버리는 것을 보았다고 주장했다. 이에 테옴네스토스는 디오니시오스를 위증죄로 고발했다. 그리고 같은 재판의 또 다른 증인 겸 고발인에 대해, 그가 그 자신의 아버지를 죽였다고 고발했다. 디오니시오스는 재판에서 유죄선고를 받았다. 그러나 자신의 아버지를 죽였다고 비난받은 다른 증인은 테옴네스토스를 명예훼손으로 고소했고, 그 재판은 기원전 384년, 테스모테테스(법무장관)[1]가 임석한, 헬리아이아로 추정되는 재판소에서 벌어졌다. 이 재판에서 리시아스가 쓴 이 변론문이 발화되었다.

이 변론이 리시아스의 작품이 맞는지는 고대에서부터 논란의 대상이 되어, 사전집필자 하르포크라티온의 작품에서도, 이 변론이 리시아스의 작품인지에 대한 의혹이 있었던 사실이 드러난다. 그러나 문체와 구성 등에서 다른 리시아스의 작품과 공통점이 있는 것으로 인정받는다.

⚖

1   제게 증인이 부족할 것 같지는 않습니다. 배심원 여러분, 이 법정에 있는 여러분 중 다수가, 리시테오스가 테옴네스토스를 대중 앞에서 발언한 죄로 비난할 때 임석했던 분들이라는 것을 제가 알기 때문입니다. 테옴네스토스는 무기를 버리고 달아났으므로 그런 발언권을 금지당한 상태에 있었던 것이죠. 그 법

2   정에서 그는 제가 제 아버지를 죽였다고 주장했어요. 만일 제가 '그'의 아버지를 죽였다고 그가 주장한다면, 그런 말을 하는 그를 용서했을 거예요. 저는 그가 비천하고 하찮은 사람이라고 여기고 있으니까요. 또 다른 금기의 말을 들었다 해도 그를

1   '테스모테테스'는 9인(서기까지 총 10인) 아르콘 중 법무장관을 지칭하며, 총 6명이었다. 이 책 용어 해설 중 '아르콘' 항목 참조.

상대로 대응하지 않았을 겁니다. 중상하는 사람을 상대로 법에 호소하는 것은 그 자신이 비열하고 소송을 좋아하는 사람의 소관이라고 보기 때문입니다. 그러나 본건의 경우 여러분과 도시에 공히 기여한 바가 큰 제 아버지와 관련된 사안이므로, 이런 말을 하는 사람에게 대응을 하지 않는 것은 저의 수치가 될 것입니다. 그리고 제가 여러분에게서 알고 싶은 것은 그가 마땅한 처벌을 받게 할 것인지, 아니면 법을 무시하고 멋대로 행동하고 말하는 특권을 가진 유일한 아테나이인으로 만들 것인지 하는 것입니다.

배심원 여러분, 지금 제 나이 서른둘인데, 여러분이 도시로 돌아온 것²이 19년 전이었지요. 그러니 제 아버지가 30인의 손에 죽임을 당한 것이 제가 13살 때였습니다. 그 나이에는 과두 정체가 무엇인지 몰랐고, 또 제가 아버지를 당면한 질곡으로부터 구해낼 수 있는 깜냥이 될는지조차 몰랐지요. 게다가 실로 돈 문제로 제가 아버지를 음해할 상황도 아니었어요. 제 형 판탈레온이 모든 일을 관장하고 있었고, 그가 우리 후견인이 된 후에는 상속재산까지 우리에게서 빼앗아갔던 거예요. 그러니 여러모로, 배심원 여러분, 저는 아버지가 살아 계시기를 바랐습니다. 이제 이런 점에 관해 해명해야 하겠으나, 길게 말할 필요는 없다고 봅니다. 여러분 모두 이미 제 말이 사실이라는

3

4

5

---

2 기원전 403년 30인 참주정이 들어서면서 아테나이 도심에서 추방되었던 이들이 페이라이에우스로 들어오고, 거기서 다시 아테나이 도심으로 돌아온 것을 뜻한다.

것을 알고 있기 때문이지요. 그럼에도 이 사실들에 대한 증인들을 소개합니다.

증인들

6   배심원 여러분, 이런 점들에 대해서는 그가 반박할 말이 없을 것이나, 중재인3 앞에서 감히 했던 말을 그대로 여러분에게 할 수도 있어요. 그것은 누가 자신의 아버지를 '죽였다'(*apekton-enai*)고 말하는 것은 금기가 아니란 것이죠. 사실 법이 그런 말 하는 것을 금지하지는 않았고, 다만 '살해자'(*androphonos*)란 말을 금지하고 있어요. 그러나 제 소견으로는, 배심원 여러

7   분, 여러분의 관심은 단순한 말이 아니라 그 함의입니다. 또한 다른 이를 죽인 사람들은 '살해자'(*androphonoi*)이며, 또 '살해자'인 사람들이 다른 이를 죽인 것이라는 사실을 여러분은 알고 있습니다.⁴ 입법자가 너무 일거리가 많아 그런 취지를 말로

---

3   이 재판이 있기 전에 있었던 예비의 중재과정을 주관한 중재자를 뜻한다.

4   화자는 '죽이다'(*apokteino*)와 '살해하다'(*phoneuo*)가 모두 사람을 죽인 사실을 뜻함을 말하려고 한다. 당시 법률상의 어법에 있어 두 용어의 함의는 '유죄' 여부에서 차이가 있다. 전자는 반드시 유죄가 되지는 않는데, 정당방위 혹은 경기 도중이나 비고의적 우연에 의한 경우는 무죄가 될 수도 있다. 반면 후자는 유죄의 혐의가 짙을 때 사용한다(이 책 부록 1 "리시아스의 〈에라토스테네스의 살해를 변호하여〉를 통해 보는 유죄살인(*phonos*)이 아닌 정당방위 살해" 참조). 화자는 이러한 법률상 용어의 구분이 일상생활에서는 엄격하게 지켜지지 않으며, 따라서 두 용어가 유사한 함의로 사용될 수 있음을 강조하는 것이다.

일일이 표현할 수가 없어서, 한마디로 모든 것을 포괄했던 것   8
이죠. 테옴네스토스여, 당신을 보고 '친부 살해자' 혹은 '친모
살해자'라고 하는 사람이 있다면 당신이 처벌을 해야 한다고
생각하면서도, 생부(발생하게 해준 사람)나 혹은 생모(품고 낳
아준 사람)를 때렸다고 한다면, 법으로 금지된 말을 한 것이 아
니므로 처벌할 필요가 없다고 하지는 않겠지요. 당신한테서   9
배울 수 있으면 내가 기쁘겠소. 특히 현안과 관련하여 당신은
유능하고, 또 행동하고 말하는 데 경험이 있소. 법에 따르면,
"누구라도 어떤 이가 방패를 '버렸다'(*apobeblekenai*) [5]라고 주장
하면 방패를 버린 이는 처벌을 받는다"라고 되어 있는데, 만일
누가 당신에게 당신이 방패를 '던졌다'(*ripsai*) [6]라고 하면 당신
이 그를 고소하지 않겠소? 어떤 이가 당신이 방패를 '던졌다'라
고 한다면, 당신은 '던지다'와 '버리다'가 같은 말이 아니므로
아무 조치도 취하지 않고 가만히 있겠소? 이뿐만 아니라 당신   10
이 11인[7] 소속이라면, 아마도 고소인의 외투를 '끌어당겼다'거
나 그 셔츠를 '벗겼다'는 혐의로 체포되어온[8] 죄수를 수감하기

---

5   이 원어에 대한 Loeb판에서의 영문 번역〔이하 (영)〕 *throw away*.

6   (영) *cast*.

7   형벌의 집행, 감옥의 감독, 일부 재판 관련 사무를 맡기 위해 아테나이의 10개 부
    족에서 1명씩 추첨되는 10명에 서기 1명을 더해 '11인'이라 했다. 이들이 맡은 재
    판 관련 사무는 주인이 불분명한 재산을 조사하여 공공 재산으로 편입하여 목록을
    작성하는 것(*apographe*), 체포 구인(*apagoge*, 혹은 특정한 범죄의 현장범의 경우
    에는 *prosagoge*) 등이 있었다. Lysias, 22(곡물상을 비난하여). 2 및 이 책 용어
    해설 중 '11인' 항목 참조.

를 거부할 것 같소! 같은 맥락에서 당신은 그를 석방할 수도 있을 듯하오. 그가 '옷 도둑'이라고 불리지 않았기 때문에 말이오. 혹은 어떤 이가 아이를 '데리고 가다가'(exagagon) 붙들린다면, 당신은 그를 '유괴자'(andrapodistes)라고는 부르지 않을 것 같소. 왜냐하면 당신의 논점은 말에 있고, 실제 행동에는 관심이 없으니까요. 모든 사람이 말을 만들어내는 근거가 되

11 는 바로 그 행동 말이오. 또 유념하실 것은, 배심원 여러분, 제가 알기로 그는 나태와 무기력으로 인해 아레오파고스에는 올라가지도 않는다는 사실입니다. 9 주지하시듯이, 그 살인사건의 재판(hai tou honou dikai)에 임하여 서약을 할 때 사람들은 이런 용어('살해하다')를 쓰지 않고 대신 그들(비방한 자)이 저를 비방할 때 쓴 용어('죽이다')를 사용합니다. 즉, 원고는 피고가 '죽였다'(ekteine)라고 비난하고, 피고는 자신이 '죽인 것'

12 이 아니라고 하는 것이지요. 그런데 원고가 선서 증언하면서

---

8 체포는 대부분의 경우 민간인 시민에 의해 이루어진다. 자유시민의 도시국가(폴리스)에서는 정책결정(민회), 국방(시민 병사), 치안, 재판(배심원) 등이 원칙적으로 시민에 의해 이루어지며, 공직자는 상근이 아니었고 수도 적어서 그 기능이 약했으므로 근대국가 정부와 같은 공권력이 존재하지 않았다. Lysias, 11(테옴네스토스를 비난하여 2).5 참조.

9 여기서 "편의와 무기력으로 인해 아레오파고스에는 올라가지도 않는다는 것"은 아레오파고스에서 전담한 '살인'(phonos) 혐의 재판에 관한 것으로, 이 재판에서는 원고가 패했을 때 원고에게 주어지는 무고죄의 대가가 크므로 소송을 제기하는 것이 쉽지 않다. 이때 '살인'(phonos)이라는 표현은 '죽이다'(apokteinein)라는 표현과 구분된다. 상세한 내용은 이 책 부록 1 "리시아스의 〈에라토스테네스의 살해를 변호하여〉를 통해 보는 유죄살인(phonos)이 아닌 정당방위 살해" 참조.

"피고가 그저 '죽인 것'"이라고 표현했다고 해서, 스스로 '살해자'(androphonos)라고 자백하는 피고를 풀어주는 것은 우스꽝스럽지 않습니까? 그의 변명이 이런 경우와 무슨 다른 점이 있겠습니까?10

그런데 당신 자신이 리시테오스11가 중상비방을 했다고 고소했을 때, 그는 "당신이 방패를 '던졌다'(erriphenai)"12고 말했을 뿐이었어요. 그러나 법에는 '던지다'라는 말이 없고, 다만 "누가 방패를 '버렸다'(apobeblekenai)고 주장하는 경우 5백 드라크메의 벌금을 문다"고 되어 있습니다. 그러니 모순인 것이, ⟨13⟩ 상대가 중상을 한 것에 대해 당신이 처벌하고 싶을 때는 내가 지금 옹호하는 그런 뜻(법률상 유죄의 의미인 용어를 쓰지 않았다 해도 죄가 된다고 보는 것)으로 법을 변용하고, 반대로 당신이 다른 이를 중상할 때는 법 규정을 무시하면서(자신이 법률상 유죄의 의미인 용어를 썼다 해도 무죄라고 보는 것) 자신이 처벌을 받아서는 안 된다고 주장하는 것이지요. 도대체 둘 중 어느 편이오? 당신이 그렇게 대단해서 원하는 대로 법을 바꿀 수 있다는 거요, 아니면 당신이 그렇게 힘이 세서 당신이 피해를 입힌 사람들이 절대로 당신 자신에게는 보복할 수 없다고 생각하는 거요? 이렇듯 염치도 없이, 도시를 위해 기여한 대가가 아니라, ⟨14⟩

---

10 '살인'(phonos)과 '죽이다'(apokteinein)의 차이점에 대해서는 이 책 부록 1 참조.

11 헬라어판 원어에는 리시테오스가 아닌 디오니시오스(Dionysios)로 나온다.

12 *erriphenai = ripsai.*

잘못해놓고 처벌을 면하여 이득을 보려는 몰염치한 행위가 부끄럽지 않소? 자, 제게 법을 읽어주십시오.

법

15 배심원 여러분, 제가 한 진술이 옳은 반면, 그는 사용된 용어가 어떤 것인지조차 이해하지 못할 만큼 우둔하다는 점을 여러분 모두가 이해하셨을 것이라고 저는 봅니다. 그래서 제가 현안과 관련하여 그에게 교훈이 되도록 다른 법조문을 소개하려고 합니다. 그가 연단13에서 배움을 얻어서 이후에라도 우리를 향한 소송을 중단했으면 하는 희망을 가지고 말입니다.

법조문

16 "법정14이 추가로 처벌을 더하는 경우, 피고는 닷새 동안 족쇄15에 발을 넣은 채 구금된다"고 합니다.

---

13 피고와 원고의 좌석이 각기 따로, 연단같이 약간 높은 곳에 마련되어 있다.
14 여기서는 '헬리아이아' 법정으로 나온다. 기원전 5세기 및 4세기 아테나이 법정은 흔히 '디카스테리온'(*dikasterion*)으로 언급되는데, '헬리아이아'는 디카스테리온보다 더 오랜 전통을 가진 법정으로 그 기원이나 디카스테리온과의 차이점에 대해서는 여러 가지 견해가 제시된다.
15 '포도카케'(*podokakke*)를 말한다. 이는 나무에 구멍 두 개가 나 있는 족쇄로, 두 발을 구멍으로 넣도록 장치된 형벌기구이다.

테옴네스토스여, 여기서 말하는 족쇄란 지금 우리가 '나무로 구금하는 장치'로 부르는 것이지요. 그런데 구금된 사람이 풀려나서, 공직자에 대한 수행심사(euthyna)[16] 때 자신이 '족쇄'가 아니라 '나무'에 구금당한 것으로 11인을 비난하면, 11인이 그를 바보로 취급할까요, 아닐까요? 여기서 다른 법을 읽어 주십시오.

법조문

"아폴론 신을 두고 서원(誓願)한 자는 담보를 제공한다. 만일 그가 재판받기를 겁낸다면 달아나도록 한다"라고 합니다. 여기서 '서원'(epiorkesanta)[17]이란 '맹세'(omoumai)[18]이고, '달아나다'(draskazein)[19]는 지금 우리가 '도망가다'(apodidraskein)[20]라고 하는 것입니다.

"도둑이 안에 있을 때 문을 닫는다"라고 하죠. 여기서 '닫다'(apillo)는 '폐쇄하다'(apokleio)라는 뜻이고, 이 둘은 서로 다른 점이 없습니다.

[17]

---

16 에우티나[복수형은 에우티나이(euthynai)]는 공직자가 직무를 잘 수행했는지를 검증하는 절차이다.

17 *epiorkesanta* = *epiorkeo*〔(영) *vow*〕.

16 *omoumai* = *omnymi*〔(영) *swear*〕.

19 (영) *flee*.

20 (영) *run away*.

18   "바깥에 놓인 돈은 돈을 빌려가는 사람이 비율을 정한다"라
고 하는 부분에서, '바깥에 놓인'(*stasimon*) 이라는 것은 '저울
위에 놓인다'라는 뜻이 아니라, 돈을 빌린 사람이 원하는 비율
만큼의 '이자를 받는다'(*tokon prattesthai*) 라는 뜻입니다.

19   한 번 더 같은 법의 마지막 부분을 읽어주십시오. "드러내
놓고 왔다 갔다 하는 여자", 그리고 "머슴을 해치면 두 배로
변상한다"21 부분을 보십시오. '드러내놓고'(*pepasmenos*) 란 '공
개적으로'(*phaneros*) 라는 뜻이고, '왔다 갔다 하다'(*poleisthai*)
는 '걸어 다니다'(*badizein*) 라는 뜻, 그리고 '머슴'(*oikeos*) 은 '예

20   속노동자'(*doulos*) 22란 뜻입니다. 이런 부류는 이외에도 다른
것들이 많습니다. 그런데, 만일 그가 바보가 아니라면, 이런
것들이 예나 지금이나 같은 맥락에 있습니다만, 일정한 용어
의 경우에 예전에는 사용했으나 지금은 우리가 사용하지 않는
다는 점을 그가 이해했을 것이라고 봅니다. 그가 연단을 떠나

21   조용하게 사라지기 위해서는 이런 것을 증명해야 합니다. 청
컨대 배심원 여러분, 그렇지 않다면, 방패를 '버렸다'(법률상
유죄의 의미를 지닌 것) 는 말보다 아버지를 '죽였다'(법률상 반드
시 유죄의 의미를 갖지는 않는 것) 는 말을 듣는 것이 훨씬 더 심
한 욕이라는 점을 유념하셔서, 공정하게 결정하십시오. 제게
는 제가 제 아버지를 '죽인' 사람으로 비치는 것보다 방패를 있

---

21 MSS 판본에서는 '머슴과 하녀'(*doule*) 로 되어 있다.
22 '*dulos*'는 흔히 '노예'로 번역하는 단어이다.

는 대로 다 '던저'버린 사람으로 비치는 편이 더 낫습니다.

그는 혐의가 있으나 위험 부담이 적은 상황에서 여러분의 동 　22
정을 살 뿐만 아니라 소송과정에서 증인으로 선 자의 자격박탈
(불명예) 23을 초래했어요. 그러나 저로서는, 여러분이 아시는
바와 같은 행위를 그가 한 것을 보았고, 저 자신의 방패를 지켰
으나 수치스럽고 터무니없는 소송에 연루되어 있으며, 또 그
가 무죄 석방된다면 저에게 미칠 타격은 치명적이나 그는 명예
훼손죄로 유죄가 되어도 그에게 미칠 타격은 미미한 그런 상황
에 처한 마당에, 제가 그의 처벌조차 요구하면 안 되는 것입니
까? 제가 여러분께 죄를 지은 것이 있습니까? 제가 받는 비난 　23
은 정당한 것입니까? 아니죠, 여러분 스스로도 그렇게는 말할
수가 없어요. 피고가 저보다 더 유능하고 가문이 더 좋습니까?
아니죠, 그 자신도 그런 주장은 할 수가 없어요. 제가 스스로
무구(武具)를 버리고는 그것을 지킨 사람을 중상하여 소송을
걸었습니까? 아니죠, 그런 소문이 도시에 퍼진 적이 없습니
다. 여러분은 그(테옴네스토스)에게 풍성하고 은혜로운 시혜를 　24
베풀었어요. 24 그 때문에 디오니시오스가 당한 불행에 연민하
지 않는 사람이 있습니까? 디오니시오스는 위험에 직면하여
가장 고귀했고, 법정을 떠나면서도 이런 말을 했지요. 너무나 　25

23　증인의 위증을 사주하여 특권의 박탈을 초래했다는 뜻이다.
24　위증죄로 디오니시오스를 부당하게 처벌하도록 하는 데 테옴네스토스가 성공한
　　사실을 뜻한다.

치명적인 전투에서 많은 아군이 죽었고 또 무기를 지켰던 사람들은 무기를 버린 사람들에 의해 제기된 소송에서 위증죄에 몰려 유죄선고를 받았으며, 조국으로 돌아와서 그런 불행을 겪는 것보다 차라리 그때 전쟁터에서 죽어버리는 편이 더 좋을 뻔했다고요. 악행으로 당연히 거두어야 하는 처벌에 대해 테옴네스토스를 연민하지 마시고, 그 오만방자함과 위법의 발언에 대해서도 용서하지 마십시오. 제게는 저의 아버지에 관련하여 이렇듯 수치스러운 혐의를 뒤집어쓰는 것보다 더 큰 불행이 어디 있겠습니까? 아버지는 여러 번 장군으로 복무했고, 많은 전투에서 여러분과 위험을 같이했습니다. 그는 적에게 생포된 적도 없고 또 수행심사에서 동료시민에 의해 처벌받은 적도 없습니다. 그런데 67세 되던 해에 과두정부하에서 여러분에게 충성을 다하다가 목숨을 잃었습니다. 제 아버지와 관련하여 그런 말을 한 사람에 대해 분노하고, 또 아버지가 이런 중상에 연루되지 않도록 하는 것은 당연한 것 아닙니까? 제 아버지에게 이보다 더 기막힌 일이 있을 수 있습니까? 정적에게 죽음을 당한 후 그 자식에 의해 살해당했다고 하는 불명예를 안게 되었으니까요. 자, 배심원 여러분, 제 아버지가 세운 공덕의 기념비는 여러분을 위한 것이지만, **25** 그와 그 부친의 악의의 기념비는 적을 위한 것으로 그들의 비겁함은 천성으로 타고

26

27

28

---

25 Loeb판에서는 여기에 'hierois'를 보충하여 '여러분의 제단에 있다'로 풀어내지만, 원문(MSS)과 Kaktos판에서는 이 단어가 없다.

난 것입니다. 배심원 여러분, 풍채가 당당하고 산뜻할수록 더
한 분노를 사게 됩니다. 그 강건한 몸 안의 정신은 병들어 있음
이 분명하기 때문입니다.

제가 듣기로, 배심원 여러분, 그는 제가 디오니시오스가 한
것과 같은 증언을 했기 때문에 화가 나서 이런 소송을 벌인 것이
라고 변명을 하려고 한답니다. 그러나 배심원 여러분, 입법
자는 분노의 소치라고 해서 관용을 베풀지 않으며, 발언자가
자신이 한 말의 진실을 입증하지 않으면 처벌한다는 점에 유념
하십시오. 저는 이미 두 번이나 그이(테옴네스토스)에 대해 증
언했습니다. 저는 지금도 여러분이 사건을 목도하여 증언한 사
람은 처벌하고 무구를 버린 사람은 용서할 것이라는 생각은 하
지 않기 때문입니다.

이런 점들에 관해 더 이상 제가 진술할 필요는 없을 것 같습
니다. 저는 테옴네스토스에 대해 유죄를 선고할 것을 여러분
에게 간청합니다. 제게는 당면한 재판보다 더 중요한 것은 없
기 때문입니다. 제가 지금 명예훼손죄로 고소를 하고 있으나,
같은 법정의 판결에서 제 아버지를 살해한 혐의와 관련하여서
는 피고의 입장에 있습니다. 저는 성년의 자격을 인정받자마
자 혼자서 아레오파고스 앞으로 30인을 고발한 것이 있습니
다. 이런 상황들을 참작하셔서 저와 제 아버지, 나아가 전래의
법과 여러분이 한 선서를 지켜주십시오.

11

테옴네스토스를 비난하여 2

역자 해설

이 변론은 물론 앞의 〈테옴네토스를 비난하여 1〉과 같은 현안에 관한 것으로, 아주 짧아서 축약본 같은 것이다. 이 변론의 작성자는 리시아스가 아니라 후대인이며, 〈테옴네토스를 비난하여 1〉의 내용을 요약하면서 몇 군데 자신의 말을 첨가하고 있다.

⚖

여러분 중 많은 분들은 제가 제 아버지를 죽였다고 그가 주장   1
한다는 것을 알고 있고 또 저를 위한 증인이 되고 있습니다. 저
는 명백히 그런 짓을 하지 않았습니다. 지금 제 나이 서른둘이
고, 여러분이 도시로 돌아온 지 20년째 됩니다. 제 아버지가   2
30인의 손에 죽을 때 12살이었던 저는 과두정체가 무엇인지 몰

랐고 또 아버지를 지켜줄 수도 없었어요. 또 제가 재산 때문에 아버지를 음해한 것도 아니었지요. 왜냐하면 제 형이 모든 것을 관장하고 저희들마저 궁핍하게 만들었으니까요.

3 누가 자신의 아버지를 '죽였다'(apektonenai)[1]고 말하는 것은 금기가 아니라고 혹시 테옴네스토스가 말할 수도 있겠지요. 법은 이런 식으로 말하는 것을 금지하지는 않고, 다만 '살해자'(androphonos)[2]라는 말을 쓰지 못하도록 하고 있지요. 그러나 제 생각에는, 우리의 논점이 단순히 용어가 아니라 행동을 통해 나타난 의도에 관한 것이어야 하고, 또 주지하듯이, 다른 이를 죽인(apektonasi) 사람들은 '살해자들'(androphonoi)이고, 누군가더러 어떤 사람의 살해자(androphonoi)라고 하면 그는 그 사람을 '죽인'(apektonasi) 것이지요. 일거리가 너무 많아서 입법

4 자가 같은 의미를 가진 모든 용어를 다 갖추어 쓸 수가 없기 때문에, 한 단어로 모든 것을 포괄적으로 표현한 것이었어요. 어떤 사람이 당신이 '친부를 구타했다'(patraloia), 내지는 '친모를 구타했다'(metraloia)라고 한다면 처벌을 받는데, 생모(임신하고

---

1 '죽이다'(apokteino) 혹은 '죽음'(apoktesis)은 용어 자체에 유죄라는 함의가 반드시 담긴 것은 아니다. 이 점에서 용어 자체에 유죄라는 함의가 담긴 '살해하다'(phoneuo) 혹은 '살해'(phonos)와 구분된다. 따라서 후자를 언급하는 데는 조심해야 하지만, 전자는 이러한 큰 부담이 없이 사실관계를 말하는 데 입에 올릴 수 있다는 뜻이다. Lysias, 10(테옴네스토스를 비난하여 1). 7 및 이 책 부록 1 "리시아스의 〈에라토스테네스의 살해를 변호하여〉를 통해 보는 유죄살인(phonos)이 아닌 정당방위 살해" 참조.
2 바로 위 주석 참조.

낳아준 사람) 나 생부(낳게 해준 사람) 를 '때렸다'(*typtein*) 고 하면
벌을 면하게 되는 그런 논리는 저는 타당하지 않다고 생각합니
다. 만일 어떤 이가 다른 사람에 대해 방패를 '던졌다'(*ripsai*) 라   5
고 말하면 처벌을 면하는데, 이는 법에 방패를 '버렸다'(*apo-
beblekenai*) 라고 하면 처벌을 하도록 규정되어 있으나, '던졌다'
라고 하는 용어로는 적혀 있지 않기 때문이라지요. 같은 맥락에
서, 당신이 11인 소속이라면, 어떤 이가 '옷 도둑'이라고 칭하
지 않고 그냥 고소인의 '외투나 셔츠를 벗겼다'고 하면 붙들려
온3 죄수를 수감하지 않을 것 같아요. 또 어떤 이가 아이를 '데   6
리고 가다가'(*exegen*) 붙들린다면, 당신은 그를 '유괴자'(*andra-
podistes*) 로 받아들이지도 않을 것 같습니다. 그런데 당신 자신
은 당신이 방패를 '던졌다'(*ripsai*) 고 비방하는 사람을 명예훼손
죄로 고소했지요. 법에는 그렇게 쓰여 있지 않고, 방패를 '버
린'(*apobeblekenai*) 자라고 표현하고 있는데도 말입니다. 그러
니, 누가 당신에게 그런 말로 비난하면 내가 지금 주장하는 방
식으로 법을 해석하여 상대를 처벌하려 하면서도, 당신 자신이
그런 말로 상대를 비방할 때는 처벌을 면해야 한다고 주장하는
것이 어떻게 모순이 아니겠습니까?

---

3   체포는 대부분의 경우 민간인 시민 자신에 의해 이루어진다. 자유시민의 도시국
    가(폴리스) 에서는 정책결정(민회), 국방(시민 병사), 치안, 재판(배심원) 등이
    원칙적으로 시민 자신에 의해 이루어지며, 공직자는 상근이 아니었고 수도 적어
    서 그 기능이 약했으므로 근대국가 정부와 같은 공권력이 존재하지 않았다.
    Lysias, 10(테옴네스토스를 비난하여 1). 10 참조.

7　　　　그러니 배심원 여러분은, 방패를 '던졌다'는 비방보다 친부를 '죽였다'는 것이 훨씬 더 큰 죄라는 점을 감안하셔서 저를 도와주십시오. 저는 제 아버지와 관련하여 그런 혐의를 쓰는 것보다 있는 대로 방패를 다 '던져버렸다'는 말을 듣는 편이 더 좋습니다. 그런데 저는, 여러분이 알고 있듯이, 저 사람이 그렇게 한 것(방패를 버리는 것)4을 제가 보았지만, 저 자신은 방패를 지켰습니다. 그러니 제가 그를 처벌하라고 요구하지 못할

8　　　　이유가 뭐가 있겠습니까? 제게 어떤 죄가 있습니까? 제게 주어지는 비난은 정당한 것입니까? 아니죠, 여러분 스스로도 그렇게는 말할 수가 없어요. 피고가 저보다 더 나은 사람입니까? 아니죠, 그 자신도 그런 주장은 할 수가 없어요. 제가 스스로 무구를 버리고는 오히려 그것을 지킨 사람을 중상한 죄로 소송을 걸었습니까? 아니죠, 그런 소문이 도시에 퍼진 적이 없습니

9　　　　다. 여러분은 그가 당연히 감내해야 할 오욕에 동정을 베풀지도 마시고, 무례를 범하고 불법적으로 중상모략한 자를 용서하지도 마십시오. 그것도 여러 번 장군으로 복무했고, 많은 전투에서 여러분과 위험을 같이했던 사람에 대해서 중상을 했으니 말입니다. 더구나 제 아버지는 적에게 포로가 된 적도 없고 또 수행심사에서 동료시민에 의해 처벌받은 적도 없습니다. 그런데 67세 되던 해에 그는 과두정부하에서 여러분에게 충성

10　　　　하다가 목숨을 잃었습니다. 제 아버지를 위하여 분노하는 것

4　방패를 던지는 것을 의미한다.

은 당연한 것입니다. 정적에게 죽음을 당한 후 그 자식에 의해 살해당했다고 하는 불명예를 안는 것보다 더 큰 명예훼손이 그에게 있을 수 있습니까? 제 아버지의 공덕을 기리는 기념비는 여러분의 제단에 있고, 불량한 그들(험담꾼)의 기념비는 적의 제단에 있습니다.

그는 홧김에 이 같은 말을 했다고 합니다. 그러나 입법자는 11
분노의 소치라고 해서 관용을 베풀지 않는다는 점, 발언자가 그 말의 진실을 입증하지 않으면 입법자는 그를 처벌받게끔 한다는 점을 여러분은 유념하십시오. 저는 그이(테옴네스토스)에 관련하여 두 번이나 증언을 섰습니다. 저는 여러분이 목격한 사람은 처벌하고 무구를 버린 사람은 오히려 용서할 것이라고 는 생각하지 않습니다.

저는 테옴네스토스에게 유죄를 선고할 것을 여러분에게 간 12
청합니다. 지금 저는 명예훼손죄로 고소인의 입장에 있으나, 같은 여러분의 판정에 의해 제 아버지를 살해한 혐의와 관련하여 피고의 입장에 있습니다. 제게 이 재판보다 더 중차대한 것은 없을 것입니다. 저는 성년의 연령 자격을 인정받자마자 단신으로, 아레오파고스 앞으로 30인을 고소했습니다. 이런 상황들을 참작하셔서 제 아버지와 저를 지켜주십시오.

12

30인에 속했던 에라토스테네스를 비난하여
리시아스 자신의 변론

역자 해설

크세노폰[1]은 30인 참주 가운데 에라토스테네스의 이름을 들고 있으나, 더 이상의 정보는 주지 않는다. 다른 원전도 그에 관해서 전하는 바가 없다. 에라토스테네스에 관한 정보는 바로 이 변론을 통해서 주어진 것이다.

에라토스테네스는 아테나이의 제1차 과두정[2]에서 400인 체제가 수립되기 조금 전에 현재의 마르마라해 서쪽 헬레스폰토스에서 머물면서 아테나이의 과두정 수립을 위해 조력했다. 과두정이 수립된 다음에는 그것을 지지했으나 자신이 직접 동참하지는 않았던 것으로 보인다. 그는 테라메네스의 온건 과두정 노선에 섰다. 기원전 405년에는 당시 마련된 5인의 에포로이(집정관) 가운데 한 사람이 되었다. 이들은 30인 참주정 체제를 수립하는 전초부대였으며, 실제로 5인이 들어선 지 1년 뒤에 30인 참주(혹은 과두) 체제가 수립된다.

---

1   Xenophon, *Hellenika*, 2. 3. 2.
2   기원전 411~410년.

30인 체제는 기원전 404년 펠로폰네소스전쟁이 아테나이의 패배로 막을 내리고 스파르타 군대가 아테나이로 들어왔을 때 잠시 아테나이의 민주정이 붕괴하면서 들어선 것이다. 이때 앞장섰던 정치가는 테라메네스, 크리티아스 등이었다. 30인 체제가 경직되고 과격하게 변하면서 테라메네스는 크리티아스 일당에게 처형당한다. 에라토스테네스는 일관되게 테라메네스 편에 섰고 테라메네스의 추천으로 30인의 일원이 되었다.

이와 같은 비상시기에 민주정을 음해하는 중상비방이 판을 쳤고, 이 변론에 따르면, 이런 상황에서 사형을 염두에 둔 거류외인(메토이코이, metoikoi)의 명단이 만들어진 사실이 있었다. 이 변론을 쓴 리시아스는 그 형제 폴레마르코스와 함께 이 명단에 올라 있었다. 이때 리시아스는 도망쳤으나 폴레마르코스는 잡혀 끌려가서 처형되었다.

기원전 403년 쫓겨났던 민주파들은 트라시불로스를 선봉으로 하여 마침내 필레3를 장악하고 페이라이에우스로부터 아테나이 도심을 공격하여 30인 체제는 붕괴된다. 당시에 페이라이에우스(민주정 지지자들)와 아테나이 도심(30인 참주정 시기 아테나이 도심에 남았던 사람들) 양측 사이에 일반 사면 협정이 이루어지고, 아테나이에 민주정이 부활했다.

바로 그해 리시아스는 에라토스테네스를 살해 혐의로 고발한다. 이 변론의 화자에 따르면 에라토스테네스는 일반 사면의 대상에 포함되지 않는다고 한다. 아테나이 도심 측과 페이라이에우스 측 사이에 협정이 이루어지던 당시 에라토스테네스는 양측 가운데 어디에도 속하지 않고 해외에 있었기 때문이라는 것이다.

그러나 에라토스테네스는, 화자의 말을 빌리자면, 처형은 스스로 원해서 한

---

3 필레는 아테나이 북쪽 파르네스산에 있는 요새 지역이다.

일이 아니라 30인의 명령을 수행했을 뿐이라고 변명한다. 그리고 자신은 30인의 일원이었으나 그 과격한 노선에 반대했던 테라메네스 편에 섰던 사실을 인용한다. 이에 대해 리시아스는 변론 후반부에서 테라메네스에 대해서도 비난의 화살을 돌린다.

이 사건은 아테나이의 여러 가지 살인사건 재판정[4] 가운데 팔라디온에서 행해졌던 것으로 추정되기도 한다. 이 재판에서 아마도 에라토스테네스는 무죄를 선고받았을 가능성이 있는 것으로 추정된다. 30인 체제의 붕괴 이후 일반 사면의 분위기에 영향을 받았을 것이라고 보기 때문이다.

이 변론은 유일하게 작성자 자신인 리시아스가 직접 재판소에서 발화한 것이다. 리시아스는 거류외인이었지만 시민과 동등한 법정 변론권[5]을 가지고 있었기 때문이다.

이 변론은 리시아스 자신의 이력뿐만 아니라, 30인 참주 체제와 그 몰락, 민주정 부활 등 당시 아테나이의 정치적 상황을 생생하게 전하고 있어 가치가 높다. 그리고 그 외연의 포괄범위 면에서 리시아스의 다른 변론은 물론, 당시의 정치적 정황을 제공하는 그의 또 다른 변론인 〈민중해체 혐의에 대한 변호〉보다 훨씬 넓다고 할 수 있다.

4 　아테나이의 살인사건 재판정의 종류에 대해서는 이 책 부록 1 참조.
5 　리시아스는, 완전하지는 않지만 한정된 사안에서 시민과 동등한 권한 (혹은 동일 세 납부 자격) 을 가진 거류외인 (isoteles metoikos) 이었다.

1   저의 어려움은, 배심원 여러분, 비난을 어떻게 시작할 것인지가 아니라 끝맺음을 어떻게 할 것인가 하는 데 있습니다. 그들이 자행한 범죄가 너무 엄청나고 많아서 원천적으로 실제보다더 악랄하게 부풀려서 말할 수 없는 것은 물론, 진실만 말하려고 해도 전모를 다 전할 수가 없습니다. 부득이 고소인이 지쳐버리거나 말할 시간이 부족하기 때문이죠.

2   제 소견으로 말하자면, 우리 입지가 예전에 사람들이 처했던 입장과는 반대가될 것 같습니다. 그전에는 고소인이 피고에 대한 자신의 적의를 소명해야 했으나, 이번 경우에는 피고가 조국 도시의 이익에 반하여 그토록 무모한 범죄를 저질렀으므로 조국에 대한 적의의 동기가 무엇인지에 대해 피고 심문이 이루어져야 하기 때문입니다. 실로 제가 이런 말씀을 드리는 데는 사적(私的)인 원한이나 피해가 없는 것은 아닙니다만, 우리 모두가 사적·공적인 것을 막론하고 여러 가지 이유로 화가 나 있기 때문입니다.

3   저로서는, 배심원 여러분, 저 자신이나 혹은 다른 사람때문에 어떤 송사에도 관여한 적이 없었으나, 지금은 이 사람을 비난할 수밖에 없는 상황에 처하여 어쩔 수 없이 연루되게되었습니다. 그래서 번번이 아주 의기소침하여, 저의 미숙함으로 제 형제와 저 자신을 위해 하는 비난을 서툴고 무능하게하지나 않을까 걱정했습니다. 그럼에도 가능한 한 간결하게자초지종을 여러분에게 전하도록 하겠습니다.

제 아버지 케팔로스는 페리클레스의 권유에 의해 이 도시로 4
와서 30년을 살았습니다. 그도 우리와 마찬가지로 어떤 이유
라도 원고로서나 피고로서 재판에 연루된 적이 한 번도 없습니
다. 민주정체하에서의 우리는 다른 이들을 비난한 적도 또 다
른 이들에 의해 피해를 본 적도 없었습니다. 비열하고 중상을 5
일삼는 30인이 정권을 잡고는 도시에서 나쁜 사람들을 쫓아내
고 나머지 시민들은 덕과 정의를 가진 사람들로 거듭나게 하겠
다고 공표했으나, 이런 선언은 말뿐이었고 그들은 파렴치하게
도 실제로 그것을 실천하지 않았습니다. 이와 관련하여 먼저
저 자신의 경우, 그다음에 여러분의 경우를 소개하여 여러분
의 관심을 환기하도록 하겠습니다. 테오그니스와 페이손은 30 6
인의 면전에서, 거류외인 가운데에도 그들(30인) 체제에 대해
앙심을 가진 자들이 있다고 발언했습니다. 그리고는 이런 핑
계로 처벌을 하는 것처럼 겉치레를 꾸몄으나, 실제 목적은 돈
을 마련하는 것이었어요. 아무튼, 도시는 궁핍했고 정부는 돈
이 필요했습니다. 테오그니스와 페이손은 어렵지 않게 청중을 7
설득했습니다. 이들에게 사람을 죽이는 일은 아무 일도 아니
었고 돈을 얻는 일이 중요했습니다. 그래서 그들은 10명을 체
포하기로 했는데, 그중에 2명은 가난한 사람이었습니다. 이
는, 어떤 다른 일을 순리대로 하는 경우와 같이, 그런 체포가
국가를 위한 것이지 돈 때문이 아니라는 점을 다른 사람들에게
비치도록 하기 위해서였습니다. 이렇게 제각기 분담하여 목표 8
로 삼은 이들의 집을 찾아 나섰습니다. 그때 저는 손님과 식사

를 하고 있었는데, 이들이 손님을 내쫓고는 저를 페이손에게 넘겼어요. 다른 이들은 공장으로 가서 예속노동자 일꾼들을 목록에 기재했습니다. 그때 제가 금전을 주면 저를 풀어줄 것인지를 페이손에게 물었습니다. 그러자 그는 돈을 많이 주면

9 그렇게 할 것이라고 했어요. 그래서 제가 1탈란톤 은화를 주겠다고 하자 그가 동의했지요. 그가 신이나 인간, 그 어떤 것에도 개의치 않는다는 것을 제가 잘 알고 있었지만, 그래도 그런

10 상황에서 그의 맹세를 받을 필요가 있다고 생각했습니다. 1탈란톤을 받고 저를 놓아준다는 것을 그 자신과 그 자식들에게 내릴 저주로 그가 맹세한 다음, 저는 방으로 가서 금고를 열었어요. 페이손이 눈치를 채고는 따라왔지요. 그가 금고 안을 보더니 부하 두 명을 불러서는 그 내용물을 다 가져가도록 명했

11 어요. 이렇게 약속한 금액이 아니라, 배심원 여러분, 그가 은 (銀) 3탈란톤, 400키지코스 화폐, 100다레이코스 화폐, 4개의 은제 컵을 가져가기에, 제가 여행경비라도 있어야 하니 제

12 돈을 조금 남겨달라고 했지요. 그랬더니 그는 제 몸 하나 부지하는 것을 다행으로 여기라고 말했어요. 페이손과 제가 밖으로 나오다가 공장에서 돌아오는 멜로비오스와 므네시테이데스와 마주치게 되었는데요, 그들은 문 앞에서 우리를 보자 어디를 가느냐고 우리에게 물었어요. 그러자 페이손이 제 형제의 집으로 가서 그곳에 있는 재산을 조사할 것이라고 했지요. 그러자 그들은 페이손을 보내주고, 저더러는 담니포스의 집으로

13 따라오라고 했어요. 페이손이 제게로 다가와 조용히 하라고

하고 그도 그곳으로 올 것이니 겁내지 말고 있으라고 말했지요. 담니포스의 집에 가니 테오그니스가 거기서 다른 사람들을 지키고 있었어요. 사람들은 저를 테오그니스에게 넘기고는 가버렸어요. 그런 상황에서 저는 이미 죽음의 그림자가 드리운 것을 깨닫고는 모험을 하기로 마음먹었습니다. 그래서 담 14 니포스를 불러서 말했지요. "자네는 내 친구로서 내가 자네 집을 왕래했지. 아무 잘못도 한 적 없는데, 돈 때문에 망하게 생겼어. 이런 지경에 처한 내가 살아날 수 있도록 자네가 온갖 지혜를 짜내어 좀 도와주게나." 그러자 담니포스가 그러겠다고 했어요. 담니포스는 돈을 주면 함께 있는 테오그니스가 무엇이든 할 것이라고 믿고 그와 상의를 하는 것이 좋겠다고 꾀를 냈어요. 담니포스가 테오그니스와 대화하는 동안 저는 탈출을 15 하려고 마음먹었지요. 저는 그 집을 잘 알아서 앞뒤로 다 문이 있다는 것도 알고 있었어요. 제 계산으로, 들키지 않으면 목숨을 구하는 것이고, 만일 붙들린다고 해도 담니포스가 테오그니스를 돈으로 꾀면 여전히 살아날 수 있고, 그렇지 않으면 죽는 것은 똑같다는 계산이었어요. 이런 심산으로, 그들이 안마 16 당으로 난 문 앞에서 이야기하는 동안 저는 달아났어요. 제가 거쳐야 할 문이 3개가 있었는데, 마침 다 열려 있었던 거예요. 저는 가까스로 선장인 아르케네오스의 집으로 가서는 그에게 시내로 가서 내 형제가 어떻게 되었는지 알아보도록 했지요. 그가 돌아와서 하는 말이, 에라토스테네스가 길에서 제 형제를 체포하여 감옥으로 데리고 갔다는 것이었어요. 이 사실을 17

듣고 난 다음 저는 다음 날 밤에 배를 타고 메가라로 건너갔습니다. 내 형제 폴레마르코스는 처형의 이유도 밝혀지지 않은 가운데 30인이 흔히 쓰던 방법에 따라 그들로부터 사약을 받았습니다. 이렇게 그는 재판을 받거나 자신을 변명하거나 한 적이 전혀 없었어요. 이렇게 그가 감옥에서 죽어서 나왔지요. 그때 우리는 집이 세 채나 있었으나 그중 아무 데서도 장례를 치르지 못하도록 했으므로, 작은 오두막을 빌려서 거기다 시신을 안치했어요. 덮개도 많았으나 장례에 그것을 쓰고자 하는 우리의 청도 거절당했어요. 우리 친구들이 겉옷, 베개, 그 외에도 그들이 아껴서 가지고 온 것을 매장할 때 썼습니다. 그들은 우리가 가지고 있던 방패 700개, 은, 금, 구리, 보석, 가구, 여성 장신구 등, 그들이 기대했던 것 이상의 모든 것을 빼앗아가지고 갔어요. 또 120명의 예속노동자를 데리고 갔는데, 그중 가장 튼튼한 자들을 취하고 나머지는 공관에 소속시켰습니다. 차지 않는 그들의 욕심이 이런 지경에 이른 것이며, 그들은 스스로 자신들의 사람 됨됨이를 폭로하게 된 것이지요. 폴레마르코스의 아내가 가지고 있던 귀걸이까지도 멜로비오스가 그녀의 집에 들어서자마자 빼앗아갔습니다. 아주 하찮은 재산까지도 그들의 손아귀를 피해갈 수가 없었던 거예요. 이렇듯 우리가 가진 재산을 노린 그들은, 다른 이들이 너무나 억울한 지경을 당할 때 분노하는 것 같은 그런 악의로 우리를 해쳤습니다. 우리가 이 도시에서 이런 대접을 받을 이유가 없어요. 축제에 돈을 기부했고 특별세도 여러 번 납부를 했기 때문

입니다. 우리가 품위 있는 삶을 유지할 때 우리에게 주어진 임
무를 다 완수했고, 한 명의 적도 만들지 않았으며 배상금을 주
고 많은 아테나이인을 적의 손에서 구해내기도 했고요. 그들
이 시민으로서 한 것보다 훨씬 많은 것을 거류외인으로서 기여
한 우리들에게 이런 식으로 보답하다니요! 그들은 많은 시민   21
들을 적이 있는 곳으로 추방했고, 부당하게 처형하고 장례도
치르지 못하도록 했습니다. 명예(완전한 자격)를 가진 자들을
불명예(자격박탈)에 처하도록 했고 많은 딸들을 혼인도 하지
못하도록 방해했습니다. 그리고는 그 뻔뻔함이, 이 자리에 나   22
와서 자신을 변명하면서, 악행이나 수치스러운 행위를 한 죄
가 없노라고 말할 정도에 이르렀습니다. 저는 그들의 진술이
진실이었으면 합니다. 그랬다면, 거기서 저 자신을 보전한 바
도 결코 적지 않을 것이니까요. 그러나 실제로 그는 도시나 저   23
개인 어느 쪽에 대해서도 그렇게 하지 않았습니다. 앞에서 말
씀드렸듯이, 제 형제는 에라토스테네스에 의해 죽었습니다.
에라토스테네스 자신이 어떤 피해를 본 것도 아니고, 또 그가
도시에 피해를 끼친 것이라 여긴 것도 아니면서 그는 그저 자
신의 욕심을 채웠던 것입니다. 제가 드리는 제안은 그를 연단   24
에 세우고 심문하라는 것입니다. 배심원 여러분, 제 의견은 이
렇습니다. 누구라도 이 에라토스테네스를 옹호하기 위해 그에
관한 일로 다른 어떤 이와 대화하는 것은 신성모독이 되지만,
그가 행한 악행에 대해 그 자신과 대화하는 것은 신성하다고
봅니다. (에라토스테네스를 향해) 그러니 부탁하건대, 당신은

연단으로 올라가서 제가 하는 질문에 대답을 하도록 하시오.

25   "폴레마르코스를 체포했소, 안 했소?"

"나는 겁에 질려서 관리들로부터 명령받은 바를 시행했을 뿐이오."

"우리들에 관한 논의가 있었을 때 당신은 의원 회관에 있었소?"

"그렇소."

"당신은 사형을 선고한 사람들에게 찬성했소, 반대했소?"

"반대했소."

"우리를 처형하는 데 반대했단 말이오?"

"반대했소."

"당신 생각에 도대체 우리가 당한 처지가 부당한 거요, 정당한 거요?"

"부당하오."

26   "그런데, 인간 가운데서 제일가는 비열한이여, 말로는 당신이 우리를 구하려고 반대를 했다고 하면서, 우리를 체포해서 죽인 거요? 우리의 운명이 당신네 무리의 다수결에 달려 있을 때 우리를 처형하려 하는 사람들에게 당신이 반대했다고 주장하는 거요? 그러나 폴레마르코스를 살려줄지 아닐지에 대한 결정권이 오직 당신에게 주어져 있었을 때, 당신은 그를 체포하여 감옥에 처넣었잖소. 그리고 당신이 진술하듯이 당신이 그를 돕지는 못했으나 반대의사를 개진했으므로 선량한 시민이라고 주장할 수도 있겠으나, 정작 그를 체포하여 죽음으로 몰고 갔으니

나나 재판관들로부터 벌을 받아야 한다고 생각하지 않소?"

(재판관들을 향해) 더구나 반대를 했다는 그의 주장이 사실이　27
라 쳐도 명령에 따라 행동했다는 그의 변명은 신빙성이 없습니
다. 대상이 거류외인인 경우에는 명령 수행에 대한 확인 절차
가 적용되지 않기 때문이지요.6 더구나 그런 명령을 시행하는
데 그 30인이 원하는 것에 반대를 표한 사람보다 더 부적합한
이가 누가 있겠습니까? 또 제 소견으로는, 다른 아테나이인들　28
이 발생한 사태에 대해 30인에게 책임을 전가하는 것은 얼마든
지 그럴 수가 있지요. 그러나 실로 30인에 속했던 사람이 그것
을 30인 자신들에게 전가한다면, 여러분은 그것이 일리가 있
다고 생각하십니까? 도시에 그들보다 더 강한 어떤 권력이 있　29
어서 정의를 짓밟고 사람을 죽이도록 그에게 명령을 내린 것이
라면, 여러분이 그를 용서해도 양해가 된다고 하겠습니다. 그
러나 30인이 30인 자신의 명령을 시행했을 뿐이라고 진술하는
것이 허용된다면, 여러분이 벌할 사람이 도대체 누가 있겠습
니까? 더구나 에라토스테네스는 폴레마르코스를 살려주고 30　30
인의 결정을 이행할 수가 있었는데도, 그의 집이 아니라 도로
에서 그를 체포하여 감옥으로 보냈어요. 누구라도 여러분의　31
집에 들어와서 여러분 자신이나 여러분 가족 누군가를 체포하
려 한다면 여러분은 화가 날 테지요. 그러나 자신이 살기 위해

6　반대가 있은 다음에는 그 반대한 자를 시험하기 위해 시민 신분의 사람을 체포하
도록 명을 내리곤 하나, 이 관례가 거류외인에게는 해당하지 않는다는 뜻이다.

서 다른 이에게 해를 끼친 사람에 대해 양해가 가능하다면, 여러분은 이와 같은 난입자들을 용서하는 데 있어서 더욱 타당성을 갖는 것이죠. 가도록 명령받은 곳으로 가지 않거나 또 그곳에서 목적에 둔 사람을 보고도 없더라고 거짓으로 고하는 것은 자신을 위험에 빠뜨리는 것이기 때문이에요. 그러나 에라토스테네스의 경우는 대상을 만나지 못했다거나 아니면 발견하지 못했다고 보고할 수가 있었던 것입니다. 그런 보고가 검증을 거치거나 심문에 회부되는 것은 아니기 때문입니다. 그래서 그의 적이 그를 유죄로 몰려고 해도 그럴 수가 없었다는 것이

32 지요. (에라토스테네스를 향해) 실로, 에라토스테네스여, 당신이 어진 사람이었다면, 부당하게 사지(死地)에 몰린 사람을 체포할 것이 아니라 부당하게 죽게 생긴 사람들이 도주할 수 있도록 은밀하게 정보를 제공해야 하는 것이었지요. 그러나 실제로 당신이 한 행동에서 분명하게 드러나는 것은 상황이 그렇게 진행되는 것에 당신이 마음 아파하기보다는 오히려 그것

33 을 즐겼다는 것이지요. 그래서 이 법정의 판결은 당신의 말이 아니라 행동을 두고 내려져야 합니다. 말은 증거를 댈 수가 없기 때문에, 당시에 했다고 한 말 중에서 증거가 있는 것만 채택해야 하는 것입니다. 그들은 우리가 함께 있을 수도 없고 우리 자신의 집에서 머물 수도 없도록 했습니다. 그들은 도시에 행할 수 있는 악은 다 행해 놓고는 자신에 대한 온갖 칭찬을 늘어

34 놓았습니다. 그렇지만 그런 점에 대해서 내가 반박하지는 않을 것이고, 또 당신이 원하는 대로 당신이 동료 30인에게 반대

의견을 냈다고 하는 주장도 받아들인다고 해봅시다. 그러나 내가 궁금해하는 것은, 당신이 반대를 했다고 하면서도 폴레마르코스를 죽음으로 내몬 마당에, 만일 당신이 찬성을 했더라면 도대체 어떻게 했을 것인가 하는 점이오.

(재판관들을 향해) 만일 여러분이 에라토스테네스의 형제나 자식이었다고 가정한다면 어떻게 했겠습니까? 무죄로 그를 방면할 것인가요? 여러분, 에라토스테네스는 두 가지 중에서 하나를 증명해야 합니다. 그가 폴레마르코스를 체포하지 않았다든지, 아니면 정당한 이유로 그를 체포했다든지 하는 것 말이지요. 그런데 그는 폴레마르코스를 부당하게 체포했다는 사실을 인정함으로써, 여러분이 더 쉽게 판단할 수 있도록 했어요. 더구나, 많은 도시민과 이방인들이 이들에 대해 여러분이 어 35 떤 판결을 내리는지를 보려고 이곳에 와 있습니다. 이들 방청객 가운데 있는 여러분의 동료시민들이 이곳을 떠나면서 깨닫게 될 것은, 범죄를 저지르면 벌을 받는다는 것이거나, 아니면 만일 그들이 목적을 달성하면 도시의 권력자가 되고 또 만일 실패한다 해도 여러분과 같은 위치에 있게 되는 것이로구나 하는 것이겠지요. 한편, 방청객 가운데 이곳에 거주하는 이방인들은 이 도시에서 30인을 추방한 것이 잘한 일인지 잘못한 일인지를 알게 될 것입니다. 만일 30인으로부터 피해를 본 당사자들이 그들을 체포하자마자 곧 석방하는 것을 보게 된다면, 여러분을 위해 기울여온 자신들의 노력이 쓸데없는 것이었다는 생각을 하게 되겠지요. 게다가, 여러분은 해전에서 승리한 36

장군들에게 사형을 선고한 적이 있어요. 장군들은 폭풍 때문에 사람들을 바다에서 건져낼 수가 없었다고 주장했어요. 그러나 여러분은 (바다에 빠져) 죽은 자들의 용기를 추모하여 장군들을 벌해야 한다고 판단했던 것이지요. 반면, 이들은 야인으로서는 있는 힘을 다하여 해전에서 패배하도록 사주했고,[7] 또 권좌에 올라서는 자의로 많은 시민들을 재판도 없이 처형했다는 사실을 인정하는 마당에, 그럼에도 이들과 그 자식들이 여러분에 의해 극단의 형벌을 받지 않아야 합니까?

37   배심원 여러분, 제가 드리는 범죄 소명의 말씀은 이 정도로 충분하다고 생각합니다. 원고로서 저는 피고의 행위가 사형에 해당한다는 사실 이상으로 소명할 필요는 없다고 봅니다. 사형은 우리가 그에게 가할 수 있는 극형이기 때문입니다. 이런 자들에 대해 많은 비난을 해야 할 필요도 없는 것 같습니다. 드러난 행위만 해도 그 각각에 대해서 사형을 두 번씩 당한다 해도
38   지은 죄에 대한 벌을 다 치를 수가 없기 때문이죠. 그는 또, 우리 도시에서 흔히 볼 수 있듯이, 혐의에 대한 소명은 하지 않고

---

7   펠로폰네소스전쟁 막바지에 아테나이와 스파르타는 아르기누사이, 아이고스포타모이 등에서 해전을 벌이게 되는데, 이때 아테나이의 친스파르타 반전(反戰) 주의자들이 전쟁을 추구하는 민중의 반대편에 서서 민중의 뜻을 배반하고 음해하여 아테나이의 패배를 사주했다는 뜻이다. 기원전 406년의 아르기누사이해전에서는 아테나이가 승리했으나, 폭풍 때문에 배가 파선되어 다수 아테나이인이 바다에 빠져 죽는 불행을 겪었고, 기원전 405년의 아이고스포타모이해전은 펠로폰네소스전쟁의 총결산으로서 아테나이의 패배로 막을 내렸다. 두 해전 모두 소아시아 연안에서 벌어진 것이다.

자신에 관련되는 다른 내용을 진술함으로써 가끔 여러분을 현혹하는 그런 편법을 쓸 수도 없습니다. 말하자면, 훌륭한 전사였다거나 선주(船主, 전함의 지휘자)로 있을 때 적의 함선을 많이 나포했다든가, 적이었던 도시들을 우방으로 끌어들였다든가 하는 것이지요. 그러면 시민을 죽인 수만큼 적을 죽인 곳이 어디 있고, 자신이 적에게 넘겨준 수만큼 많은 전함을 나포한 곳이 어디 있으며, 그들이 자신에게 예속시켰던 도시만큼 한 것을 그들이 얻어와 보탠 것이 있는지 등에 대해 그들로 하여금 여러분에게 증명하도록 하십시오. 또 그들이 여러분에게서 빼앗아간 것만큼 많은 무기를 적으로부터 빼앗아온 적이 있습니까? 그들이 그들 자신의 땅에서 허물어뜨린 것만큼 한 요새를 〔적에게서〕 탈취한 적이 있습니까? 그들은 아티카 주변의 요새들을 허물었을 뿐 아니라 페이라이에우스의 성벽도 허물었는데, 후자는 라케다이몬인의 명령에 어쩔 수 없었던 것이 아니라 그들 자신의 권위를 더 확실하게 하려고 그랬던 것입니다.

그래서 저는 자주 그를 변호하는 사람들의 뻔뻔함에 놀라워하지만, 갖은 범죄를 저지르는 사람들은 그런 행위를 하는 사람들의 편을 든다는 생각을 하면 일면 이해가 되는 부분도 있지요. 그가 여러분의 이해에 반하는 행동을 하는 것은 이번이 처음이 아닙니다. 400인이 들어섰을 때도 그는 군대 내에 과두정을 수립하기 위해 지휘관으로 있던 전함을 버리고, 이아트로클레스는 물론 제가 이름을 들 필요가 없는 또 다른 이들과 함께 헬레스폰토스에서 달아났어요. 그런 다음 그는 이곳으로

39

40

41

42

와서 민주정체를 수립하려는 사람들을 방해했지요. 이 사실에
대한 증인을 여러분에게 소개합니다.

증언

43 그즈음 그가 어떤 삶을 살았던가 하는 점은 여기서 생략하도록
    하겠습니다. 해전8이 벌어지고 도시에 재앙이 닥쳤으나 아직
    민주정체가 유지되고 있었을 즈음, 시민들을 규합한다는 명분
    으로 이른바 '조직원'9이라 불리는 사람들에 의해 5명의 집정관
    (에포로이)이 뽑혔습니다만, 이들은 음모자들의 괴수가 되었
    고 민중 여러분의 이익을 해쳤습니다. 그들 중에 에라토스테네
44 스와 크리티아스가 있었습니다. 이들은 부족에 부족장을 임명
    하고는 그들이 어떤 결정을 내려야 하는지, 어떤 이가 관리로
    임명되어야 하는지를 지시했습니다. 그리고 그들이 원하는 대
    로 일이 진행되도록 절대적인 권력을 행사했습니다. 이렇게 여
    러분의 적들뿐 아니라 여러분 동료 시민들에 대해서도 음모를
    꾸몄으므로, 여러분은 유용한 결정도 하지 못하고 여러 가지가
45 결여된 상태로 전락하게 되었습니다. 그들이 잘 알고 있었던

---

8 기원전 405년의 아이고스포타모이해전을 말한다.
9 '조직원'이란 시민 혹은 정치단체 (*heteroi*) 의 성원으로, 기존의 민주정체를 전복하
   는 데 기여했다. 당시 이들 단체의 활동에 대해서는 Aristoteles, *Athenaion
   Politeia* (아테나이 국제), 34; Isokrates, *Panegyrikos*, 79; Andokides, *Kata
   Alkibiadou*, 4 참조.

것은 상황이 달라지면 자신이 득세할 수가 없다는 것, 그리고 악행을 통해서만 권세를 누릴 수 있다는 것이었습니다. 그들 생각에, 여러분이 곤경에서 벗어나기 위해 전개되는 상황에 대해 아무런 관심을 갖지 못하게 될 것이었습니다. 이제 그가 집 정관 가운데 한 사람이었던 사실을 증명하기 위해 증인들을 소 46 개하겠습니다. 그 증인들은 에라토스테네스의 동료 협력자들 은 아니고, 저의 능력을 벗어나지 않는 범위에서, 그의 말을 듣고 시행한 사람들입니다. 이들이 양식을 갖추었다면, 그들 47 (에라토스테네스와 그 동료들)을 비난하고, 자신이 잘못을 저지 르도록 교사한 자들을 엄하게 벌하며, 또 이들이 양식을 갖추 었다면 시민들에게 해를 가져오는 상황에서도 선서를 지킬 것 이 아니라 도시의 이익을 위하여 그것을 쉽게 저버리게 될 것 입니다. 이들에 관해 이 정도로 소개를 하고, 이제 증인들을 불러주시고, 증인 여러분은 연단으로 올라오십시오.

증언

여러분은 증언을 들으셨습니다. 마침내 권좌에 오른 그는 선은 48 행하지 않고 많은 사안에서 그 반대로 했습니다. 실로 그가 선 한 사람이었다면, 무엇보다 편법으로 권력을 장악하지 말아야 했고, 또 온갖 탄핵 제소와 관련하여 그것이 허위임을, 또 바트 라코스와 아이스킬리데스가 진실이 아닌, 시민을 음해하기 위 해 30인에 의해 조작된 사실을 가지고 고소했음을 의회에 보고

49 해야 했습니다. 더구나 배심원 여러분, 민중 여러분에게 적대
    적이었다 하더라도 가만히만 있었다면 벌을 받게 되지 않았을
    것입니다. 그런데 그렇지 않은 사람들이 말과 행동 양쪽으로
    그 이상은 실현 불가능한 최악의 피해를 도시에 끼쳤습니다.
    선의를 가졌다고 말하는 사람들이 어떻게 최선을 말하거나 불
    의를 행하는 자를 저지하거나 하는 모습을 보이지 않았을까요?

50   혹시 두려워서 그랬다고 그가 말한다면 여러분 가운데 일부
    는 이런 변명에 만족하는 분도 있을 테지요. 그렇다면, 그는
    말을 할 때도 30인에게 반대하는 것처럼 보이지 않도록 조심을
    해야 했겠지요. 그렇지 않다면 그것은 30인의 한 사람이었던
    그가 반대를 해도 30인으로부터 아무런 해를 입지 않을 만큼
    영향력이 컸다는 사실을 증명합니다. 그는 여러분에게 많은
    죄를 범한 테라메네스[10]보다 여러분의 안전을 위하려는 마음

51   이 더 컸음을 밝혀야 하는 것이지요. 그러나 실로 그는 이 도시
    를 적으로, 여러분의 적을 친구로 여겼습니다. 이 두 가지 사
    실에 대해 저는 많은 증거를 대겠습니다. 30인의 불화는 여러
    분이 아니라 그들 자신의 이익을 위한 것, 즉 양편[11] 중 어느

---

10 아테나이에는 민주정이 해체된 적이 두 번 있었는데, 기원전 411~410년의 400인
   과두정과 기원전 404~403년의 30인 참주정이 그것이다. 테라메네스는 기원전
   400인 과두정 수립에 앞장을 섰고, 또 30인 참주정의 30인 가운데 1인이었으나 30
   인과 불화하여 그들에 의해 처형되었다.
11 30인은 서로 다른 입장의 두 파로 분열되었다. 크리티아스의 과격파와 테라메네
   스의 온건파가 그것이다.

쪽이 기선을 제압하고 도시를 지배하는가 하는 것이었습니다.
만일 그들 간의 분쟁이 피해자들을 위한 것이었다면, 이 권력   52
자들이 자신의 신심을 증명하는 데 트라시불로스가 필레를 점
거했을 때보다 더 좋은 기회가 어디 있었겠습니까? 그러나 필
레12에 있던 사람들에게 도움을 약속하거나 그 약속을 실천하
는 대신, 그는 동료 권력자들과 함께 살라미스와 엘레우시스
로 가서 시민 300명을 감금하고는 단 한 번의 투표로 그들 모
두를 처형해버렸지요.

　우리가 페이라이에우스로 온 다음 소동이 벌어졌고, 화해를   53
위한 협상이 진척되었지요. 양쪽이 서로에 대해서 매우 기대를
했고 그런 소신을 밝혔어요. 페이라이에우스에서 온 이들이 우   54
세했는데, 이들은 사람들로 하여금 이동해 나가도록 양해를 했
어요. 이들이 도시 (아테나이 도심)13로 들어와서 페이돈과 에라

12　30인 참주정권하에서 추방되었던 사람들이 먼저 아테나이 내지에 있는 필레로 들
　　어왔고, 그다음 페이라이에우스 항구로 내려갔다가, 아테나이 도심에 있던 사람
　　들과 화해협정을 체결한 다음 아테나이로 들어왔다.
13　이때 '도시' (asty) 라고 하는 것은 우리가 알고 있는 아테나이 폴리스를 전반적으로
　　지칭하는 것이 아니라, 아테나이의 중심이 되는 시가지 아테나이 (아테나이 도심)
　　를 말한다. 이 시가지 아테나이는 함께 아테나이 폴리스에 속하는 항구인 페이라이
　　에우스와 대조적인 의미를 갖는 공간이다. 특히 이 경우 도시 (asty) 에 있던 사람이
　　란 30인 과두정 (혹은 참주정) 에 동조하거나 그를 묵인한 사람들로서, 추방되어 페
　　이라이에우스 항구를 통해 들어온 민주파와 대조된다. 이하 이 책에서 '도시' (아테
　　나이 도심) 로 표기된 경우 이런 맥락이 전제된 것이다. 이에 관해서는 이 책 용어
　　해설 '도시' (아테나이 도심) 항목 참조. 또한 아테나이 도심으로서의 'polis' 혹은
　　'asty'의 용법에 대해서는 이 책 부록 2 참조.

토스테네스만 제외하고 나머지 30인을 추방해 버렸지요. 그리
고는 30인이 가장 혐오하는 사람들을 지도자로 선출했어요.
선출된 이들(지도자들)이 당연히 30인을 미워하고 페이라이에
55 우스에 있던 사람들을 따를 것이라고 생각했던 것이죠. 그 가
운데 30인이었던 페이돈, 히포클레스, 람프트라구(區) 출신
에피카레스가 있었고, 그 외에 카리클레스와 크리티아스에게
아주 적대적인 것으로 알려진 다른 이들도 있었어요. 그런데
이들이 권력을 잡자 도시(아테나이 도심) 사람들과 페이라이에
56 우스 사람들 사이에 극도의 내분과 전운을 조장했지요. 이들이
페이라이에우스에 있는 사람들은 물론 부당하게 죽어간 사람
들 편이 아니라는 것이 명백해졌어요. 이들은 죽음을 당했거나
죽음에 내몰린 사람들에 대해 연민하는 것이 아니라 더 강한
권력을 장악하려는, 혹은 더 빠르게 부를 잡으려는 것이었어
57 요. 권력과 도시를 손아귀에 넣고는 양쪽을 모두 적대했지요.
한편으로는 온갖 악을 저질러온 30인을, 다른 한편으로는 온
갖 고초를 감내해온 여러분들을 말입니다. 그러면서 모든 이가
분명히 깨닫게 된 사실이 있었어요. 30인의 추방이 정당한 것
이라면 여러분의 추방은 부당한 것이 되고, 반대로 여러분의
추방이 정당했던 것이라면 30인의 추방은 부당한 것이라는 사
실 말이죠. 그들이 도시로부터 추방된 이유로서 이런 사실 이
58 외에 다른 어떤 원인을 찾을 수가 없어요. 참으로 천인공노할
일은 화해를 통해 여러분을 도시(아테나이 도심)로 맞아들이라
고 뽑아 놓은 페이돈은 에라토스테네스가 한 짓을 그대로 따라

서 하고, 그 같은 전철을 밟아 그 휘하 참모 중에서 여러분에게
동조하는 이가 있으면 음해나 하고, 부당하게 추방당했던 여러
분에게 도시(아테나이 도심)를 돌려줄 생각이 없었다는 거예
요. 그는 또 라케다이몬으로 가서 그들의 군대를 파견하도록
사주했는데, 그 구실이 보이오티아인이 도시(아테나이 폴리스
전체)에 쳐들어올 것이라든가 또 달리 그럴듯하게 지어낸 말들
이었지요. 그런데 점괘가 좋지 못했든지 아니면 그들(라케다이   59
몬인)이 원하지 않았든지, 아무튼 그 목적을 이루지는 못했어
요. 그러자 페이돈은 100탈란톤을 빌려서 용병을 고용을 고용
한 다음 리산드로스14에게 사령관이 되어달라고 청을 넣었지
요. 리산드로스는 과두정치의 열렬한 지지자였고 도시(아테나
이 폴리스 전체)에 가장 적대적이었으며, 특히 페이라이에우스
사람들을 혐오하는 인물이었지요. 도시를 파멸시키는 데 혈안   60
이 되어 온갖 사람들을 용병으로 들여놓고, 여러 도시를 끌어
들이고, 라케다이몬인들은 물론 동맹국들 중에서 융통할 수 있
는 이들은 다 불러들이면서, 도시의 융화가 아니라 파멸을 향
해 치달았던 것입니다. 덕성 있는 이들이 없었다면 실로 그렇
게 됐겠지요. 그래서 여러분은 적들을 응징하면서도 그들에게
만은 감사를 표하기로 결정했고요. 이런 사실들은 여러분 스스   61

---

14 승전한 스파르타의 장군으로 펠로폰네소스전쟁 말기 아이고스포타모이해전에서
    아테나이 해군과 싸워 승리했으며, 그가 아테나이로 들어올 무렵 민주정체를 대
    신하여 크리티아스, 테라메네스 등이 중심이 된 30인 참주정체가 들어섰다.

로 잘 알고 있는 사실이라 증인을 세울 필요도 없겠습니다만, 지금 저도 좀 쉬어야 하겠고, 또 여러분 중에는 많은 이들의 말을 듣고 싶어 하는 분도 있으므로, 증인을 소개하겠습니다.

증언

62 양해하신다면, 제가 테라메네스에 대해 가능한 한 간단하게 말씀드리겠습니다. 제 자신뿐 아니라 도시를 위하여 경청해주십시오. 에라토스테네스를 재판하는 자리에서 테라메네스를 비난한다는 것은 아무도 생각지 못한 일이지요. 제가 듣기로는, 자신(에라토스테네스)이 테라메네스의 친구이며 함께 일을 도

63 모했노라고 변명할 것이라고 합니다. 제 생각에, 성벽을 허물 때 테라메네스와 함께 협조했다고 에라토스테네스가 주장하는 것을 보면, 만일 테미스토클레스와 함께 행정부에 있었더라면 성벽 건조에 협조했노라고 큰소리를 쳤을 거예요. 제가 보기에는 두 사람(테미스토클레스와 테라메네스) 사이에는 어떤 유사한 덕성도 있는 것 같지 않아요. 한쪽(후자)은 라케다이몬인의 뜻에 반하여 성벽을 세웠고, 다른 쪽(전자)은 시민을 속여서 그

64 것을 허물었거든요. 이렇듯 기대와는 정반대의 사태가 도시에서 발생한 것이지요. 테라메네스의 동료들은, 그들 중 테라메네스에게 반대한 사람을 제외하고는, 그와 같이 처형되어 마땅합니다. 그런데 지금 제가 보기에는, 그들이 자신을 변호하기 위해 테라메네스를 방패막이로 이용하고 또 에라토스테네스의

무리들은 테라메네스가 큰 피해가 아니라 많은 득을 가져온 사람이었던 것으로 미화하고 있습니다. 무엇보다 그(테라메네스) 65 는 제1차 과두정체15 수립의 주동자로서, 400인 정부를 세우도록 여러분을 사주했습니다. 그리고 그 부친은 위원회16의 일원으로 같은 노선에 있었고, 테라메네스 자신은 정체 전복에 있어 최고의 열성분자로 평가되어 그 일당으로부터 장군으로 선출되었습니다. 그에게 명예가 주어지는 동안 그는 그 (400 66 인) 정체에 충성을 보였습니다. 그러나 페이산드로스, 칼라이스크로스, 그 외에 또 다른 사람들이 그를 능가하고 민중 여러분이 더 이상 그들 무리에 귀 기울이지 않게 되자, 그 동료에 67 대한 질시와 여러분에 대한 두려움에 그는 바로 아리스토크라테스와 협조하게 됩니다. 민중 여러분의 신뢰를 얻기 위해 그는 가장 친한 친구 안티폰과 아르켑톨레모스를 비난하고 처형당하게 했던 것입니다. 그 악랄함이 이와 같아서 그 동료의 신임을 얻기 위해 여러분을 예속시켰고, 또 여러분의 호의를 얻기 위해서는 친구들을 파멸시켰던 것이죠. 명예를 누리고 최고 68 의 직함을 가졌을 때 도시를 구하겠다고 호언했으나, 요긴하고 아주 효과적인 해결책을 찾았노라고 자처했던 그가 도시를 파멸시켰습니다. 그는 인질을 잡히거나 성벽을 허물거나 함선을 양도하지 않고도 평화협상을 체결할 수 있노라고 주장했지만,

---

15 기원전 411~410년의 400인 과두정을 의미한다.
16 정치체제를 개혁하도록 특별히 임명된 10인 위원회를 말한다.

누구에게도 그 내용을 말하려 하지 않고 자기를 믿으라고만 했

69 어요. 그리고 아테나이인 여러분, 아레오파고스 의회가 여러
분의 안전을 위해 노력하고 많은 사람들이 테라메네스에게 반
대할 때, 여러분이 알고 있었던 사실은, 많은 사람들이 적을
경계하여 비밀을 지킬 때 테라메네스는 그것을 시민들에게는
말하지 않고 오히려 적에게는 누설하려 한다는 것이었지요. 그
럼에도 여러분은 그에게 나라와 자식들과 부인들, 그리고 여러

70 분 자신을 맡겼습니다. 그는 약속한 것은 하나도 완수하지 못
했으나 도시를 예속시키고 망가뜨리는 데는 너무나 열중하여,
적도 한 번 말한 적이 없고 시민 중 누구도 기대하지 않았던 일
을 하도록 여러분을 꾀었습니다. 라케다이몬인으로부터 강요
당한 것도 아닌 것을, 그 스스로 제안하여 페이라이에우스의
성벽을 허물고 기존의 정체를 전복하려고 했던 것이지요. 그가
숙지했던 사실은 여러분으로부터 희망을 완전히 빼앗아버리지
않으면 여러분이 그 자신에게 곧 보복하게 되리라는 것이었어

71 요. 마침내, 배심원 여러분, 그는 그들[17]에 의해 언질을 받은
적절한 시기가 왔다고 판단될 때까지 민회 개최를 방해했어요.
그리고 사모스로부터 리산드로스의 배를 불러들였고 이 땅에

72 적군이 주둔하도록 했지요. 이렇듯 상황이 갖추어지자 리산드
로스, 필로카레스, 밀티아데스가 임석한 가운데 이들은 민회

---

17 '그들'을 Loeb판에서는 '적'으로 번역했다. 반드시 '적'이라고 적시하지 않더라도
테라메네스에 동조하는 일단의 무리를 뜻하는 것으로 해석할 수 있겠다.

를 소집하여 정치체제에 대해 논의했습니다. 아무도 반대를 하거나 협박을 하는 사람이 없었고, 여러분은 도시에 가장 이득이 되는 길을 선택하지 않고 그들이 원하는 대로 결정을 했지요. 테라메네스가 일어서서 여러분으로 하여금 30인에게 도시를 위임하고 드라콘티데스가 제안한 체제를 채택하도록 권했어요. 그때 여러분은 난처한 입장에 처해 있었음에도 그의 제안을 따르지 않겠다고 고함을 질러댔지요. 그날 민회에서의 결정은 예속과 자유 중에서 선택하는 것임을 여러분이 깨닫고 있었기 때문이었어요. 그러자, 배심원 여러분, 저는 바로 여러분을 이 사실의 증인으로 간주하는바, 테라메네스는 여러분의 고함에 조금도 개의치 않는다고 말했어요. 많은 아테나이인이 그의 계획과 같은 것을 추진하고 있고 또 자신의 제안은 리산드로스와 라케다이몬인의 지지를 받고 있음을 그가 알고 있다는 것이었죠. 이어서 리산드로스가 일어나서 다른 여러 가지와 함께 했던 말에 따르면, 여러분이 평화를 어긴 죄를 지었고, 또 테라메네스의 요구를 거부할 때 문제가 되는 것은 정치체제가 아니라 여러분의 목숨이라는 거였어요. 민회에 있던 선한 사람들은 조작되고 강요받는 사태의 분위기를 감지하고, 그곳에서 침묵을 지키든가 아니면 적어도 도시에 어떤 해를 끼치는 투표에 참여하지 않았다는 긍지를 가지고 스스로 자리를 떴습니다. 그러나 비열하고 악의적인 소수는 손을 들어 주어진 사안에 찬성했지요. 주어진 명령에 따라 그들은 테라메네스가 지시한 10명, 막 임명된 집정관(에포로이) 10명, 그리고 그 자리

73

74

75

76

에 임석한 사람 가운데서 10명을 뽑았습니다. 그들은 여러분의 무기력함을 계산하고 또 스스로의 힘을 믿어, 민회에서 일어날 상황들을 미리 계획하고 있었던 것이지요. 이런 사실에 대해 여러분은 저의 말이 아니라 테라메네스의 말을 참고하십시오. 제가 말씀드린 모든 것이 의회(boule) 18에서 테라메네스가 자신을 변호하면서 한 말입니다. 그는 추방된 자들을 비난하면서, 그들의 귀환을 배려한 것은 라케다이몬인이 아니라 자신이라고 했습니다. 또 행정부의 동료를 비난하면서, 제가 말씀드린 과정으로 진행된 모든 사안들이 자신이 이루어낸 것이며, 그들을 위해 많은 충성의 서약을 실천했고 또 그들은 자신에게 서약을 했음에도, 이런 처지(고발당한 사실)에 놓이게 되었다고 말했습니다. 이 모든 것에 더하여 또 다른 해악과 치욕이 다소를 불문하고 테라메네스에게 책임이 있건만, 급기야 그들(에라토스테네스 등)은 테라메네스와 친교가 있었던 사실을 이용하여 감히 스스로를 변명하려 합니다. 테라메네스가 사형된 것은 여러분을 위해서가 아니라 자신의 비열함 때문이며, 그는 이미 해체한 적이 있었던 그런 부류의 과두정부19하에서

77

78

---

18 테라메네스가 그 온건 노선 때문에 30인을 배반한 자로 크리티아스에 의해 고발되었을 때를 말한다.

19 테라스메네스는 기원전 411~410년의 과두정부 수립과, 404~403년의 과두정부(30인 참주정) 수립에 모두 관여했다. 테라메네스는 전자의 과두정부가 해체될 때도 역할을 했고 후자의 과두정부하에서는 30인의 크리티아스와 적대하다가 처형되었다.

마땅하게 벌을 받은 것이며, 민주정부하에서도 당연히 그런 벌을 받았을 것입니다. 그는 두 번이나 여러분을 예속시키면서, 기존의 (민주정치) 체제를 무시하고 존재하지 않는 것20을 희구하며, 가장 멋진 명분을 내걸고 지도자로 나서서 사악한 일을 행했습니다.

테라메네스에 대한 비난은 이것으로 충분하다고 봅니다. 이 79
로써 여러분에겐 마음에 용서와 연민 따위가 깃들 여지가 없으며, 여러분은 이제 에라토스테네스와 권력을 행사했던 그의 일당을 처단해야 하겠습니다. 도시의 적과 싸울 때 승리한 여러분이 여러분 자신의 적을 두고 투표할 때 약해지면 안 됩니다. 여러분은 그들이 앞으로 잘할 것이라는 말에 설득당하기 80
보다 이미 행한 것에 대해 더 분노해야 합니다. 부재(不在) 한 30인에 대해서는 분노하면서도 임석한 이들을 방면해서는 안 됩니다. 천운이 이들에 대한 처분권을 도시로 넘겨준 마당에, 여러분은 여러분 자신을 보호하는 데 천운보다도 더 못한 이가 되어서는 안 되는 것입니다.

에라토스테네스와 그 일당들은 비난을 받아야 하겠으나, 에 81
라토스테네스는 이들의 선동을 받아 행동했다는 구실로 자신을 변호하려 합니다. 이 소송은 도시와 에라토스테네스 각각에게 같은 의미를 갖는 것이 아닙니다. 그는 과거에 고소인임과 동시에 재판에 회부된 사람을 재판한 재판관이었으나, 지금 우리 양

---

20 과두정을 뜻한다.

82 측은 원고와 피고로 마주하고 있습니다. 이들은 아무 잘못도 없는 사람들을 재판도 없이 처형한 마당에, 여러분은 도시를 파멸로 몰아넣고, 또 여러분이 불법적으로 이들을 처벌한다 해도 이들이 도시에 대해 범한 죄에 비교하면 그 처벌이 여전히 불충분할 뿐인, 그런 사람들을 법에 따라 재판하는 것이 공정하다고 생각하십니까? 그들이 저지른 행위에 합당한 처벌이 되려면 그

83 들은 어떤 벌을 받아야 할까요? 만일 여러분이 그들과 그 자식들을 처형한다고 한다면, 그들이 재판도 없이 우리 아버지, 아들, 형제들을 살해한 데 상응하는 충분한 벌을 내린 것이 되겠습니까? 또는 여러분이 그들의 드러난 재산을 몰수한다면, 그들이 도시로부터 횡령한 모든 것에 대신하여 도시에 대한 보상이 되거나, 혹은 그들이 사저(私邸)에서 약탈한 것에 상응하여

84 그 피해자에 대한 보상이 되겠습니까? 이렇듯 여러분이 어떤 벌을 내리더라도 그들의 죄에 상응하는 벌을 충분히 줄 수가 없는 마당에, 이들에게 내릴 수 있는 종류의 형벌조차 내리지 않는 것은 여러분의 수치가 아니겠습니까?

제 소견에, 피해를 당한 사람들로 구성된 재판관들 앞에서, 자신의 악행을 증명하는 증인들 앞에서 자신을 변호하려고 이 자리에 나설 만큼 그는 뻔뻔한 것입니다. 그럴 정도로 그는 여러분을 경멸하거나 아니면 다른 믿는 구석이 있는 것이지요.

85 이 두 가지 가능성을 유념하십시오. 다른 협조자가 없었다면 일을 추진할 수도 없었을 것이고, 동시에 사람들에게 도움을 받을 수 있다는 기대가 없었다면 지금과 같이 감히 법정에 출

석하려는 엄두를 내지도 못했을 테지요. 사람들은 이들을 돕기 위해서 온 것이 아니고, 만일 여러분이 극악한 범죄자들을 잡았다가 방면한다면, 자신들의 과거 행적은 물론 앞으로 하려는 일에 대해서도 번번이 넘어갈 것이라고 생각하게 될 것입니다. 게다가, 그들 자신의 입장에 관련해서도, 훌륭하고 덕 있는 사람으로 자처하면서 자신의 덕이 이들의 악랄함보다 더 낫다고 여러분에게 호소할 것입니다. 저는 이들이 도시를 파멸시킨 것처럼 열심히, 사람들이 도시를 구하는 데 노력을 기울였으면 합니다. 그렇지 않으면 사람들은 변론술에 의지하여 변호를 하고 그 동료들의 행위를 가치 있는 것으로 포장하게 될 것입니다. 그러나 실로 그들 가운데 어느 누구도 여러분을 위해서 정의를 행한 자는 없었습니다.

86

여기서 이들(에라토스테네스 일당)을 옹호하는 증인들이 어떻게 스스로의 비행을 드러내는지 살펴볼 필요가 있습니다. 에라토스테네스와 권좌에 있던 그 일당 때문에 처형된 사람의 장례식을 치르는 것도 위험했던 그런 상황을 겪고도, 만일 그들이 민중 여러분을 설득하여 30인을 사면시킬 수 있다고 믿는다면, 그것은 그들이 여러분을 아주 건망증이 심하고 단순한 사람으로 보는 것입니다. 또 이들이 방면된다면 또 다시 도시를 파멸로 몰아갈 위험이 있습니다. 반면, 그들이 파멸로 몰아갔던 사람들은 목숨을 잃었지만 더 이상 적에 대해 보복도 할 수 없게 됩니다. 부당하게 죽은 자와 함께했던 친구들은 사라졌는데, 도시를 파멸시킨 사람들에게는, 이들을 도와주려는 사람들이

87

88

이렇듯 많은 것을 보니, 그만큼 많은 사람들이 그들의 장례식
89 에 올 것 같으니 그게 어불성설 아닌가요? 더구나 제가 확신하
는 것은, 그들이 저지른 행위에 대해 지금 변명하는 것보다 여
러분이 고통받은 사실을 가지고 그들을 반박하는 것이 훨씬 더
쉽다는 것이지요. 실로 그들의 주장에 따르면, 30인 중에서 에
라토스테네스가 끼친 해악이 가장 적으므로 무죄로 방면되어
90 야 한다고 합니다. 그러나 그는 다른 모든 헬라스인들보다 더
많은 해를 여러분에게 입혔으므로 그를 처형해야 하지 않겠습
니까? 여러분이 이 사건을 어떻게 바라보는지 말씀해 주십시
오. 여러분이 그에게 유죄를 선고한다면, 지난날 사건에 대해
여러분이 분노하고 있음을 드러내는 것입니다. 그러나 그를 풀
어준다면 여러분은 그들의 행동을 지지하는 사람들로 비칠 것
입니다. 그리고 여러분은 30인의 명령을 이행한 것이라는 말도
91 할 수가 없게 됩니다. 지금은 아무도 여러분의 판단을 거슬러
투표하도록 강요하지 않기 때문이지요. 그러니 제가 충고로서
드리는 말씀은 그를 놓아줌으로써 여러분 자신이 욕을 먹는 일
은 없도록 하자는 것이지요. 여러분의 투표가 비밀로 남아 있
을 것이라는 생각도 하지 마십시오. 여러분의 결정은 도시에
다 알려지게 될 것이니까요.

92   연단에서 내려가기 전에 저는 양측, 즉 도시(아테나이 도심)
와 페이라이에우스 각각에 관련한 몇 가지 사실을 상기시키려
합니다. 여러분이 투표를 할 때 이들 때문에 여러분이 겪었던
재난으로부터 교훈을 얻도록 하려는 것이지요. 먼저 여러분 모

두는 도시 편으로서 이 무리에 의해 가혹하게 지배되어 여러분의 형제, 아들, 동료 시민들에 대적하여 기묘한 싸움을 하게 되었습니다. 기묘하다고 하는 것은 그 싸움에서 패배하게 되면 여러분은 반대편 승리자들과 같은 권한을 갖게 되지만, 이기면 그들(사람들에게 강요한 아테나이 도심의 지배자들)의 노예가 되었을 것이기 때문입니다. 그들은 사업을 통하여 개인 저택을 **93** 증축한 반면, 여러분은 서로 반목하고 싸우느라 여러분이 가졌던 것이 더 줄어들었어요. 그들은 얻은 이익을 여러분에게 나누어주지 않았고, 그 치욕만 함께하도록 여러분에게 강요했어요. 여러분을 너무나 멸시하였으므로, 여러분의 충성에 보답하기 위해 그들이 얻은 이득을 함께하는 대신, 여러분이 그들에 대해 호의를 가졌다는 생각으로 수치스러운 사안에 여러분을 엮어 넣었지요. 상황이 바뀌어서 이제 여러분은 용기백배하 **94** 여 가능한 범위에서 여러분 자신과 페이라이에우스 측 모두를 위하여 복수를 할 수 있게 되었습니다. 여러분이 가장 악덕한 통치자에 의해 지배당한 사실을 기억하시고, 지금에야 여러분은 덕성 있는 사람들과 함께 통치를 받으며 적들과 싸우고 도시의 현안에 대해 토론하게 된 사실을 기억하십시오. 그리고 그들이 자신을 지배자로, 여러분을 예속민으로 만들기 위한 수비대로 아크로폴리스에 주둔시킨 용병21을 기억하십시오. 여 **95** 러분에게 말씀드리고 싶은 것들이 아직 많지만, 이제 그만하겠

---

21 스파르타에 의해 30인을 돕기 위해 파견된 700명 용병 수비대를 말한다.

습니다. 다른 한편, 페이라이에우스 측에 속했던 여러분께서는 모두, 우선 무기 관련 건을 기억하십시오. 외국에서 많은 전투를 치른 다음 여러분은 적이 아니라 바로 이들에 의해, 그것도 평화 시에, 무기를 빼앗겼습니다. 그런 다음 여러분은 여러분의 부친이 여러분에게 물려준 도시로부터 추방당했고, 또 여러분이 추방되어 있을 때 그들은 여러 도시로부터 여러분의

96 신병을 양도해달라고 요구했습니다. 그러니 추방되어 떠돌아다녔던 때처럼 여러분은 분노해야 하고, 또 이들로부터 여러분이 받은 또 다른 피해를 기억하십시오. 이들은 일부는 시장에서, 다른 일부는 신전에서 체포한 다음 처형했습니다. 또 다른 이들도 자식, 부모, 아내로부터 빼앗아 와서는 자살하도록 강요했고 관습적인 장례마저 허용하지 않았는데, 그것은 그들의

97 권위가 신의 응징보다 더 확실하다고 믿었던 것입니다. 죽음을 피한 많은 사람들은 여러 곳에서 위험에 직면했고, 많은 도시들로 유랑했으며 피신해 가는 곳마다 쫓겨났습니다. 생필품이 부족하여 적으로 변해버린 고향이나, 아니면 이방의 땅에 아이들을 남겨둔 채, 여러분은 많은 곤경을 무릅쓰고 페이라이에우스로 왔습니다. 많은 위기를 극복하면서 여러분은 진실로 용기 있는 인간임을 증명했으며, 한쪽을 해방시켰고, 다른 쪽 사람

98 들은 고향 땅으로 돌아오도록 했습니다. 만일 여러분이 운이 없어 이런 성과를 거두지 못했더라면, 그전 같은 고통을 당하지나 않을까 두려워하며 떠돌아다녔겠지요. 그리고 신전이나 사당은 범죄자들에게 피신처를 제공하는 곳이지만, 억울하게

쫓겨 다니는 여러분은 이들의 장난질로 그런 곳에서도 도움을 받을 수가 없었을 거예요. 또 여러분의 자식들 중 이곳에 있던 이들은 이들에 의해 불이익을 당하는 한편, 이방의 땅에 있던 이들은 모든 도움의 가능성으로부터 소외당하여 소액의 빚 때문에 예속되기도 했을 것입니다.

그러나 저는 이들이 실제로 행한 것도 다 말할 수가 없는 판   99
에, 일어날 뻔했던 일에 대해서는 말하지 않으렵니다. 그것은 한두 사람의 고소인이 아니라 다수가 해야 하는 일이지요. 그럼에도 저의 관심은, 그들이 팔았거나 아니면 스스로 들어감으로써 모독한 신전들, 그들이 격조를 손상한 도시, 허물어버린 무기고, 살아 있을 때 여러분이 보호하지 못했고 죽은 후에야 도움을 주었던 죽은 자를 위한 성심은 전혀 식지 않았습니다. 그들이 우리 이야기를 듣고 있으며, 여러분의 판결에 대해 알   100
게 될 것입니다. 그들이 보기에, 여러분 중에서 이들을 방면하는 사람은 그들(처형된 자들)을 처형하는 것이 되고, 마땅한 벌을 내리는 사람은 그들을 위해 복수하는 자가 된다고 생각할 것입니다.

이제 고소인의 변(辯)을 마치렵니다. 여러분은 듣고, 보고, 피해를 보았습니다. 죄인이 여러분의 수중에 있으니 결정을 내리십시오.

13

아고라토스의 고발 행위[22]를 비난하여

역자 해설

이 변론이 다루는 사건은 펠로폰네소스전쟁 말기 과두정(기원전 411~410년)과 30인 체제(기원전 404~403년)가 수립되던 혼란기에 발생했다.

아고라토스는 예속노동자(노예) 출신으로 완전한 시민권에 준하는 권리를 얻기 위해 노력했으나 결국 소기의 목적을 달성하지는 못했다. 이 변론을 통해 알 수 있는 정보에 따르면, 아고라토스는 이미 여러 가지 음모와 좋지 않은 일에 연루되어 있었다. 그는 스스로 400인의 일원이었던 프리니코스를 살해한 공로가 있다고 주장한다. 그리고 강화 협상에 훼방을 놓기 위해 음모를 꾸몄으며, 또한 자신의 동료를 주인에게 매도함으로써 자신의 죄를 면제받았다.

---

22 '엔데익시스'(*endeixis*, 혐의 내용이나 혐의자의 소재 등에 대한 정보 제공) 고발 조치로서, 이것은 프로볼레, 아포파시스, 아포그라페, 아파고게, 엔데익시스, 그라페 파라노몬 등 여러 고발 절차 가운데 하나였다. 이 책 부록 3 및 용어 해설 중 '엔데익시스' 항목 참조.

이 변론 관련 사건은 기원전 404년 아테나이와 라케다이몬인 사이에 강화가 성립될 무렵에 발생했다. 이 당시 아고라토스가 연대장(taxiarchos)인 디오니소도로스의 죽음에 연루되었다는 것으로 훗날 고발이 이루어지며, 이 나중의 고발이 이 변론의 직접적 계기가 된다.

사건 발생 당시 아고라토스가 테오크리토스에 의해 고발됨에 따라, 의회 위원들 여러 명이 아고라토스를 체포하려고 도시(아테나이 도심)에서 그가 있는 페이라이에우스로 내려갔다. 아고라토스는 무니키아[1]의 아르테미스 신전에 피신해 있었는데, 그때 그의 친구들이 그에게 바다로 망명할 것을 권했다. 그가 붙들려서 의회에 출석하게 되면 동료들의 이름을 대지 않을 수 없는 상황이 되리라고 생각했기 때문이다. 그러나 아고라토스는 이런 친구들의 제안을 거절하고 의회에 출석하여, 결국 디오니소도로스를 비롯해 역모에 가담한 것으로 간주된 모든 사람들의 이름을 넘기게 된다. 이때 아고라토스에 의해 밀고된 사람들은 체포, 구금, 고문 등을 당했다. 30인 체제가 강압적 체제로 전환되자 이들은 의회에 의해 사형선고를 받게 된다.

30인 체제가 붕괴된 지 4년 후인 기원전 389년, 디오니소도로스의 형제인 디오니시오스가 아고라토스를 고발했다. 아고라토스는 민중의 민회에 참가하여 사법권력을 행사했으며, 또한 디오니소도로스를 '아파고게'[2] 절차에 의해 체포·구금했다는 것이다. 이 변론은 디오니소도로스의 아내의 형제에 의해 재판정에서 발화된 것이다.

재판에서 아고라토스는 자신이 동료를 고발한 것은 의도적인 것이 아니라

1　페이라이에우스 동쪽 근교에 있는 요새이다.
2　'아파고게'(*apagoge*)는 현행범이나 기타 혐의가 있다고 생각되는 경우 11인 등 공직자나 민간인이 직접 혐의자를 체포 구인하는 절차를 말한다. 이 책 부록 3 및 용어 해설 중 '아파고게' 항목 참조.

어쩔 수 없는 상황에 의한 것이었다고 변명하나, 원고 측은 아고라토스가 해외 망명 자체를 거절한 행위 등 일련의 처사가 의도적인 것이었으며, 민주파의 지도자들을 없애고자 하는 과도파 혹은 참주파 일당의 사주에 적극적으로 협조했음을 강조한다.

아고라토스가 유죄 선고를 받게 되면 처형될 가능성도 있었으나, 재판 결과가 어떻게 났는지는 알려지지 않았다.

이 변론의 주요 관심은 〈30인에 속한 에라토스테네스를 비난하여〉와 유사한 점이 있다. 그러나 〈30인에 속한 에라토스테네스를 비난하여〉가 화자의 친지를 살해한 자에 대한 개인적 보복이 중심이 되고 그 정치적·사회적 배경은 부수적인 것이기 때문에 이 변론보다는 다루는 범위가 더 제한적이라는 점에서 두 변론은 차이점이 있다.

이 변론에서는 아고라토스의 주장에 대한 반론이 전개되는데, 피고의 의도적인 부당행위, 그 출신과 이력 등이 드러난다. 품성이나 성격은 묘사되지 않으나 혐의가 갖는 의미에 따른 소송 당사자의 감정이 잘 나타나 있다. 또한 그 당시 아테나이 역사에 대한 생생한 정보를 담고 있는 데서도 이 변론의 가치를 찾을 수 있다.

⚖

1   배심원 여러분, 민중 여러분에게 신실했으나 처형당한 사람들을 위해서 복수하는 것이 여러분 모두의 의무이며, 그것은 저에게도 마찬가지입니다. 디오니소도로스는 제게 매부인 동시에 사촌이었습니다. 아고라토스에 대해 제가 가진 만큼의 적의가 여러분에게도 있습니다. 그는 자신의 행위로 인해 당연히 저의 미움을 샀고, 또 신이 허용한다면, 여러분으로부터 마땅한 벌을 받아야 합니다.

2   그는 30인 치하에서 밀고자가 되어 저의 매부 디오니소도로스를 비롯해 다른 많은 사람을, 민중 여러분을 위해 신의를 지켰고 여러분도 그 이름을 들어 알고 있는 그런 사람들을 죽였습니다. 이렇게 그는 사적으로 저는 물론 친척들에게까지 큰 피해를 초래했고, 공적으로도 그렇게 이로운 사람들을 제거함으로써 도시 전체에 적지 않은 누가 되었습니다.

3   그러니 배심원 여러분, 제각기 할 수 있는 데까지 복수하는 것이 저와 여러분 모두에게 정당하고 신성한 것이라고 저는 생각합니다. 또 그렇게 함으로써 우리는 신과 사람들 앞에 더 당당해질 것입니다. 아테나이인 여러분, 여러분은 자

4   초지종 내막을 들으셔야 합니다. 첫째, 민주정이 어떻게 누구에 의해 전복되었는지, 둘째, 사람들이 아고라토스에 의해 어떻게 죽임을 당했는지, 나아가 죽음에 직면한 이들이 어떤 부탁을 했는지 하는 것입니다. 여러분이 이 모든 것들에 대해 정확하게 알 때만이 확실히 그리고 더 경건한 마음으로 여기 있

는 이 아고라토스에게 유죄선고를 내릴 수 있기 때문입니다. 그래서 설명하기에 가장 쉬우면서 여러분이 이해하기에 가장 쉬운 점부터 제가 말씀드리도록 하겠습니다.

여러분의 함대가 괴멸되고 도시 내부 상태가 더 부실해지면   5
서 오래가지 않아 라케다이몬인의 배가 페이라이에우스로 들
어왔고 그들과의 평화협정이 체결되었지요. 그즈음 도시에 변   6
혁을 도모하고자 하는 사람들이 행동에 들어갔습니다. 최적기
가 왔으므로 이때야말로 그들이 원하는 정치체제를 수립할 수
있다고 본 것이지요. 그런데 그들이 자신들에게 방해가 된다   7
고 간주한 것은 다름 아닌 민중의 지도자, 장군, 장교들이었습
니다. 그래서 그 목적을 쉽게 달성하기 위해 그 어떤 수단도 불
사하고 이들을 제거하기로 했습니다. 먼저 그들은 다음과 같
은 방법으로 클레오폰을 공격했습니다. 평화협정을 위해 민회   8
가 열리고, 각기 10스타디온에 이르는 장벽(長壁)3들을 허문
다는 조건으로 라케다이몬인이 평화조약을 맺으려 할 때, 아
테나이인 여러분, 여러분은 그런 조건을 받아들이려 하지 않
았을 때, 클레오폰이 일어나서 여러분을 지지하며 무슨 일이
있어도 그렇게는 할 수 없다고 반대의견을 냈지요. 그러자 민   9
중 여러분에게 적대적이었던 테라메네스가 일어나서 말하기
를, 만일 여러분이 자신을 평화협상을 위한 전권사신으로 임
명한다면 성벽도 허물지 않고 도시에 다른 어떤 불이익을 초래

---

3   페이라이에우스 항구에서 아테나이 시내까지 연결된 장벽이 두 개 있었다.

함도 없이 사태를 해결하고 오겠노라고 했어요. 그리고 그의 소견에 그 밖에도 도시에 이익이 되도록 라케다이몬인에게 양해를 구할 수 있을 것이라고 했지요. 여러분은 그 말에 넘어가서 그를 전권대사로 임명했어요. 그런데 사실 그는 그 1년 전에 장군으로 선출되었으나 여러분이 그를 여러분 민중에게 신실하지 않다고 판단하여 자격심사에서 탈락시켰던 사람입니다. 아무튼 그는 라케다이몬으로 가게 되었고, 포위상태에 놓여 있던 여러분을 방치한 채 그곳에서 오랫동안 머물렀어요. 전쟁과 그로 인한 재난 때문에 민중 여러분은 생필품조차 부족하여 곤경에 처해 있음을 알고 있었는데도 말입니다. 실제로 그가 여러분을 궁지로 몰아넣은 것처럼 여러분이 궁지에 몰리게 되면 어떤 조건으로도 기꺼이 강화할 것이라고 그는 예상했던 것이지요. 한편, 이곳에 남아서 민주정을 전복하려 한 사람들은 클레오폰을 고소했습니다. 그 구실은 클레오폰이 일신의 안락을 기하여 군대로 들어가지 않았다는 것이었지만, 사실은 여러분 편을 들지 않고 장벽을 허무는 데 반대했기 때문이었지요. 이렇게 그들은 재판을 열었고, 과두정 지지자들이 법정으로 들어와서는 그 같은 핑계로 클레오폰을 처단했지요. 그 후 테라메네스가 라케다이몬에서 돌아왔습니다. 장군과 장교들 중에 스트롬비키데스, 디오니소도로스를 포함한 몇 명, 그리고 나중에 증명되었듯이, 여러분에게 호의적이었던 시민들 가운데 또 다른 이들이 그에게 가서 강력하게 항의했습니다. 테라메네스가 우리가 익히 들어 숙지하고 있던 그런 평화조약을

맺어 왔기 때문이었지요. 우리는 많은 수의 훌륭한 시민들을   14
잃게 되고 우리 자신도 30인에 의해 추방되었어요. 10스타디
온 길이의 장벽만 허문다는 조항 대신에 그 전체를 허물도록
했고, 또 다른 혜택을 도시에 가져온 것이 아니라 배를 라케다
이몬인에게 양도하고 페이라이에우스 주변의 성벽도 허물어
버렸지요. 사람들은 말로는 평화조약을 맺는다는 것이었지 실   15
제로는 민주정이 해체된다는 사실을 깨닫고는 그런 것들에 반
대했습니다. 그것은, 아테나이인 여러분, 단순히 성벽이 허물
어지는 데 대한 연민이나, 함대가 라케다이몬인에게 넘어가는
데 대한 안타까움이 아니었어요. 여러분 개개인과 마찬가지로
그들 자신도 그런 것에 미련을 갖지 않았거든요. 문제는 이런   16
방식으로 민주정 자체가 전복될 수 있다는 사실을 알고 있었던
것이지요. 일부가 주장하는 바와 같이 그들이 평화조약 체결
에 관심이 없었던 것은 아니고요. 다만 아테나이 민중을 위해
그보다는 더 나은 조건으로 평화조약을 체결하려고 했던 것이
었어요. 그들은 그런 것을 할 수 있다고 믿었고, 만일 그들이
여기 있는 이 아고라토스에 의해 처형되지만 않았더라면 성공
할 수도 있었던 것이지요. 테라메네스와 함께 여러분을 음해   17
하던 또 다른 이들은 민주정체 전복을 방해하고 자유를 수호하
기 위해 저항하려는 사람들이 있다는 것을 깨닫게 되었어요.
그래서 민회에서 강화에 대해 논의하기 전에 이들을 먼저 고소
하고 추달함으로써 결국 민회에서는 민중 여러분 편을 들어서
반대하는 사람이 아무도 없도록 만들기로 작정했어요. 그래서

18 　그들은 다음과 같이 음모를 꾸몄지요. 그들은 그전에 서로 교류한 적이 전혀 없었던 아고라토스를 끌어들여서 장군과 지휘관들을 고발하도록 했어요. 아테나이인 여러분, 제 소견에는, 그런 막중한 일을 꾸미면서 그들이 바보 같거나 아니면 친구가 없어서 그를, 예속노동자인 것은 물론 예속노동자 태생이기도 한 그를 신실하고 협조적인 동료로 보고 부른 것은 아니고, 그

19 　저 고발인으로서 이용가치가 있다고 보았을 뿐입니다. 그들이 기대했던 것은, 고소가 더 신빙성 있는 것처럼 보이도록, 그 (아고라토스)가 원해서가 아니라 어쩔 수 없이 고소한 것처럼 비치게 할 셈이었어요. 그런데 그는 능동적으로 했고, 여러분도 사건의 전모를 통해 그 점을 파악했을 것이라고 저는 봅니다. 그들이 '엘라포스틱토스4의 아들'로 불리는 테오크리토스를 의회로 보냈는데, 그는 아고라토스의 동료이며 친구였습니다.

20 　30인 체제가 들어서기 전의 의회도 부패하고 과두정체 지향적이었습니다. 그 증거는, 여러분도 주지하듯이, 그 의회의 다수가 30인 체제하에서 열린 그다음 의회에서도 의석을 차지했단 사실입니다. 제가 이런 말씀을 여러분에게 드리는 이유가 무엇이겠습니까? 그 의회에서 가결된 조령은 모두 여러분을 위한 것이 아니라 민주정을 전복하기 위해 기획된 것이라는 점을 깨달으시라는 것, 그리고 그들이 가진 이런 모습에 유념

4 　사슴 표식으로 이방인이거나 예속노동자 출신을 뜻하는 출생 표시 혹은 문신을 말한다.

21

하시라는 것입니다. 테오크리토스가 의회에 들어와서 닫힌 문
뒤에 서서는, 약간의 사람들이 규합하여 새로운 체제의 수립
에 반대하고 있다고 밀고했습니다. 그러나 그(테오크리토스)는
자신이 그들과 함께 맹세로 얽혀 있어서 그 이름을 알려줄 수
는 없다며, 다만 그들 중에 이름을 밀고하려는 자들도 있긴 하
지만 자신은 절대 그렇게 하고 싶지 않다고 했습니다. 그런데
그 정보가 조작된 것이 아니라면, 의회는 어떻게 테오크리토
스로 하여금 이름도 제공하도록 강요하지 않고 이름도 없는 밀
고를 접수한단 말입니까? 그러나 실제로 그들이 통과시킨 조
령은 다음과 같습니다.

조령

이 조령이 통과되자 의원들 중 뽑힌 사람들이 아고라토스를 찾
기 위해 페이라이에우스로 내려갔습니다. 그들은 시장에서 그
를 발견하고 끌고 가려고 했습니다. 그 자리에 니키아스, 니코
메네스와 또 다른 이들이 있었는데, 이들은 도시(아테나이 도
심)의 상황이 썩 바람직하게 돌아가지 않은 것을 알고는 아고
라토스가 붙들려가도록 방관하고만 있지는 않겠다고 했습니
다. 그리고 아고라토스를 해방하여 서약을 한 다음 의회로 그
를 데려가겠다고 약속을 했지요. 의원들은 서약을 한 사람들
과 방해한 사람들의 이름을 분명하게 적어 기록을 남기고는 도
시(아테나이 도심)로 돌아왔습니다. 아고라토스와 보증인은 무

니키아5 제단에 앉아서 대책을 논의했습니다. 보증인은 물론 또 다른 모든 사람은 가능한 한 신속하게 아고라토스가 사라져서 보이지 않도록 해야겠다고 결정했습니다. 그래서 배 두 척

25 을 마련하여 무조건 아테나이를 떠나달라고 부탁하고, 사건이 해결될 때까지 그들 자신이 그와 동행할 것이라고 그에게 말했습니다. 만일 아고라토스가 의회에 출석하면 고문을 받을 것이고, 그렇게 되면 도시에서 음모를 꾸미는 사람들이 노리고 있는 아테나이인들의 이름을 대라는 강요를 그가 받게 될 거라

26 는 것이었죠. 그들이 이렇게 아고라토스에게 부탁을 하면서 배를 준비하고 그들 자신이 그 뱃길에 동행할 것이라고 했으나, 아고라토스는 그 말을 따르려 하지 않았습니다. 아고라토스여, 만일 당신이 해를 입지 않을 것이라는 어떤 사전 언질을 받지 않았더라면, 배도 준비되고 또 보증인들이 여행길에 당신을 동행하겠다고 하는 판에, 어떻게 떠나지 않을 수가 있단 말이오? 아직 의회가 당신을 체포한 상태도 아니어서 떠날 수

27 가 있었는데도 말이오. 더구나 당신은 당신 친구들과 같은 처지도 아니었소. 무엇보다 그 친구들은 아테나이인(시민)들이라 고문을 당할 염려가 없었소. 그리고 그들은 조국을 떠나서 당신의 여행길에 동행하려고까지 했소. 그렇게 하는 것이 당신으로 인해 많은 선량한 시민들이 파멸되는 것보다 낫다고 생각했기 때문이지요. 그렇지 않고 당신이 그곳에 그대로 있다

---

5 무니키아에는 아르테미스 제단이 있다.

면 무엇보다 고문을 당할 위험이 있었고, 그다음에 당신은 사 실 고향 땅을 떠나는 것도 아니지 않소. 이렇게 여러 면에서 보 아, 당신이 떠나는 것이 그들보다 당신 자신에게 더 유리한 것 이었어요. 만일 당신이 어떤 다른 믿는 구석이 없었다면 말이 오. 당신은 의도적으로 많은 선량한 아테나이인을 죽음으로 몰아넣고는, 이제 와서 정작 어쩔 수 없었던 상황처럼 가장하 고 있는 것이오. 내가 진술한 모든 사실이 조작된 것이라는 사 실에 대해 증인들이 있을 뿐 아니라, 의회의 조령 자체가 당신 의 유죄를 증명할 것이오.

28

증인들 · 조령

이 조령이 통과된 다음 의회에서 파견된 사람들이 무니키아로 오자, 아고라토스가 자진하여 제단에서 일어나서 나와 놓고는 지금에 와서는 강제로 끌려나왔다고 말하는 것이죠. 그와 같 이 있던 사람들이 의회 앞으로 불려나오자 아고라토스는 제일 먼저 자신의 보증인들의 이름, 그다음 장군들과 지휘관들, 또 다음에는 다른 몇몇 시민들의 이름을 밀고했지요. 모든 질곡 은 여기서 시작되었습니다. 그가 사람들을 밀고한 사실은 그 자신도 인정할 거예요. 그렇지 않으면, 제가 그를 현장범으로 고소할 것이에요. (아고라토스를 향해) 그러니 당신은 내게 대 답을 하도록 하시오.

29

30

31 그런데 배심원 여러분, 그들(의원들)은 그(아고라토스)가 더 많은 이의 이름을 밀고하기를 원했어요. 이렇듯 의회는 악행을 저지르려고 단호히 작심했을 뿐, 그들도 아고라토스가 밀고하는 사실이 다 진실이라 믿었던 것은 아니었습니다. 실로 그는 강요

32 당하지 않았는데도 모든 이를 자발적으로 밀고했어요. 민회가 무니키아의 극장에서 열렸을 때, 일부 사람들은 민중 앞으로 장군과 지휘관들을 고자질하는 데 너무나 열을 올려서 — 다른 이들에 대해서는 의회 앞으로 고발하는 데 그쳤습니다만 — 아고라토스를 그곳 민중 앞으로도 나오도록 했습니다. (아고라토스를 향해) 내게 대답해보시오, 아고라토스여. 당신이 전체 아테나이인들 앞에서 행한 짓을 부인하지는 않으리라고 나는 믿소.

질문

33 그가 스스로 사실을 인정하고 있습니다. 그에 더하여 민중의 조령들도 소개해드리겠습니다.

조령

아고라토스가 이들의 이름을 의회와 민중 앞에 밀고했고 또 그들의 살해자라는 사실을 여러분이 충분히 이해하셨으리라고

저는 생각합니다. 게다가 그는 도시에서 발생한 모든 질곡의 원흉이며, 누구도 그에 대해 연민을 할 필요가 없다는 점을 제가 간추려서 여러분께 말씀드리겠습니다. 사람들이 체포되어 투옥된 것은 바로 리산드로스가 여러분의 항구로 들어오고 여러분의 함선이 라케다이몬인들에게로 넘어갔으며, 성벽이 허물어지고 30인 체제가 수립되며 온갖 가공할 사태가 있는 대로 다 벌어지던 때였습니다. 30인 체제가 수립되자 30인은 바로 이들에 대한 재판을 의회 앞으로 회부했어요. 그러나 민중이 결정한 법에 따르면 그것은 '2,000인 법정'으로 보내야 하는 것이었죠. 저를 위해 조령을 읽어주십시오.

조령

만일 이들이 이 (2,000인) 법정에서 재판을 받았더라면 무난하게 환난을 피할 수 있었을 거예요. 당시 여러분은 모두 어떻게 타개할지 방법을 찾지 못했을 뿐, 도시를 덮친 재난에 대해 잘 알았거든요. 그러나 결국 그들은 30인이 주관한 의회 앞으로 가게 되었어요. 거기서 진행된 재판은 여러분이 잘 아시는 대로 진행되었어요. 30인은 요즈음 대표행정부 당번(프리타네이스)6들이 앉는 자리에 앉아 있었어요. 그들 앞에는 탁자 두 개가 놓여 있었고, 그 위에 여러분이 투표 패(牌)를 가져다놓도

34

35

36

37

6　이 책 용어 해설 중 '프리타네이스' 항목 참조.

록 했어요. (안 보이는) 항아리 속이 아니라 훤히 다 보이는 탁자 위에 말이죠. 그것도 유죄선고 투표는 그중 더 뒤쪽7에 있는 탁자 위에 놓아야 했어요. 그런 상황에서 도대체 그들 중 누가 목숨을 건질 수가 있겠습니까? 한마디로, 그곳 의회장으로 들어가서 재판을 받은 사람들은 거의 다 사형선고를 받았습니다. 여기 있는 아고라토스 외에는 살아남은 사람이 없어요. 그는 그들의 은인으로 풀려난 것이지요. 이 아고라토스에 의해 얼마나 많은 사람이 처형되었는지를 여러분이 아시도록 그들 이름을 읽어드리도록 하겠습니다.

호명

그때, 배심원 여러분, 사형선고가 내려지고 처형의 순간을 맞은 사람들은 누이, 어머니, 아내, 또 다른 가까운 여성에게 전갈을 보내서 감옥으로 오도록 청했어요. 처형되기 전에 이들과 마지막 작별인사를 하려 했던 것이지요. 특히 디오니소도로스는 저의 누이이기도 했던 그의 아내를 감옥으로 오도록 불렀어요. 전갈을 받은 그녀가 검은 옷을 입고 나타났을 때, 자신의 남편에게 닥친 이런 불행 앞에서 당연히 그러하듯이 … 8

---

7   투표하는 사람들 측에서 보면 더 뒤쪽에 있고, 30인 측에 더 가까운 탁자라는 뜻으로 볼 수 있다.
8   슬픔을 표하는 행위에 관련한 것으로 추정되는 몇 개 글자가 누락된 상태이다.

디오니소도로스는 저의 누이 앞에서, 적절하다고 여기는 방식   41
으로 재산을 처분한 다음, 자기를 죽인 것이 아고라토스라고
말하고, 저와 여기 있는 그의 형제인 디오니시오스, 그리고 그   42
의 모든 친구들에게 부탁하기를, 자신을 위해 아고라토스에게
복수를 해달라고 했어요. 또 아내가 자신의 아이를 잉태하고
있다고 생각한 그는 만일 사내아이가 태어나면 아고라토스가
그 아버지의 목숨을 앗아간 사실을 말해주고 살인을 범한 그에
게 아버지를 위한 복수를 해주도록 아들에게 말을 전해달라고
그녀에게 부탁했습니다. 제 진술이 진실임을 밝히기 위해서,
이런 사실들에 대한 증인을 소개하겠습니다.

증인들

아테나이인 여러분, 이들은 이렇게 아고라토스의 고발에 의해   43
목숨을 잃었습니다. 30인이 이들을 제거하고 난 다음, 제가 보
기에 여러분도 주지하시는바, 여러 가지 재난이 도시를 덮쳤어
요. 그 모든 책임이 사람들의 목숨을 앗아간 바로 이자에게 있
습니다. 실로, 도시에 닥친 재앙을 상기하는 것조차 제게는 괴   44
로운 일이지만, 배심원 여러분, 지금 제가 언급하지 않을 수가
없는 것이, 아고라토스에게 어느 정도 연민을 해야 하는지를 여
러분이 알아야 할 것이기 때문이지요. 여러분은 살라미스에서
데려온 시민들의 인품과 숫자, 그리고 그들이 30인에 의해서
어떻게 처형되었는지를 알고 있지요. 엘레우시스에서 온 많은

사람들도 같은 불행을 겪었다는 사실도 알고 있지요. 또 이곳에
45 있던 사람들도 사적인 원한 때문에 투옥되었고요. 도시에 아무
런 해도 끼치지 않은 사람들이 가장 수치스럽고 가장 불명예스
러운 죽음으로 내몰렸습니다. 그중에 어떤 이는 노후에 자식들
에게 봉양을 받은 다음 죽으면 또 그들 손에 의해 무덤에 묻히기
를 기대하는 노부모를 뒤로 했고요. 또 어떤 이는 미처 결혼하
46 지 않은 누이를, 또 어떤 이는 아직도 보살펴주어야 하는 아이
들을 뒤에 남겼지요. 배심원 여러분, 그들이 이 사람(아고라토
스)을 본다면 어떤 느낌을 가졌을 것이며, 이 사람 때문에 가장
사랑하는 이들과 이별하고 죽어간 사람들이 결정권을 가진다면
어떤 결정을 했을 것이라고 여러분은 생각하십니까? 또 여러분
이 염두에 두실 것은, 어떻게 성벽이 허물어져내렸고, 전함이
적에게 양도되었으며, 조선소가 폐쇄되고 라케다이몬인이 우
리 아크로폴리스를 점령했으며, 모든 도시의 힘이 마비됨으로
47 써, 이 도시가 가장 쓸데없는 것으로 전락하게 되었는지 하는
것입니다. 그 밖에도 여러분은 사유재산을 잃었고, 급기야 여
러분 모두 30인에 의해 예기치 않게 조국 땅에서 쫓겨났습니다.
48 배심원 여러분, 신실한 사람들은 이런 상황을 파악하고 강화에
동의하지 않았습니다. 그러나 당신(아고라토스)은 도시에 선을
행하려 하는 자들을 여러분 민중을 음해하는 것으로 밀고하여
죽이고, 이 도시에 발생한 모든 재난의 원흉이 되었습니다. 그
러니 이제 여러분 각각이 사적으로 당한 불행은 물론 도시가 당
49 한 환난을 기억하시고, 그 원흉을 벌하십시오.

제가 곤혹스러워하는 것은, 배심원 여러분, 그가 여러분 앞에서 감히 자신을 변명하려고 한다는 점입니다. 그는 이들을 고발하지 않았으므로 이들의 죽음에 책임이 없다는 것을 증명해야 하나, 절대로 그렇게 할 수 없습니다. 무엇보다, 그의 유 50 죄를 증명하는 것으로 의회에서 발표된 조령이 있습니다.

조령들 · 결정

이렇듯 그는 고발한 적이 없다는 사실을 증명할 방법이 없습니 51 다. 그러니 그가 증명할 것은 이들(처형된 자들)이 여러분의 이익을 배반하여 교활하고 부당하게 음모하는 것을 보고 정당하게 고발했다고 하는 것이겠지만, 그는 이마저도 할 수가 없습니다. 제가 보기에, 만에 하나 아테나이 민중을 음해하려 한 경우, 30인이 민주정이 전복될까 봐 염려하고 민중을 위하여 이들을 처형할 리는 없는 것이죠. 제가 보기에는 바로 그 반대가 되는 것이에요.

혹은 그가 이 모든 악랄한 행위들을 어쩔 수 없이 행하게 되 52 었다고 말할 수도 있겠죠. 그러나 제가 보기에, 배심원 여러분, 어떤 이가 자신의 뜻에 반하여 여러분에게 아무리 큰 해악을 끼친다 해도 그(아고라토스)보다 더할 수는 없는 것이므로, 여러분은 자신을 보호하지 않을 이유가 없는 것입니다. 여러분이 유념하셔야 할 사실이 몇 가지 더 있습니다. 여기 있는 아고라토스는 의회로 붙들려가기 전, 무니키아 신전에 앉아 있

을 때 이미 안전하게 피신할 수가 있었어요. 배가 준비되었고
53   그 보증인들도 그와 함께 떠날 준비가 되었으니까요. 또 아고
라토스 당신은 그들의 충고를 받아들여 그들과 함께 떠날 수가
있었고, 자의든 타의든 그렇게 많은 아테나이인을 죽이지 않
아도 되었던 것이죠. 그러나 상응한 대가를 약속한 사람들에
게 팔려서 당신은 장군과 장교들의 이름만 밀고를 해도 그들에
게 상당한 대가를 받을 수 있다고 믿었을 거요. 그러니 당신은
우리에게도 아무런 양해도 얻을 수가 없게 되었소. 당신이 죽
인 사람들이 당신으로부터 아무런 양해를 얻지 못했듯이 말이
54   죠. 타소스 출신 히피아스와 쿠리온 출신 크세노폰이 이 아고
라토스와 같은 죄목으로 의회에 소환되어 처형되었을 때, 크
세노폰은 고문을 받았고, 히피아스는 … 9 30인이 보기에 이들
은 살려줄 만한 가치가 없었던 게지요. 아테나이인 한 사람도
부당하게 밀고하여 죽이지를 않았으니까요. 그런데 아고라토
스는 석방되었어요. 가장 귀한 것(밀고)으로 그들(30인)에게
봉사했다고 본 것이지요.

55   제가 알기로, 그는 이들 인명 명단 중 일부는 메네스트라토
스가 밀고한 것으로 돌렸습니다. 그러나 메네스트라토스의 형
편을 말하자면 다음과 같았어요. 그는 아고라토스에 의해 밀
고되어 체포·구금되었습니다. 메테스트라토스와 같은 마을
사람인 암피트로페의 하그노도로스는 30인 가운데 하나였던

---

9   이곳은 원문이 누락되었다.

크리티아스의 친척이었죠. 무니키아의 극장에서 민회가 열렸을 때, 하그노도로스는 메네스트라토스의 목숨도 구하고 또 인명 목록에 근거해 가능한 많은 사람들을 파멸시키려는 이중의 목적을 가지고 메네스트라토스를 민중 앞으로 나오게 했고, 거기서 다음과 같은 조령하에 그의 사면을 얻어냈습니다.

조령

이 조령이 통과되자 곧 메네스트라토스는 밀고자가 되어 이미 56
명단에 올라 있는 사람들에다 더 많은 사람의 이름을 추가했습니다. 30인은 여기 있는 아고라토스에게 그랬듯이 그를 살려 주고 그가 밀고한 명단을 진실인 것으로 받아들였습니다. 그러나 오랜 세월이 흐른 뒤 여러분은 그를 살인자로 재판에 회부하여 어김없이 사형을 언도한 다음 사형집행인에게 넘겨 처형했습니다. 그가 처형되었으므로, 아고라토스도 공평하게 57
처형되어야 할 것입니다. 왜냐하면 아고라토스가 먼저 메네스트라토스를 밀고했으므로, 그의 죽음에 책임이 있기 때문입니다. 한편 메네스트라토스에 의해 밀고당해 피해를 본 사람들에 관련해서는, 그를 그런 지경에 몰아넣은 사람(아고라토스)보다 더 큰 책임을 질 사람이 누가 있겠습니까?

제 소견으로는, 그(아고라토스)의 행위는 콜레이스10의 아리 58

---

10 콜레이스는 히메토스산 남쪽 기슭이다.

스토파네스[11]와 달랐습니다. 아리스토파네스는 그의 보증인이 되어주었고, 무니키아에서 배들을 마련한 다음 그와 함께 출항하게 되었습니다. 이렇듯, 그(아리스토파네스)와 함께하는 한 안전했으며, 어떤 아테나이인도 파국을 맞지 않았을 것이고, 당신 자신도 위험에 직면할 일도 없었을 것입니다. 그러나 당신은 무모하게도 당신을 도와주는 사람을 밀고하고 그와 함께 다른 보증인들도 죽음으로 몰아넣었습니다. 순수 아테나이인 혈통이 아니었던 몇몇 사람이 그를 고문하려고 민중을 선동하여 다음과 같은 조령을 통과시켰습니다.

조령

60 그런데 형 집행을 맡은 사람들이 아리스토파네스에게 와서는 다른 사람을 고발함으로써 스스로의 목숨을 구하여, 이방인 법정에 서서 극형을 당하는 위험을 피하는 것이 좋겠다고 설득을 했어요. 그러자 그는 절대로 그런 짓은 하지 않겠노라고 대답했지요. 그렇게 그는 투옥된 사람들, 그리고 그 자신의 죽음을 택할지언정 그가 부당하게 밀고하여 파멸시키지 않았던 아테나이 민중, 양측 모두에게 신실했습니다. 이런 성품을 가졌던 그는 당신(아고라토스)이 그를 파멸시키려 할 때도 마찬가

---

11 아리스토파네스는 아고라토스의 밀고에 의해 처형되는 순간 자신이 살기 위해 다른 시민들을 밀고하는 행위는 하지 않았다.

지였어요. 그러나 당신은 그런 사람들에 대해서는 전혀 양해
하는 바가 없었고, 만일 그들이 제거되면 새 정부에서의 자리
를 주겠다는 유혹에 넘어가서 많은 선량한 아테나이인들을 밀
고하여 처형당하도록 했던 것이죠.

저는, 배심원 여러분, 아고라토스가 여러분으로부터 제거   62
했던 사람들의 성품을 소개하려고 합니다. 그들의 수가 많지
않았다면 각각이 따로 말씀을 드렸겠으나, 수가 많으므로 묶
어서 말씀을 드리겠습니다. 일부는 여러분을 위해 장군으로
수차례 복무하여 더 훌륭한 도시를 후임 장군들에게 물려주었
습니다. 또 일부는 다른 고위 공직을 맡아 봉사하고 많은 삼단   63
노전선주들이 되어 거액의 비용을 부담했으며, 한 번도 여러
분으로부터 명예롭지 못한 비난을 받은 적이 없습니다. 그들
중 일부가 살아남아서 돌아왔는데, 그(아고라토스)가 이들을
죽이고자 사형선고를 내리려 했지요. 그러나 운명과 정령(다
이몬)의 도움으로 그들은 이곳에서 달아나 잡히지 않았고 판결
을 모면했습니다. 이들은 마침내 필레12에서 돌아옴으로써 여
러분에게 용감한 사람이라고 존경을 받습니다.

이런 것들이 바로 아고라토스의 사주로 처형되거나 추방된   64
사람들의 품성입니다. 그런데 아고라토스는 어떤 사람인지 아

---

12 30인 참주정 시기 추방되었던 민주파들이 아테나이 도심으로 들어올 때 먼저 필레
에 집결했다가 페이라이에우스 항구로 내려간 뒤 다시 북상하여 아테나이 도심으
로 들어왔다.

십니까? 그는 예속노동자(노예)였고 태생부터가 그러하다는 사실을 아셔야 합니다. 도대체 어떤 사람이 여러분을 질곡으로 몰아넣었는지를 이해하시려면 말입니다. 그 아버지는 에우마레스였는데, 그는 니코클레스와 안티클레스의 수하에 있었습니다. 증인은 저를 위해 올라와주십시오.

증인

65(67) 배심원 여러분, 이 사람 아고라토스에게는 네 명의 형제가 있습니다. 그중 맏이는 시켈리아에서 적과 내통하여 체포되었고, 라마코스의 명령으로 고문대[13] 위에서 처형되었습니다. 두 번째 형제는 우리 도시에서 예속노동자를 유괴하여 코린토스로 빼돌렸고, 또 그곳의 어느 가정에서 소녀를 유괴하려다 체66(68) 포당해, 투옥되었다가 처형되었습니다. 세 번째 형제는 이곳에서 파이니피데스에 의해 노상강도로 체포되었고, 여러분의 재판정에서 재판하여 사형을 선고하고 십자가형을 받도록 했습니다. 제가 진실을 말씀드린다는 것은, 제 소견으로는, 그도 인정하고 있는 바이니, 다음과 같이 증인들을 소개합니다.

---

13 고문을 하기 위한 기구를 뜻하는데, 십자가형 같은 것으로 추측되기도 한다.

증인들

지금, 배심원 여러분, 아고라토스와 그 형제들이 저지른 다른 67(65)
악행과 비행을 다 열거하자면 말이 길어질 것입니다. 그가 사
적 소송으로 제기한 험담 관련 사건, 혹은 그가 제기한 탄핵과
밀고에 관련하여 제가 상술할 필요는 없겠습니다. 한마디로
여러분은 모두 민회에서나 재판소에서나 그의 비열한 험담 행
위에 대해 유죄선고를 내렸고 1만 드라크메의 벌금을 매겼습
니다. 그래서 이 사실은 여러분 모두에 의해 확실하게 증명된 68(66)
것입니다. 또 그런 인성을 가진 그가 우리 시민들의 아내를 농
락하고 타락하게 하려 하다가 간통으로 체포되었어요. 그런
범죄에 대한 벌은 사형입니다. 제 진술의 진실함에 대해 증인
들을 소개합니다.

증인들

그러니 이 사람에게 유죄선고를 내리는 것이 여러분 모두에게 69
부여된 의무가 아니겠습니까? 그 형제 각각이 한 가지 범죄만
으로도 처형감인 것으로 보인다면, 공적으로는 도시에 대해,
그리고 사적으로는 여러분 각각에 대해 여러 가지 범죄, 그것
도 우리 법에 따르면 그 하나하나의 범죄가 각기 사형에 해당
하는 그런 범죄를 저지른 사람은 여러분에 의해 무조건 사형에
처해져야 합니다.

70   배심원 여러분, 그는 400인 정체에서 그(아고라토스)가 프리
니코스를 죽였고, 또 그 공로로 아테나이 민중이 그에게 시민
권을 부여했다고 말하면서 여러분을 속이려 합니다. 그러나
배심원 여러분, 그것은 거짓말입니다. 그는 프리니코스를 죽
인 적도 없고, 아테나이 민중이 그에게 아테나이 시민권을 부

71   여한 적도 없기 때문입니다. 프리니코스를 없애려고 공모한
것은, 배심원 여러분, 칼리돈의 트라시불로스와 메가라 출신
아폴로도로스였습니다. 이들이 길을 걸어가던 프리니코스를
발견하자, 트라시불로스는 그를 때려서 넘어뜨렸고, 아폴로
도로스는 그에게 손을 대지 않았어요. 그런 가운데 고함 소리
가 나자 그들은 달아나버렸습니다. 그러나 여기 있는 아고라
토스는 합세하도록 요청을 받은 것도 아니고 그 자리에 있었던
것도 아니며, 그에 관해 아는 바도 없습니다. 제 말이 사실인
점을 조령 자체가 여러분에게 증명할 것입니다.

조령

72   그(아고라토스)가 프리니코스를 죽이지 않았다는 사실은 조령
자체에서 드러납니다. 여기 어디에도 아고라토스가 트라시불
로스와 아폴로도로스처럼 아테나이인이 되었다는 말이 없습니
다. 그런데 만일 그가 프리니코스를 죽였다면, 트라시불로스
처럼 그런 기념비에 아테나이인이 되었다는 것이 나타나야만
하는 것입니다. 그런데도 이들은 제안자(*rhetor*)를 매수하여

기념비에 시혜자로 기록되도록 했습니다. 제 말이 진실이라는
것은 다음 조령에서 드러납니다.

조령

이렇듯 그가 여러분을 깔보고 아테나이인도 아니면서 재판정   73
과 민회에 참가하고, 또 온갖 종류의 고발을 하면서 자신의 이
름을 '아나기라' 출신으로 표시했습니다. 또 그가 아테나이인
이 되었다는 사실의 근거로서 프리니코스를 죽였다고 주장하
는데, 저는 그것이 사실무근임을 보여주는 증거들을 가지고
있습니다. 프리니코스는 400인 체제를 수립했고, 그가 살해된
다음 400인 가운데 다수가 달아났지요. 30인과 당시 개회 중   74
에 있던 의회는 그 구성원들 모두가 400인 중 도주했던 바로
그 사람들이었는데, 그들(30인)이 자신의 손아귀에 들어와 있
는 프리니코스의 살해자에 대해 프리니코스를 위한 복수, 동
시에 여러분이 추방당한 사실에 대해 복수를 하지 않고 그를
무죄 방면했을 것이라고 여러분은 믿습니까? 만일 아고라토스   75
의 말이 사실이라면, 저는 그들(30인)이 아고라토스에게 복수
했을 것이라고 봐요. 제가 주장하는 대로, 그런 사실이 없는데
도 그가 프리니코스의 살해자인 것처럼 행세한다면 천부당만
부당하지요. 만일 아고라토스 당신이 그렇지 않고 실로 프리
니코스를 죽였다고 주장한다면, 30인들 앞에서 프리니코스의
죽음에 대한 책임을 속량하려고 아테나이 민중에게 더 큰 해악

을 끼쳤던 것이 분명합니다. 만일 당신이 아테나이인에게 치명적이고 돌이킬 수 없는 해를 끼치지 않았다면, 프리니코스를 죽이고도 30인에 의해 방면된 사실은 누구에게도 설득력을 갖지 못할 것이기 때문이지요. 그래서 여러분은 만일 그(아고라토스)가 프리니코스를 죽였다고 주장한다면, 제 말을 기억하셔서 거짓인 줄로 아시고, 그가 한 행위에 대해서 처벌하십시오. 반면, 또 만일 그가 프리니코스를 죽인 사실이 없다고 한다면, 아테나이인이 되었다는 주장의 근거를 대라고 하십시오. 그것을 증명하지 못한다면 아테나이인을 사칭하여 재판소와 민회에 동참하고 또 많은 아테나이인을 험담하고 밀고한 행위에 대해 처벌하십시오.

77 또 제가 듣기로는, 그가 필레로 갔고 필레에서 돌아온 무리에 속했으며, 이것이 그의 주요 공로라는 사실을 날조하여 자신을 변호하려 한다는 것입니다. 그러나 사실은 다음과 같습니다. 그가 필레로 갔어요. 그런데 어느 누가 그보다 더 비열한 사람이 될 수 있었겠습니까? 그는 자신에 의해 추방된 사람들이 필레에 있는 것을 보고 뻔뻔하게 그들에게 다가갔어요.

78 그들은 아고라토스를 보자마자 그를 잡아서는 죽여 버리려고, 통상 강도나 악한을 잡으면 죽이는 곳으로 그를 데려갔지요. 그런데 필레의 장군이었던 아니토스가 그렇게 해서는 안 된다고 말렸어요. 그들이 적을 처벌할 수 있는 상황에 놓인 것이 아니기 때문에 당장에는 조용히 있어야 한다는 것이었죠. 자신들이 집으로 돌아가게 되는 날 그때 죄인을 벌하자고 했던 것

이었어요. 바로 그의 이런 충고 때문에 아고라토스가 필레에   79
서 화를 면했어요. 그들이 자신의 안전을 기하려면 장군의 말
을 들어야 했던 것이지요. 게다가 아고라토스와 같이 식사를
하거나 군막을 같이 쓴 사람이 없고, 또 연대장(taxiarchos)도
그를 부족에 편입시킨 적이 없습니다. 그는 죄 많은 사람으로
아무도 그에게 말조차 걸지 않았어요. 연대장님을 여기 불러
주십시오.

증언

양측14 간에 협의가 이루어져 페이라이에우스 측이 도시(아테   80
나이 도심)를 향해 행진했고, 시민 가운데 아시모스가 앞장을
섰는데, 여기서도 아고라토스는 뻔뻔하게 나타났어요. 무기
를 들고는 도시를 향해 가는 중무장보병의 대열에 동참해서 따
라갔지요. 그런데 이들이 도시의 성문에 근접하여 시내로 들   81
어가기 전에 무기를 내려놓았을 때, 아이시모스가 아고라토스
를 보고 다가가서는 그 방패를 낚아채서 던져버리면서, "까마
귀 있는 곳15으로나 가라. 너 같은 살인자는 아테나이로 향하
는 행렬에 끼어서는 안 돼!"라고 소리를 질렀지요. 이렇게 그

---

14 페이라이에우스의 민주정 지지파와 아테나이 도심의 참주정 지지파를 말한다.
15 외지고 험한 곳으로 꺼지라는 저주의 말이다. 죄인을 죽여서 버리면 갈까마귀가
    모이는 곳으로 아테나이 근교 님포이 언덕 근처의 절벽 같은 곳을 말한다.

는 아이시모스에 의해 쫓겨났어요. 제 진술이 사실임을 입증할 증인들을 소개하겠습니다.

증인들

82   이러한 것이, 배심원 여러분, 그가 필레와 페이라이에우스에서 중무장보병들과 함께했던 과정입니다. 살인자로 알려진 그에게 아무도 말조차 걸지 않았고 아니토스 덕분에 그가 죽음을 면한 것입니다. 그러니 그가 필레로 간 사실을 가지고 자신을 변호하려 한다면, 여러분은 사람들이 그에게 보복하려 할 때 아니토스 때문에 죽음을 면한 것인지, 또 아이시모스가 그 방패를 들어 던져버리면서 시민들과 함께하는 행진에 참여하지 못하도록 한 사실이 있는지, 그리고 아무 연대장이라도 그를 대열에 편입시킨 적이 있는지를 그에게 물어봐야 할 것입니다.

83   여러분은 그가 하는 변명도, 또 만일 그가 이미 오래전의 사건을 두고 처벌하려 한다고 주장을 한다 해도 넘어가지 마십시오. 제 판단에, 이와 같은 범죄에 처벌 시한은 없고, 당장에든 나중에든 상관없이 고발된 행위를 한 적이 없음을 증명해야 할

84   것입니다. 그러니 그가 그들(처형당한 사람)을 죽음으로 몰아넣은 적이 없다든가, 아니면 그들이 아테나이 민중에게 해악을 끼쳐서 정당하게 그렇게 했다든가 하는 사실을 증명하게 하십시오. 아무튼 오래전에 처벌했어야 하는데도 우리가 늦게 처벌을 하게 된 것이라면, 허용되지 않았어야 하는 기간만큼

그가 득을 보고 산 것이고, 그런 사람들은 여전히 처벌되어야
만 합니다.

　제가 듣기에, 그는 또한 '현장범'이란 표현이 후에 체포과정 　85
에서 첨가된 것이라고 주장하려 한답니다. 그러나 제가 보기
에 이런 주장은 완전히 멍청함의 소치이지요. '현장범'이란 말
이 첨가되지 않는다면, 지은 죄가 있어도 체포의 절차에 따라
죄인이 되지 않는 수도 있는 것처럼 말입니다. 왜냐하면 이런
표현이 더해졌기 때문에 자신이 무죄라도 되는 것처럼 생각하
니까요. 이런 입장은 그가 사람을 죽였으나 현장에서 붙들린
것만은 아니라는 사실을 자백하는 것이나 다름없으며, 또 사
람을 죽였으나 현장에서 붙들린 것이 아니므로 무죄로 방면되
어야 한다고 주장하는 것과 같습니다. 제 생각에, 그를 체포하 　86
라고 지시한 11인은, 당시에도 이미 이런 취지의 아고라토스
의 항변에 동조하려는 의사 없이, 아주 효과적으로 약식체포
를 수행했던 디오니시오스에게 '현장범'이라는 말을 추가하도
록 명했던 것입니다. 처음에는 400인 앞에서, 그다음에는 전
체 아테나이 민중 앞에서 밀고하여 사람들을 죽음으로 몰아넣
었다는 점에서 살인죄 혐의가 있는데, 어떻게 그렇게 하지 않
겠습니까? '현장범'이라는 것이 반드시 몽둥이나 단검으로 당 　87
장에 사람을 쓰러뜨리는 경우에만 해당한다고 생각하시면 안
됩니다. 아고라토스 당신의 논리에 따르면, 당신은 밀고를 했
을 뿐 직접 살해한 사람은 아무도 없어요. 당신이 때리거나 살
해한 사람은 아무도 없고, 다만 당신의 증언이 그들을 죽음으

로 몰아넣는 결과를 초래했을 뿐이기 때문이지요. 그러나 그
들의 죽음에 원인을 제공한 자가 '현장범'인 것 아니겠소? 밀고
를 한 당신을 제외하고 그 누가 '현장범'이 되겠소? 그들을 죽
인 당신은 이렇게 해서 현장에서 체포된 것이 되오.

88   그(아고라토스)가 맹세와 화해협정을 핑계로 대려 한다는 것
을 저는 알고 있습니다. 그를 추달하는 것이 페이라이에우스에
있던 우리 측과 도시(아테나이 도심) 측 사이에 이루어졌던 맹세
와 화해협정에 위반된다고 하는 것이지요. 그런데, 그의 이런
주장 자체는 사실상 자신이 살인자라는 것을 인정하는 것이지
요. 맹세, 화해협정, 세월이 많이 흐른 점, '현장범'이라는 표
현 등을 들어서 반론을 펴고 있으나, 그는 그런 이유로 이 재판
89   이 자신에게 유리해질 것이라 믿지 않습니다. 배심원 여러분,
이런저런 핑계에 넘어가시면 안 되고, 오히려 밀고를 한 사실
이 없는가, 사람들을 죽인 적이 없는가 하는 사실에 대해 증언
하도록 하십시오. 그리고 맹세나 화해협정은 그(아고라토스)에
90   대한 여러분의 판결에 아무런 관련이 없습니다. 맹세는 도시
(아테나이 도심)와 페이라이에우스 양측 간에 이루어진 것입니
다. 우리가 페이라이에우스에 있을 때 그가 만일 도시에 있었
다면 협정이 어느 정도 그에게 관련되는 것이겠습니다만, 저를
포함하여 디오니시오스, 그를 벌하려 하는 여기의 모든 분처럼
실제로 그는 페이라이에우스에 있었으므로, 전혀 그런 것과 무
관합니다. 페이라이에우스에 있던 사람들이 페이라이에우스
에 있던 사람들과 서로 맹세를 한 것이 아니었기 때문입니다.

이 모든 점들을 고려하여 제가 생각해볼 때, 그는 한 번의   91
죽음으로도 모자랍니다. 민중에서 아테나이인으로 승격16했
다고 주장하는 사람이 자신이 아버지라고 칭했던 민중을 음해
하여, 더 훌륭하고 더 강하게 거듭날 뻔했던 것들을 해치고 배
반했기 때문입니다. 이렇듯 친부를 때리고 생필품을 제공하지
않은 경우와 같이, 양부에게서 그가 가진 것들을 빼앗았으므
로, 이 사실만으로도, 학대 관련 법에 따라 사형에 처하지 않
을 수가 있겠습니까?

배심원 여러분, 그런 사람들을 응징하는 것이 우리 개개인   92
은 물론 여러분에게 주어진 의무입니다. 죽은 자들이 우리와
그들의 모든 친구들에게 갈망하는 것은, 그들을 살해한 아고
라토스에게 자신들을 위하여 복수하고 또 각자가 할 수 있는
데까지 그에게 피해를 주는 것입니다. 여러분 스스로 인정하
듯이, 그들이 도시와 민중 여러분에게 훌륭하게 봉사한 것이
명백하다면, 여러분 모두가 그들의 친구이며 친지가 되는 것
이므로, 우리뿐 아니라 여러분 모두가 그래야만 합니다. 그러   93
니 여러분이 아고라토스를 방면하는 것은 불경이며 불법입니
다. 아테나이인 여러분, 그들이 죽음에 처했을 때 여러분은 난
감한 처지에서 그들을 도와줄 수가 없었어요. 그런데 지금은
그들을 살해한 자들을 처벌할 수가 있죠. 아테나이인 여러분,

---

16 이곳에는 단어 한두 개 정도 분량의 글이 지워져 공란이 있다. '아테나이 시민이
    되었다'로 대체되기도 한다.

세상에서 가장 가증스러운 결정을 하지 않도록 유념하십시오. 여러분이 아고라토스를 방면한다면, 그 결정은 그 하나에 그치지 않고, 그 표결에 의해 여러분의 지지자라고 여러분 스스로 인정하는 사람들에게 사형선고를 내리는 것입니다. 그들을 사지(死地)로 내몬 사람을 풀어준다면 여러분은 그들이 아고라토스에 의해 죽게 된 것이 타당했다고 인정하는 것밖에 안 됩니다. 이렇게 친구로서 그들(처형된 사람)을 위해 복수해야 할 사람들이 그들에게 유죄를 선고한 30인의 입장에 동조하는 결정을 내리게 된다면 그들은 세상에서 가장 비참한 사람들이 될 것입니다. 올림포스 신들의 이름으로, 배심원 여러분, 여러분이 권모나 술수에 넘어가서, 여러분을 위해 많은 봉사를 했던 죄로 30인과 여기 있는 아고라토스에 의해 처형된 사람들을 저버리는 일은 없도록 하십시오. 그들이 목숨을 잃었을 때 나라와 개인을 불문하고 덮쳤던 온갖 공포를 기억하시고, 그 원흉을 모두 처벌하십시오. 조령, 밀고, 그 밖의 온갖 방법에 의해 아고라토스가 그들의 죽음의 원흉이었음이 여러분에게 밝혀졌습니다.

더구나 여러분은 30인에 적대적으로 투표해야 합니다. 그래서 그들이 사형선고를 내린 사람들을 무죄로 방면하고, 그들이 유죄를 선고하지 않은 사람들에게 유죄를 선고해야 합니다. 30인이 여러분의 친구였던 사람들에게 유죄를 내렸으나, 지금은 여러분이 이들을 무죄 방면해야만 합니다. 아고라토스는 여러분의 친구들을 파멸시키는 데 적극적이었으므로 30인

이 그를 무죄로 방면했으나, 여러분은 그에게 유죄를 선고해
야 합니다. 그래서 여러분이 30인에 적대적인 결정을 내리면   97
무엇보다 여러분의 적에게 동조하지 않는 것이고, 더불어 여
러분의 친구들을 위해 복수하는 것이며, 급기야 여러분은 온
세상 사람들로부터 바르고 신실한 결정을 내렸다고 인정받게
될 것입니다.

14

알키비아데스의 탈영을 비난하여

역자 해설

이 변론은 기원전 395년 혹은 394년에 법정에서 이루어진 것으로 추정된다. (소)알키비아데스를 고발한 사람은 모두 세 사람으로 비난의 변론도 3개인데, 해당 변론은 두 번째[1] 것이다.

기원전 395년 리산도로스가 이끄는 라케다이몬인은 군대를 동원하여 테바이를 위협했다. 아테나이인은 테바이를 돕기 위해 스테이리아 데모스(행정구역) 출신의 트라시불로스를 사령관으로 하여 스파르타군에게 포위되어 있던 알리아르토스로 군대를 파견했다. 이때 다수의 아테나이 보병들이 스파르타 보병을 두려워하여 보병에서 기병으로 전역했는데, 이는 보이오티아 기병의 협조를 받는 기병이 더 안전할 것이라는 기대가 있었던 데 기인하는 바가 크다. 테바이인은 알리아르토스의 포위망을 뚫는 데 성공하고 리산드로스의 군대를 공격해 들어가 많은 사상자를 냈으며, 리산드로스도 이때 죽었다. 그러자 스파르타의 왕 파우사니아스는 휴전협상을 맺고 시신을 거두어 후퇴했다.

---

1   이 책, 〈니코마코스를 비난하여〉의 해설 참조.

이런 과정에서 아테나이인은 직접 전투에 임하지 않았다.

이때 아테나이 보병에 속했다가 기병으로 전역한 사람 가운데 당시 20대 나이의 (소)알키비아데스가 있었다. 그는 기원전 5세기 말 펠로폰네소스전쟁 당시 유명한 정치가였던 동명의 (대)알키비아데스의 아들이다. (대)알키비아데스가 사형선고를 받은 적이 있었는데, 그때 (소)알키비아데스도 죽을 고비를 넘겼다. 아테나이에서 청년 시절을 어렵사리 보낸 (소)알키비아데스는 트라케로 가게 되었는데, 그때 그의 아버지 (대)알키비아데스가 안드로스 원정에 실패한 다음 그곳에 피신해 있던 중이었다. 그곳에서 아버지와 불화를 일으킨 알키비아데스는 아테나이로 돌아와 방탕한 생활을 하면서 가산을 있는 대로 다 소진했다. 그러다 30인 참주들에 의해 아버지 알키비아데스가 유죄선고를 받게 되자, 그는 아테나이를 떠나 흑해 입구 프로폰티스로 가게 된다. 아버지 (대)알키비아데스는 그즈음인 기원전 404년에 사망했다. 기원전 398~397년 (소)알키비아데스는 다시 아테나이로 돌아와서 2년간 방위병으로 복무했다.

알키비아데스는 막 성년이 된 다음, 아버지 알키비아데스를 변호하려 하였는데, 이는 이소크라테스가 쓴 변론 〈한 쌍의 말에 관하여〉[2]에 나와 있다. 여기서 알키비아데스는 테이시아스의 비난에 대해 성공적으로 방어를 하게 된다. 그리고 기원전 395년 알리아르토스로 파견된 군대에서 종군했다.

알키비아데스가 아테나이로 돌아왔을 때, 아버지 알키비아데스의 정적이었던 아르케스트라티데스를 포함한 총 3명의 고발인이 이번에는 아들 알키비아데스를 고발했다. 당시 아테나이에서는 보병으로 적을 올리지 않은 자는 '군역회피'(astrateia)의 죄, 그리고 대열을 이탈하여 후퇴한 자는 '탈영'(lipotaxia)

---

2   Isokrates, 16. *Peri tou zeugous* (*Concerning the team of horses*).

의 죄를 물었다. 유죄선고를 받으면 참정권을 박탈당하고 공공제전에 참가하지 못한다. 법에 따르면, 보병에서 기병으로 전역을 할 때는 반드시 500인 의회에서 주관하는 자격심사를 거쳐야 하는데, 알키비아데스는 그런 절차를 무시하고 보병에서 기병으로 적을 바꾸었다. 고발인은 피고인 알키비아데스의 죄상을 입증함으로써 자신의 논리를 정합적으로 전개해 나간다. 고발인들의 신원에 대한 정보는 상세하게 전하는 것이 없다.

⚖️

배심원 여러분, 여러분은 알키비아데스를 비난하는 사람들이   1
하는 소송의 변론조차 듣기 싫어할 것이라고 저는 생각합니다. 처음부터 그의 시민으로서의 자질이 문제가 되어, 그로 인해 사적으로 피해를 보지 않은 사람도 다른 삶의 기준에 비추어 그를 적으로 간주하기에 이르렀습니다. 그의 무례는 사소   2
하거나 양해가 가능하거나 앞으로 개선의 여지가 있는 것이 아니었습니다. 행동거지와 악랄함의 정도가 도를 넘은 그의 뻔뻔함에 그의 적들까지도 민망해할 정도였습니다. 그러나 저는, 배심원 여러분, 이전에 우리 선친들이 서로 불화했고, 오래전부터 그의 비열함을 알고 있는 데다가, 지금도 그로 인해 제가 고통받고 있으니, 여러분과 함께 그가 한 행위에 대해서 응징하려 합니다. 주요 혐의에 대한 소명은 아르케스트라티데   3
스가 충분히 개진했다고 봅니다. 그가 법률을 소개하고 온갖 증인들을 소개했으니까요. 저는 그가 생략한 점을 중심으로 하나하나 여러분에게 말씀드리겠습니다.

4 　배심원 여러분, 우리가 강화조약을 체결한 이후 처음으로 이런 사건의 재판에 임하는 분들은 배심원뿐만 아니라 실로 입법자의 역할을 해야 합니다. 이들에 대한 여러분의 결정이 앞으로도 이들에 대한 도시 당국의 판단 기준을 설정하게 된다는 점을 숙지하면서 말이죠. 성실한 시민과 올바른 재판관의 의무는 도시에 이익이 되도록 법을 정초하는 것이라고 저는 생각합

5 니다. 어떤 사람들은 뻔뻔하게도 전투가 벌어진 것이 아니므로 탈영이나 비겁함의 죄가 적용되지 않는다고 주장합니다. 법 규정은 다른 사람들이 싸우고 있을 때 비겁하게 대열을 이탈하여 후퇴하는 사람을 군사법정에 회부하는 것일 뿐이라고 합니다. 그러나 법은 그런 경우뿐 아니라 보병대열에 나타나지 않은 사람에 대해서도 적용됩니다. 자, 관련된 법을 읽어주십시오.

법

6 배심원 여러분, 여러분이 들으셨듯이, 법은 전투 중에 후퇴하는 자와 보병대열에 아예 나타나지 않은 자, 두 경우를 다 포괄합니다. 대열에 참가해야 하는 이가 누구인지를 생각해보십시오. 성년이 된 자가 아닙니까? 장군이 가진 목록에 올라 있는 자가 아닙니까? 배심원 여러분, 제 소견으로 그는 시민의 한 사

7 람으로서 법이 두루 포괄하는 바에 준하는 죄인입니다. 의무를

방기했으므로 그는 당연히 유죄입니다. 한편으로 중무장보병으로 등록되어 있으면서도 여러분과 함께해야 할 대열에 동참하지 않았으므로 마땅히 군역회피의 죄가 있고, 다른 한편, 보병으로 위험을 함께해야 할 의무가 있었으나 기병에 끼려 했으므로 비겁함의 죄가 있습니다. 들리는 말로는, 그가 기병에 속 8
해 있었으므로 국가에 누가 된 것은 아니라고 변명하려 한답니다. 그러나 제가 아는 한, 심사를 받지 않고 기병에 복무하는자는 시민권을 상실한다는 법 규정이 있는데도, 그는 당돌하게심사도 거치지 않고 기병에 복무하려고 했으므로, 여러분은 그에 대해 분노해야 합니다. 자, 관련된 법을 읽어주십시오.

법

알키비아데스의 방자함이 이 정도에 달했고, 그는 이렇듯 여 9
러분을 깔보고, 적 앞에서는 비겁하고, 기병에 복무하기를 원했으며 법까지 무시하는 데 그치지 않았습니다. 그런 행위가초래할 위험부담에도 개의치 않은 채, 그는 시민과 함께 보병으로 봉사하기보다는 자격상실에다 재산몰수, 그리고 법령에규정된 온갖 불이익에 연루된 죄인이 되는 편을 택했습니다.
다른 사람들은 이전에 보병에 근무한 적이 없고 줄곧 기병으로 10
있으면서 적에게 많은 피해를 입혔던 경력을 가졌지만, 여러분과 법을 두려워하여 감히 말에 올라타기를 어려워했습니다.
다만 이들은 도시의 파멸이 아니라 그 해방과 번영을 도모하며 잘못한 자를 응징하려는 각오를 가졌던 것입니다. 그러나 알키비아데스는 민중을 위하려는 사람도 아니었고 기병에 복무한 적도 없으며 합법적으로 기병의 자격이 있는 것도 아닐 뿐더러 여러분의 심사를 거친 것도 아니었습니다. 마치 도시가

11 잘못한 자를 처벌할 권한도 없는 것처럼 생각한 것이지요. 사람이 마음대로 하도록 허용된다면 법을 만들거나 여러분이 모여 회의를 하거나 장군들을 선출할 필요가 없는 것이겠죠. 제가 곤혹스러워하는 것은, 배심원 여러분, 적이 쳐들어오는데 제1대열에서 이탈하여 제2대열로 물러나면 그 비겁함에 대해 벌하지만, 보병에 있다가 기병으로 옮기는 것은 괜찮다고 볼

12 것인가 하는 점입니다. 게다가 배심원 여러분, 제 소견으로, 여러분의 결정은 범죄자뿐만 아니라 다른 모든 방종한 자들을 더 신중한 사람으로 만들기 위한 수단이 되어야 합니다. 여러분이 알려지지 않은 사람을 처벌하면 다른 사람들이 개선되지 않을 것이에요. 아무도 여러분이 누군가에게 유죄를 선고한 사실을 모르기 때문이지요. 그러나 범죄자 중 가장 저명한 사람을 벌하면 모두가 알게 되고, 그것을 본보기로 삼아 시민들이 개선될 것입니다. 또 여러분이 알키비아데스를 처벌하면,

13 우리 도시 사람들뿐 아니라 우리 동맹국들도 알게 되고 우리 적들도 소식을 듣겠지요. 그러면 그들은 이런 범죄에 대해 여러분이 매우 분노하며, 전쟁에서 항명하는 자들에 대해서는 용서하지 않는다는 사실을 깨닫고는 우리 도시를 한층 높이 평가할 것입니다. 배심원 여러분, 병사들 가운데 어떤 이는 병이

14

들고 또 어떤 이는 물자가 부족해요. 병든 자는 도시에 남아서 기꺼이 치료를 받고, 물자가 부족한 이는 집으로 돌아가 생업을 돌보지요. 그렇지 않은 다른 이들은 경무장보병으로 가거나 기병으로 복무하며 위험을 감수했지요. 그럼에도 여러분은 대열을 이탈하거나 자신이 가장 선호하는 곳으로 선택해서 가려 하지 않았고, 또 적 앞에 부딪는 위험보다도 도시의 법을 훨씬 더 두려워했습니다. 여러분이 오늘 결정을 내릴 때 이런 점들을 다 고려하십시오. 그리고 적에 맞서 싸우려 하지 않는 아테나이인은 누구라도 여러분에 의해 통렬하게 응징된다는 사실을 모든 사람이 깨닫게 하십시오.

배심원 여러분, 법 규정에 비추어보나 사실로 보나 저들은 아무 변명할 말이 있을 수가 없어요. 그런데도 저들은 이 자리에서 그를 방면해줄 것을 여러분에게 요청하고, 알키비아데스의 아들이 보여준 비겁함에 대해 유죄를 선고해서는 안 된다고 여러분에게 호소할 것입니다. 그가 도시에 많은 해를 끼친 것이 아니라 많은 이득을 가져왔다나요! 그가 처음으로 여러분에게 죄를 범하여 체포되었던 그 나이에 만일 여러분이 그를 처형했더라면 이와 같은 재앙은 도시에 발생하지 않았을 테지요. 배심원 여러분, 알키비아데스(피고의 아버지)에게 사형을 선고해놓고는, 잘못을 범한 그 아들(같은 이름의 아들 알키비아데스)에게는 아버지를 고려하여 무죄를 선고한다는 것이 웃기는 일 아닙니까. 그 아들은 여러분과 같은 대열에 동참하여 싸울 용기조차 없고, 그 아버지는 적에게 동조하여 싸웠어요. 그

15

16

17

가 다음에 어떤 사람이 될 것인지 알 수 없던 어린 시절,3 그 아버지의 범죄 때문에 11인에게로 넘겨질 뻔했지요. 그런데 지금 그 아버지의 행적에다 그 자신의 비열함을 더하게 된 판에, 그 아버지를 참작하여 그에게 연민하는 것이 적절하다고 보십니까? 배심원 여러분, 그는 죄를 지어 체포되어도 그 출생 때문에 무죄로 방면될 정도로 운이 좋을지 모르겠지만, 우리가 그들의 항명 때문에 불행을 당하여, 여러분 선조의 훌륭한 업적에도 불구하고 적으로부터 한 사람도 구하지 못한다면 실로 두려운 일이 아니겠습니까? 게다가 우리 선조들의 업적은 수없이 많고 탁월하며 헬라스 전체를 위한 것으로, 이들이 도시에 대해 저지른 행동과는 완전히 다른 것인데도 말입니다, 배심원 여러분. 만일 그들이 친구를 구하려 했다고 해서 더 좋은 사람들이라고 평가되는 것이라면, 여러분은 적을 처벌함으로써 더 명예로운 사람으로 간주될 것이 명백합니다.

20   청컨대 배심원 여러분, 그 친지들 가운데 누가 그를 방면하려 애쓴다면, 분노하십시오. 그들은 한편으로 그(저명한 알키비아데스의 아들 알키비아데스)로 하여금 도시의 명을 따르도록 그를 설득하려 하지 않았거나, 그러려고 노력했더라도 설득하지 못해놓고는, 다른 한편으로 죄지은 자를 처벌하지도 못하도

---

3   알키비아데스의 어린 시절에 관한 정보는 이소크라테스의 변론, 15(〈한 쌍의 말에 대하여〉, *On the team of horses*), 45~46(기원전 397년 발표)에 나와 있다. 여기서 그는 4살도 되기 전에 아버지가 추방되고 어머니가 죽어 고초를 겪기 시작했다고 한다.

록 여러분을 설득하려 하기 때문입니다. 만일 장관들 중의 누 21
가 그를 변호하면서 자신의 힘을 과시하고 죄인임이 분명한 자
까지도 구할 수 있는 역량을 과시하려 한다면, 여러분이 유념
해야 할 것이 있습니다. 첫째, 만일 모든 사람이 알키비아데스
와 같다면, 지휘해야 할 대상이 아무도 없으므로 장군도 필요
가 없다는 점, 둘째, 대열을 이탈한 자를 변호하기보다 비난하
는 것이 그들의 의무라는 사실입니다. 장군들이 항명한 자를
구하려고 자기들의 권위를 이용한다면, 다른 사람들이 그 명에 22
순종하기를 바랄 수가 있겠습니까? 이제 제 소견을 말씀드리겠
습니다. 알키비아데스를 위해 발언하는 이가, 그(알키비아데
스)가 보병에 복무했거나 정식으로 심사를 받은 기병이었던 사
실을 증명할 수 있다면 알키비아데스는 방면되는 것이죠. 그러
나 소명이 부족하여 그들이 양해를 구한다면, 여러분은 그들이
여러분의 맹세를 깨고 법을 위반하도록 유도하고 있다는 점,
또 죄인을 구하려는 그들의 지나친 열성이 사람들로 하여금 그
런 행위를 하도록 부추긴다는 점에 유념하시라는 것입니다.

제게 가장 놀라운 것은, 배심원 여러분, 알키비아데스가 자 23
신의 비열한 행위로 인해 파멸되는 대신, 지지자들 덕분에 석
방되는 것이 옳다고 생각하는 사람이 여러분 중에 있을 수 있
는가 하는 것입니다. 이 점에 관해 여러분이 들으셔야 하는 것
은, 이렇듯 그가 죄를 지었으나 다른 모든 면에서는 충성스러
운 시민이었다는 변명에 넘어가서 그를 무죄로 방면하는 것이
얼마나 어처구니없는 짓인지를 여러분이 이해할 수 있기 때문

입니다. 그가 저지른 다른 행위를 보더라도 여러분은 마땅히
24 그에게 사형선고를 내릴 수 있습니다. 그 점에 관하여 여러분
은 들어야 할 의무가 있습니다. 여러분은 자신을 위해 변명하
는 자들이 자신의 공적을 열거하고 그 선조들이 기여한 바에
대해 진술하도록 허용하는 바와 같이, 바로 그 피고가 여러분
에게 많은 잘못을 저지르고 또 그 선조들도 많은 해악을 초래
한 사실에 대해 고발인이 하는 진술도 듣는 것이 공정한 것이
25 죠. 알키비아데스가 어린 시절 여러분의 재산을 적지 않게 횡
령한 '침침한 눈'의 아르케데모스4의 집에서 여러 사람과 함께
자리했을 때, 한동안 술을 마시고는 한 겉옷을 덮고 같이 드러
누웠어요. 날이 밝을 때까지 취흥을 즐기고 미성년의 나이에
여자를 끼고 놀았고, 자신의 선조들 흉내를 내면서, 어린 시절
에 완전히 악동이라는 것을 증명하지 않으면 훗날 두각을 드러
26 내지 못할 것처럼 말이에요. 그러다가 방자한 행동이 소문이
나자, (아버지) 알키비아데스5가 그(아들 알키비아데스)를 소환
했지요. 그 방자함에 당대 악당의 두목에게까지 욕을 얻어먹
는 그런 사람을 여러분은 어떻게 평가하시겠습니까? 그는 테
오티모스와 공모하여 자신의 아버지의 뜻을 거역하고, 오르노
이6를 테오티모스에게 넘겼습니다. 테오티모스는 우선 그 땅

---

4 기원전 406년 이후 장군들을 처형하도록 사주했던 민중 선동가. Aristophanes,
  Batrachoi(개구리), 417.
5 알키비아데스의 아버지 알키비아데스는 당시 트라케의 케르소네소스에서 추방 생
  활을 하고 있었다.

을 손에 넣은 다음 소년(아들 알키비아데스)의 아름다움을 탐닉
했고, 마침내 그를 투옥하고는 보석금을 요구했지요. 그러나   27
그 아버지가 그를 너무나 미워하여 그가 죽어도 뼈도 거두지
않을 것이라고 선언했어요. 그의 아버지가 죽자 그의 연인이
었던 아르케비아데스가 그를 해방시켰어요. 얼마 가지 않아
그는 노름으로 재산을 날려버리고는, '백색 해변'에서 배를 타
고 나가 친구들을 바다에 처넣어버렸어요. 7 배심원 여러분,   28
그가 시민들이나 이방인들, 혹은 그의 친척이나 타인에 대해
저지른 죄상을 다 말하자면 이야기가 길어질 것입니다. 그런
데 히포니코스가 많은 사람들을 불러 모으고는 그 아내를 쫓아
내면서, 알키비아데스가 그녀의 형제가 아니라 남편으로서 자
신의 집에 들락거렸다고 진술했습니다. 이 같은 죄를 범하고   29
또 이처럼 놀랍도록 큰 죄를 많이 저지르면서 그는 과거는 물
론 미래에 대해서도 아무런 반성이 없습니다. 시민 중 가장 예
절 바른 사람이 되어 자신의 기여를 통해 아버지의 죄를 보상
해도 시원찮을 마당에, 그는 다른 사람을 욕하려 했습니다. 마
치 자신의 비열함을 조금이라도 이웃에게 나누어주어야 하는
것처럼 말이지요. 또 그는 알키비아데스의 아들인데, 그 알키   30
비아데스는 라케다이몬인들로 하여금 데켈레이아에 요새를 짓

---

6   케르소네소스에 있는 지명으로 알키비아데스의 거주지 가운데 하나이다.
7   알키비아데스가 해적처럼 프로폰티스(에게해와 흑해 사이에 있는 작은 바다로 현
    재 마르마라해)의 '백색 해변'으로부터 곡물을 매매하는 아테나이인을 약탈하고
    바다에 던져버렸다는 주장이다.

도록 사주했고, 반란을 선동하기 위해 섬들을 방문했으며, 우리 도시에 불행을 몰고 온 원흉이고, 적을 앞에 두고서 동료 시민들이 아니라 여러 번 적의 대열에 서서 조국에 쳐들어왔습니다. 이 때문에 여러분은 물론 여러분의 뒤를 이을 사람들 또한 그 집안사람 가운데 누구라도 손에 들어오는 대로 처벌해야 합
31 니다. 그가 상투적으로 하는 말은 그 부친이 고국으로 돌아왔을 때 민중으로부터 상을 받았는데, 그 부친이 추방된 사실 때문에 자신이 부당하게 불이익을 당하는 것은 공정하지 못하다는 것입니다. 그러나 제 소견에는, 그 부친이 받은 상이 부당하게 수여된 것이라서 박탈했는데도, 그 부친이 도시에 공로를 세웠다는 구실을 들어 잘못을 범한 알키비아데스를 여러분이 방면한다면 그것이야말로 두려운 일이지요.

32 　배심원 여러분, 그가 유죄를 선고받아야 하는 다른 이유도 많이 있지만, 여러분의 용감한 행위를 자신의 비열함을 정당화하는 예로 이용한 사실도 있습니다. 그는 뻔뻔하게도, 알키비아데스(부친)가 조국에 쳐들어온 것이 잘못이 아니라고 주장합
33 니다. 그것은 여러분이 추방당했을 때 필레를 점령하고 나무를 베어버리고 우리 성벽을 공격했는데, 이런 행위에도 불구하고 여러분은 자식들에게 불명예를 물려준 것이 아니라 온 세상 사람들로부터 명예를 얻은 것과 같다는 것이죠. 마치 추방된 무리들이 적과 합세하여 조국에 쳐들어오는 경우와 라케다이몬인이 이 도시를 장악했을 때 귀환을 하려고 애쓴 사람들 사이에 아무
34 런 차이도 없는 것처럼 말이지요. 또 제가 보기에 모든 사람이

명백하게 알고 있는 사실은, 이들이 돌아온 이유가 제해권(制海權)을 라케다이몬인에게 넘겨주고 스스로 여러분을 지배하려 했다는 것입니다. 그러나 민중 여러분은 적을 몰아내고 시민들 가운데 스스로 예속되고 싶어 하는 사람들까지도 해방시켰던 것이죠. 그러니 두 사례 사이에는 알키비아데스가 주장하고 싶어 하는 그런 비슷한 점이 없습니다. 이렇듯 자신에게 크나큰 35 재앙을 초래하는데도 그는 자기 부친의 사악함에 대해 긍지를 가지고, 부친의 힘이 대단하여 우리 도시에 닥친 모든 질곡의 원흉이 되었다고 우리에게 말하고 있습니다. 그런데 어느 누가 자신의 조국에 대해 그렇게도 무지하여, 자신이 배반하려고 마음먹어도, 적에게 어디에 주둔해야 할 것인지를 알려주거나, 수비가 허술한 요새에 대한 정보를 넘겨주거나, 어떤 현안에서 상황이 좋지 못한 것인지, 동맹국 중에서 어느 편이 이탈하려고 하는지 등을 일러주지도 못한단 말입니까? 추방된 동안 그는 그 36 능력을 이용하여 도시를 해쳤고, 또 여러분을 속이고 귀환하여 많은 전함을 지휘할 때는 이 땅에서 적을 물리치지 못했으며, 키오스인을 이간질하여 다시 우방으로 만들지 못했고, 여러분에게 다른 어떤 도움도 줄 수가 없었습니다. 여기서 어렵지 않 37 게 얻을 수 있는 결론은, 알키비아데스가 능력은 다른 이와 차이가 없으나, 잔꾀를 부리는 데는 누구보다 뛰어나다는 것입니다. 그는 여러분의 약점에 대한 정보를 라케다이몬인에게 넘겨주었기 때문입니다. 그가 장군의 임무를 맡게 되었을 때 적에게 아무런 피해도 줄 수가 없었습니다. 그리고 본인을 통해서 (페

르시아) 왕이 자금을 내줄 것이라고 장담해놓고는, 오히려 우리
38 도시의 자금 200탈란톤 이상을 횡령했습니다. 그리고 여러분
에게 많은 죄를 지은 줄을 스스로가 잘 알아서, 언변이 좋고 친
구들이 있으며 부를 지녔으나 그는 한 번도 자격심사를 받으려
하지 않았고 스스로 망명길을 택하였으며, 자신의 조국보다는
트라케 시민 및 모든 도시의 시민이 되는 길을 택했지요. 급기
야, 배심원 여러분, 그전에 저지른 행위보다 한층 더 비열하게
아데이만토스와 내통하여 무모하게도 전함을 리산드로스에게
39 양도해버렸어요. 그래서 여러분 가운데 해전에서 목숨을 잃은
사람들을 연민하거나 라케다이몬인을 미워하거나 30인에게 분
노하는 사람이 있다면, 이 모든 사태에 대해 이 사람의 아버지
에게 책임이 있다는 점을 유념하시고, 여러분의 선조가 도편추
방했던 이가 그의 증조부인 알키비아데스, 그리고 그의 부친의
외조부인 메가클레스였음을 상기하십시오. 이 두 사람 다 두 번
씩이나 추방되었으며, 또 여러분 가운데 나이가 드신 분들은 그
40 의 아버지에게도 사형선고를 내렸지요. 그러니 여러분은 이 알
키비아데스를 도시의 숙적으로 생각하고 유죄를 선고해야 하
며, 기존의 법과 여러분이 한 맹세를 어기는 어떤 동정이나 용
41 서나 은혜를 베풀어서는 안 됩니다. 생각해보십시오, 배심원
여러분, 이 같은 자를 살려줄 만한 이유가 있는지를. 공적 이력
이 불운했어도 그 밖의 생활이 정갈하고 삼가는 삶을 살았기 때
문인가요? 그들 중 다수가 누이들과 정을 통하고 또 자신의 딸
42 들에게서 자식을 얻지 않았습니까? 또 다른 이는 비의(秘義)를

거행했고 헤르메스 상을 절단8했으며, 그 동료 시민들에 대한
공적 사안에서는 물론 자신들 서로 간에도 부정과 불법을 자행
하고, 건방진 행위를 전혀 삼가지 않고 못된 짓거리는 가리지
않고 행함으로써, 온갖 신들에 대해 신성모독죄를 범하고 온 도
시에 해악을 끼치는 범죄를 저지르지 않았습니까? 실로 이들은
안 당해본 것이 없고 안 해본 것이 없습니다. 그 기질은 명예로
운 것을 수치스러워하고, 저속한 것에 영광을 돌립니다. 배심   43
원 여러분, 사실 미래에 쓰임새가 있을 것으로 보이는 사람들은
죄가 있다고 생각되더라도 여러분이 방면한 적이 있습니다. 그
러나 이 알키비아데스로 인해 도시가 어떤 이득을 볼 것이라고
여러분이 기대하십니까? 그가 스스로를 변호할 때 아무런 가치
없는 비열한 인간이라는 사실을 여러분이 알게 될 것이고, 또
다른 생활 태도로부터도 그 비열함을 알고 있는 사람으로부터
말이지요. 게다가, 비겁하고 가난하고 경영 능력이 없고 집안   44
사람과 싸우고 다른 이들로부터 미움을 받는 그가 도시에서 사
라진다 해도 도시에 해가 될 것이 없어요. 그러니 그가 보호받   45

---

8   기원전 415년 아테나이가 시켈리아 원정을 떠나기 전날 밤, 아테나이 시내 전체에
    서 집 앞에 서 있던 전령 헤르메스 신상의 목이 절단된 사건을 뜻한다. 이는 조직적
    으로 행해졌으며, 원정을 반대하는 사람들, 혹은 원정대의 대장이었던 (大) 알키비
    아데스를 음해하기 위해 벌어진 것으로 추측된다. 이 사건으로 원정대에 파견되었
    던 알키비아데스는 시켈리아로 가던 도중에 아테나이로 소환되었다. 그러나 알키
    비아데스는 아테나이로 돌아가지 않고 스파르타로 망명하고 그 이후 소아시아의 페
    르시아 총독에게 몸을 의탁한다. 이렇게 유능한 장군을 잃은 아테나이 군대는 시켈
    리아에서 시라쿠사이와 스파르타의 연합군에 의해 거의 전멸하게 된다.

아야 할 아무런 이유가 없습니다. 오히려 그를 모든 사람들의 본보기로 만들 필요가 있지요. 특히 그들에게 떨어진 명령을 무시하고, 그런 행위를 추종하며, 자신의 일도 엉망으로 만들면서 여러분의 일에 간섭하는 그의 친구들에 대해서 말이지요.

46   이제 저는 가능한 범위에서 최대한 비난의 말씀을 드렸습니다. 제가 알기로, 다른 청중은 어떻게 제가 이들의 죄상을 이렇듯 소상히 알 수 있었는지 의아해하시는 분도 계실 것이지만, 피고는 제가 언급한 사실들이 자신이 행한 부정한 행위 중 가장 작은 일부에 불과한 것이라고 오히려 저를 비웃고 있지

47   요. 그러니 여러분은 언급된 것뿐 아니라 생략된 것들이 있음을 헤아리셔서, 더욱더 그를 유죄로 선고하도록 마음을 다지셔야 하겠습니다. 그가 제기된 특별기소(그라페) 9에서 유죄라는 사실, 그리고 도시가 이러한 시민들의 손아귀에서 해방되는 것이 크나큰 행운이라는 사실에 유념하십시오. 법과 맹세, 그리고 특별기소절차(그라페)에 대해 배심원 여러분을 향해 읽어주십시오. 그러면 이들은 이런 것들을 염두에 두고 공정하게 투표하게 될 것입니다.

---

9 그라페(*graphe*)는 특별 기소절차로서, 기소가 기각되거나 혹은 재판정으로 넘어가 5분의 1의 지지표를 얻지 못하면 1천 드라크메의 벌금을 고발인이 물게 되며, 그 벌금은 국가 공공기관으로 들어간다(Demosthenes, 21. 47). 이렇게 고발인은 엄청난 위험 부담을 가지므로 그라페의 절차로 기소된 사건은 그 비중이 크다. 이 책 부록 3과 용어 해설 중 '그라페' 항목 및 최자영(2007), 《고대 그리스 법제사》, 599쪽 참조.

15

알키비아데스의 군역회피를 비난하여

역자 해설

이 변론 〈알키비아데스의 군역회피를 비난하여〉는 앞선 변론 〈알키비아데스의 탈영을 비난하여〉와 같은 주제를 다룬 것으로서, 알키비아데스가 불법의 과정으로 기병으로 전역된 사실에 관한 것이다. 고발인 가운데 세 번째 사람에 의해 발표되었다.

앞선 〈알키비아데스의 탈영을 비난하여〉에 비하여 이 글은 더 소박하고 논리의 장치가 단순하다. 그래서 이것이 위작이라는 견해도 있으나, 자카스(A.I. Zakas)[1]는 리시아스의 작품이라고 주장한다. 이 글이 〈알키비아데스의 탈영을 비난하여〉와 다른 점은 다루는 내용의 범위가 더 좁고 주제의 비중도 덜하기 때문이라는 것이다. 또 리시아스는 각 변론의 실제 화자 성격에 따라 변론의 구성을 달리하는 경향이 있는데, 이 변론의 화자는 〈알키비아데스의 탈영을 비난하여〉의 화자와는 다른 성격의 소유자인 까닭도 있음을 지적한다.

---

1   Zakas, A. I. (1907~1910), *Lysiou logoi kai apospasmata*, Athens, p. 133.

⚖

1 　배심원 여러분, 청컨대 공정하게 표결하십시오. 그리고 다른 사안에서 도시에 지대하게 기여해온 장군들[2]께도 부탁건대, 군 역회피 혐의에 대해서 원고와 피고 측에 모두 공정하게 처리함으로써 여러분이 잘못된 결정을 내리기만을 온 마음으로 고대하

2 는 자들에게 넘어가지 마십시오. 여러분이 자격심사를 하는 동안 법무관들이 올라와서 유죄선고를 내리라고 요구한다면 여러분은 대단히 불쾌해질 것이라는 점에도 유념하십시오. 기소하여 판결을 내리도록 조치한 이들이 스스로 유죄 결정 여부에 간섭하는 것은 있을 수 없는 일이라고 여러분이 생각하기 때문입

3 니다. 아르콘(장관)이 무남상속녀[3]에 관련한 재판에서 자신이 원하는 대로 판결이 나도록 배심원에게 청을 넣고 애걸한다든지, 또 바로 지금처럼 국방장관(폴레마르코스)[4]과 '11인'[5]이 스

2　병사들이 재판관으로 임하고 장군들이 재판을 주관하고 있거나, 아니면 수행한 직무에 대해 보고서를 제출할 의무를 가진 장군들을 뜻하는 것으로 볼 수 있다.

3　무남상속녀는 아들 상속자가 없는 집안에서 딸이 재산을 상속함과 동시에 그 집안의 근친 남자와 결혼해야 한다. 무남상속녀의 자격을 얻기 전에 결혼을 한 경우에도 이혼을 하고 집안 남자와 결혼해야 한다. 한편, 무남상속녀가 가난한 경우에 근친 남자가 그녀와 결혼하지 않으려 할 때는 지참금을 내주어야 한다. Lysias, 24(무능력자를 위하여). 14 및 26(에우안드로스의 자격심사에 대하여). 12 참조.

4　인명이 아니라 직위명이므로 〈30인에 속했던 에라토스테네스를 비난하여〉에 언급된 리시아스의 형제 폴레마르코스와 혼동해서는 안 된다. 폴레마르코스는 아테나이의 10인 아르콘(그중 1명은 서기) 가운데 한 명으로, 처음에는 국방 관련 사무를 담당했으나 기원전 5세기 이후로는 이방인과 거류외인의 사적 분쟁, 가사소

스로 세운 법정에 영향을 미치려 한다면, 이보다 더 수치스럽고 두려운 일이 도시에서 있을 수 있겠습니까? 그러니 여러분 자신   4
에 대해서도 이와 같은 잣대를 가지셔서, 군역회피 관련 법정에 서 사적으로 연민하는 것이, 판결을 내리는 이들에게 청탁을 넣 는 것과 다르지 않다는 점을 생각하십시오. 배심원 여러분, 당   5
시 군영에 있던 장군들 가운데 알키비아데스를 도와주는 사람이 아무도 없었다는 사실에 충분한 근거가 있는지를 반성해 보십시 오. 만일 그들의 말이 사실이라면 그들은 팜필로스6를 소환해야 했습니다. 왜냐하면 팜필로스가 말을 제거하여 기병 한 명을 도 시에서 없애버렸기 때문입니다. 또 부족장7에게 벌금을 부과했 어야 했던 것은, 그가 알키비아데스를 부대에서 빼돌려 질서를 어지럽히고, 또 연대장(taxiarchos)으로 하여금 그를 중무장보 병 명단에서 제거하도록 했기 때문입니다. 그러나 이런 조치는   6
취하지 않으면서, 오히려 이들은 군영에서 모든 이에게 경멸당 하는 그를 기마 궁수8들 가운데서 근무하도록 했습니다. 그러

송 등을 맡았다. 이에 대해서는 이 책 용어 해설 중 '아르콘' 항목 참조.
5 이 책 용어 해설 중 '11인' 항목 참조.
6 팜필로스는 아테나이 기병을 관할하는 두 명의 기병장교 중 한 명이다. 알키비아 데스가 기병으로 전속되기 위해서는 장군들이 그에게 명령을 전해야 한다.
7 부족장이란 아테나이 10개 각 부족(phyle, 군사조직으로는 tagma에 상응)의 수장 이다. 군사적으로는 기병장교들로 그들 산하에 아테나이 기병이 소속된다. 이 10 명 기병장교들 위에 2명의 기병대장이 있어 이들을 관할한다. 이 책 용어 해설 중 '부족장' 항목 및 Lysias, 16(의회 의원의 자격심사에 임한 만티테오스를 변호하 여). 6 참조.

나 이제 여러분이 죄 지은 자를 벌하려는 마당에 그들은 부득이 그들의 명령에 의해 그가 기병에 복무했다고 증언하고 있습니다. 그러나 배심원 여러분, 당당하게 민중에 의해 선출된 장군들도 법에 따라 자격심사를 받기 전에는 직에 임하기를 삼가는 법인데도, 알키비아데스는 우리 도시의 법을 무시하고 기병에

7 복무하게 되었지요. 제 생각에, 배심원 여러분, 그들이 멋대로 자격심사를 받은 기병으로부터 사람을 빼서 보병으로 등록하는 권한이 없으면서도, 자격심사도 받지 않은 채 보병에서 기병으

8 로 멋대로 옮기도록 하는 것은 말이 안 됩니다. 배심원 여러분, 그들이 그런 권한을 가지고 있으면서 기병에 복무하고 싶어 하는 많은 사람들에게는 그들 중 아무도 기병에 복무하도록 허락하지 않는 것이라면, 여러분이 그들에게 양해를 베풀어서는 안 될 것입니다. 그런데 만일 그런 권한도 없이 그(알키비아데스)를 기병으로 편입시켰다고 말한다면, 여러분은 올곧은 판결을 내릴 것이며 그들이 원하는 대로 판결하지 않겠다고 맹세한 사실을 기억하십시오. 그래서 원고들의 청탁보다 여러분 자신과 여

9 러분이 한 맹세를 더 소중하게 여기십시오. 더구나 배심원 여러분, 주어진 벌9이 크고 또 법이 아주 엄한 것 같아 보인다 해도, 여러분은 이 사건과 관련된 법률의 기준을 정하려고 온 것이 아

---

8 '기마 궁수'란 200명을 단위로 한 전초척후병으로서, 이 부대에 소속되는 것은 큰 명예이다.
9 이 벌은 '불명예'(자격박탈, atimia) 처분에 해당할 가능성이 있다.

니라 현행법에 맞게 판결을 하려고 왔다는 사실을 기억하십시오. 또 범법자들에게 연민을 느낄 것이 아니라 훨씬 더 강하게 분노함으로써 온 도시를 보호해야 할 것입니다. 지난 일에 대해 소수를 벌하는 것이 다가올 위험 앞에서 더 많은 사람들이 준법하도록 만든다는 사실을 생각해서 말입니다. 배심원 여러분, **10** 그(알키비아데스)가 도시를 능멸하고 자신의 안전을 도모했듯이, 여러분도 그를 능멸하고 오히려 도시를 위하는 마음으로 결정을 내리십시오. 여러분이 맹세하고 판결을 내리려 하는 알키비아데스가 만일 여러분을 속이는 데 성공한다면, 그는 도시를 비웃으며 떠나버릴 것입니다. 명백하게 은혜를 베푼 친구들에게도 해를 끼치는 마당에, 비밀투표로 그에게 은혜를 베풀어준들 그는 여러분에게 아무런 고마움도 느끼지 않습니다. 그러니 **11** 배심원 여러분, 그의 애원에 넘어가지 마시고 마땅한 결정을 내리십시오. 그는 중무장보병에 소속했다가 대열에서 벗어나서, 자격심사도 받지 않고 불법으로 기병에 편입했던 사실이 증명되었습니다. 이런 사태에 관련하여 법이 분명히 밝히고 있듯이, 장군도, 기병대장도, 다른 그 누구도 법을 능가할 수 없음에도, 그는 사인(私人)으로서 법의 권위를 무시하고 자의적인 결정에 편승했습니다. 이제 저는 제 친구 아르케스트라티데스를 지지 **12** 하고 또 제 적 알키비아데스를 벌하기 위해, 여러분이 정당하게 결정을 내려주시기를 청합니다. 여러분은 당면한 적들 앞에서 위험에 처했을 때 결정을 내리는 것과 같은 입장에 서주십시오.

16

의회 의원의 자격심사에 임한
만티테오스를 변호하여

역자 해설

이 글은 500인 의회 의원을 맡기 전 자격심사에 임한 만티테오스가 발표한
것으로, 〈에우안드로스의 자격심사에 대하여〉와 같은 경우에 해당한다.

만티테오스라는 이름은 이 글의 제목에서 알려진 것으로, 이 인물에 관한
정보는 별로 전하지 않으며 이 글 자체에서도 많이 나오지 않는다.

만티테오스가 500인 의회 의원으로 추첨되고 법에 따라 자격심사를 받는
과정에서 고발인들이 나타났다. 이 고발인들에 대한 정보도 알려진 것이 없
다. 이들은 만티테오스가 30인 체제하에서 그들의 하수인이었던 기병에게
자금을 보조했다고 비난한다. 만일 이것이 사실이라면 의원이 되는 데 있어
중대한 결격사유가 되는 것이었다. 당시 기병은 30인 참주정체(혹은 과두정
체)를 굳건하게 유지하는 현실적인 무력 기반을 제공했으므로, 아테나이인들
은 기병을 정치체제의 잠재적인 적으로 간주하여 아주 좋지 않게 여겼기 때
문이다.

만티테오스는 자신의 경력을 소개하며 자신에게 주어진 혐의를 부인한다.
과두정부하에서 자신은 아테나이에 없었고 폰토스(흑해)에 가 있었으며, 그

과두정이 붕괴되기 조금 전에 돌아왔으므로, 기병으로 복무하면서 30인 체제에 협조하는 것은 불가능하다는 것이다.

고발인들은 만티테오스가 기병에 복무한 증거로 명판에 기병복무자로서 이름이 새겨진 사실을 든다. 이때 명판은 판자에다 석회를 입혀서 그 위에 공지사항 등을 새긴 것이었는데, 그런 방식으로는 기재한 사항을 추후에 수정하는 것이 가능하다. 이러한 이유로 만티테오스는 명판이 확실한 증거가 되지 못한다고 주장한다. 더구나 당시는 혼란스러운 상태였으므로 이름을 조작하는 것이 가능하며, 또 실제로 아테나이에 없던 사람들이 기재되기도 했다는 것이다.

그 외에도, 당시 기병에 복무한 사람들 중 다수가 공직에 같이 봉사했으나, 만티테오스는 그와 무관하다는 점을 지적한다. 반면 만티테오스 자신은 젊은 시절부터 공적으로든 사적으로든 공히 사회에 기여해왔음을, 구체적으로는 전쟁(기원전 394년에 있었던 코린토스와의 전쟁)에서 도시를 위해 기여한 사실과 집안을 위해 봉사한 점 등을 언급한다.

이 글은 리시아스의 글 중에서 성공을 거둔 것 가운데 하나이다. 특히 간결함과 명료함에서 그러하다. 여기서 언급되는 여러 사건들은 시기적으로 기원전 394~389년에 속한다.

의원 여러분, 만일 저를 고발한 자들이 저를 음해하기 위해 온   1
갖 방법을 다 구사하고 있다는 사실만 몰랐더라면, 저는 이 고
발에 즈음하여 그들에게 아주 감사했을 것입니다. 제 소견으
로 이들은 부당한 음해의 희생물인 저에게 지금까지의 삶을 되
돌아보도록 한 최고의 기여자이기 때문입니다. 저는 저 자신   2
에 대해 아주 강한 자신감을 가지고 있으므로, 누가 저를 모욕
하고 음해한다 해도 그가 저의 과거 행적에 대해 듣게 되면 마
음을 바꾸고 저를 훨씬 더 좋게 생각할 것이라고 믿습니다. 의   3
원 여러분, 만일 제가 기존 (민주) 체제의 지지자이며, 위험에
처하게 되어 부득이하게 여러분과 함께하지 않을 수 없었다는
사실 따위를 여러분에게 밝히려고만 하는 것이라면, 특별한
공이 있다고 하기가 어렵겠지요. 그러나 다른 여러 면에서 제
가 반대편 상대가 생각하고 말하는 것과는 아주 다르게 균형
잡힌 삶을 살아온 사실을 밝히면서, 여러분에게 저의 자격심
사 건을 통과시키는 동시에 제 적들을 비열한 사람들로 간주하
기를 요청하게 될 것입니다. 우선 제가 30인하에서 기병1으로
복무한 적도 없고 이곳(아테나이)에 머물러 살지도 않았으며,

---

1   단순히 기병의 사회계층에 속한다는 뜻이 아니다. 30인 치하에서 기병으로 복무
    했다는 사실은 중요한 의미를 가지는 것으로, 기병은 당시의 과두정체를 지지하
    는 가장 중요한 집단이었다.

당시의 정부(30인 참주정)에 전혀 관여한 적이 없다는 점을 말씀드립니다.

4   헬레스폰토스의 불행2이 있기 전, 제 아버지가 저희를 폰토스의 사티로스3에게로 보내서 살도록 했습니다. 그래서 성벽을 허물어버릴 때도, 정치체제의 개변4이 있을 때도 저희는 아테나이에 없었습니다. 우리는 필레에 있던 사람들이 페이라이에

5   우스로 들어오기5 닷새 전에 이곳으로 돌아왔습니다. 그런 상황에서 우리가 돌아온 것은 실로 원하지 않는 위험에 발을 들이려 했기 때문이 아니었으며, 또 30인 측에서도 해외에 거주하여 아무런 죄를 짓지 않은 사람들과 함께 정부를 꾸려갈 마음이 없었을 뿐 아니라 오히려 민중을 해체하는 데 협조한 사람들까

6   지 참정권을 박탈했지요. 더구나 명판에 기록된 것을 기준으로 기병으로 복무한 사람을 가려내는 것은 실속 없는 짓거리죠. 그 명판에는 한편으로 실제로 복무했다고 인정하는 많은 사람들의 이름도 올라 있지 않을 뿐 아니라, 다른 한편으로 해외로 가서 이곳에 없던 사람들도 올라 있어요. 더욱 확실한 증거는 다음의

---

2   기원전 405년 아이고스포타모이해전에서 스파르타에게 패배한 사건을 뜻한다.
3   사티로스는 폰토스의 왕으로, 당시 많은 아테나이인들이 자식들을 그에게로 보냈다. Isokrates, *Trapezikos*(은행가), 3 참조.
4   기원전 404년 봄에 있었던 일을 말한다.
5   기원전 403년 5월, 트라시불로스를 선봉으로 한 민주파들이 필레에서 출발하여 페이라이에우스 항구를 장악하고 마침내 30인 참주들을 몰아내게 된 일련의 사건에 관한 것이다.

사실입니다. 아테나이 도심으로 돌아왔을 때 여러분은 투표로
결정하여 부족장들6로 하여금 기병에 복무한 이들의 명단을 만
들도록 해서 그들에게 지급된 수당7을 회수하도록 했어요. 그   7
러나 아무도 제가 부족장들이 만든 명단에 올라 있다든가, 위원
회에 회부되었다든가, 정착금을 반환했다는 사실을 증명할 수
는 없을 것입니다. 더구나 이는 모든 이가 쉽게 알 수 있는 사실
인데, 부족장들이 수당 받아간 사람을 명단에서 누락하면 스스
로 그 돈을 물어내야 했습니다. 그러니 여러분으로서는 명판의
명단보다 부족장들이 만든 명단에 의거하는 것이 훨씬 더 큰 정
당성을 확보하게 되는 것이죠. 명판에 새긴 이름은 원하는 이가
쉽게 지워버릴 수도 있는 것이지만, 부족장의 목록에는 부족장
이 기병으로 복무한 사람을 반드시 적어야 했거든요. 게다가 의   8
원 여러분, 제가 만일 기병으로 복무했다면, 못 할 짓을 한 것
처럼 그런 식으로 그 사실을 부인하지는 않았을 것입니다. 그런
경우라면 그저 저로 인해 시민 중 누구도 피해를 본 사실이 없음
을 밝혀서 자격심사를 통과하려고 했을 것이니까요. 제가 보기
에, 여러분도 이런 입장에 있을 것 같고, 또 당시 기병에 복무

---

6   이 책 용어 해설 중 '부족장' 항목 및 Lysias, 15(알키비아데스의 군역회피를 비난
    하여) . 5 참조.
7   사정(査定)을 거쳐 기병으로 소속되는 사람은 기병 복무에 따른 준비를 위해 '정
    착금'(katastasis)이란 자금을 국가로부터 빌려 받는다. 기병에서 전역할 때는 정
    착금을 반환해야 하는데, 그 대상으로 이름이 올라간 것은 실제 기병으로 복무했
    는지를 판단하는 더 확실한 증거가 된다는 뜻이다.

한 많은 사람들이 의회에 들어와 있고, 또 많은 이들이 장군으로, 기병대장으로 선출되었잖아요. 그러니 제가 이런 해명을 하게 된 것은 다름 아니라 상대가 공연히 거짓말로 저를 음해하려 했기 때문이라는 점을 여러분이 헤아려달라는 것입니다. 증인들은 올라와서 저를 위해 증언을 해주십시오.

증언

9 이제 제게 주어지는 비난 자체에 대해 저로서는 더 이상 드릴 말씀이 없습니다. 다만 제 소견으로, 의원 여러분, 다른 사안의 재판에서는 변호는 비난 그 자체에 한정해야 하는 것이지만, 자격심사의 경우에는 그 삶 전체[8]를 소개할 필요가 있습니다. 그러니 제 말을 경청해주십시오. 가능한 한 간단하게 말씀을 드리도록 하겠습니다.

10 무엇보다 먼저, 제게는 유산이 많지 않았습니다. 제 아버지뿐 아니라 도시에도 같이 닥친 재앙 때문이었지요. 그렇지만 저는 두 누이를 출가시킬 때 각각 30므나[9]의 지참금을 마련해

---

8 자격심사 시에는 재판이나 의회에서의 활동 등, 공적·사적 이력을 온통 다 들추어보므로 심사 대상의 성격, 행동 등을 이해할 수 있다.
9 여인이 혼인할 때 가지고 가는, 부친, 형제, 후견인 등이 여인에게 주는 혼자금 (금전이나 토지 등). 이 지참금은 남편의 소유가 되지 못한다. 혼인이 결렬되거나 이혼할 경우, 이유를 불문하고 지참금은 여인의 친정으로 반환된다. 아이가 나면 그 재산을 물려받는다.

주었습니다. 또 제 형제에게도 한몫을 내주었는데, 그는 유산을 저보다 더 많이 가져갔다는 사실을 인정했어요. 또 다른 사람들에 대해서도 그렇게 해왔으므로 그들이 지금까지 저에 대해 어떤 것이라도 무슨 불평을 한 적이 없어요. 저의 사생활은 그러했습니다. 공적인 사안에서도 제가 단정한 생활을 했다는 가장 확실한 증거가 있습니다. 그것은 노름이나 술 따위의 유흥에 탐닉하는 젊은이들이, 여러분이 주지하듯이, 저와 불화하고 또 저에 대해 악랄한 거짓말을 하고 다닌다는 사실입니다. 실로 분명한 것은 만일 우리가 같은 취향을 가졌다면 그들이 저를 그런 식으로 욕하고 다니지는 않았을 거란 말이죠. 더구나 의원 여러분, 제가 수치스러운 민사소송이나 공적인 고발, 탄핵10 등에 연루된 적이 있다고 말하는 이는 아무도 없어요. 여러분은 다른 이들이 그런 재판에 회부되는 것을 자주 보시지요. 또 원정 혹은 적군을 막아야 하는 위기에서 제가 도시

11

12

10 고발(그라페, *graphe*)은 주로 공적 이해관계의 현안에 관한 공소였다. '그라페'는 '기록한다'는 뜻이다. 탄핵(에이산겔리아, *eisangelia*)도 공직 이해가 걸린 비리에 관한 탄핵 절차이며 처음에는 중요한 사안 위주로 적용되었으나 후에는 비중이 상대적으로 작은 사안에도 적용되었다. 그라페와 에이산겔리아 둘 다 공적인 이해관계가 걸린 사안에 대한 고소·고발 절차라는 공통점이 있고, 또 고소인이나 고발인이 법정에서 5분의 1의 지지표도 얻지 못할 경우 1천 드라크메의 어마어마한 금액을 벌금으로 내야 해서 고소인이나 고발인에게 위험부담이 돌아가므로 이런 절차에 호소한다는 것이 쉬운 일이 아니었다. 그라페와 에이산겔리아가 서로 어떻게 다른가에 대해서는 여러 가지 이론(異論)이 있다. 이 책 부록 3 및 최자영(2007), 《고대 그리스 법제사》, 569~580쪽 참조.

13 를 위해 어떻게 봉사했는지를 보십시오. 무엇보다, 여러분이 보이오티아인들과 동맹을 맺어서 할리아르토스를 구하러 가야 했을 때, 저는 오르토불로스 덕분에 기병에 편입되었어요. 그런데 사람들이 모두 말하기를, 기병은 안전하고 중무장보병은 위험한 것이라고 하는 거예요. 그래서 다른 이들이 불법적으로 심사도 받지 않은 채 기병으로 들어갈 때에, 저는 오르토불로스11에게 가서 기병 명단에서 저를 빼달라고 했어요. 다수가 위험을 불사할 때에 전쟁터에서 제 자신의 안전을 구하려는 것이 수치스럽다고 생각했던 게지요. 오르토불로스여, 저를 위해 증인으로 올라와주십시오.

증언

14 그때, 출발하기 전 마을 사람들이 모였는데, 그중 일부는 진실하고 열성적인 시민이었으나 장비가 부족한 것을 보고는 제가 말을 했지요. 가진 자들이 부족한 자들을 위해 필요한 장비를 마련해야 한다고요. 다른 이들에게만 권한 것이 아니라 저 자신도 두 사람에게 각각 30드라크메씩을 주었어요. 재산이 많아서가 아니라 다른 이들에게 귀감이 되도록 하려는 것이었지요. 저를 위해 증인은 올라와 주십시오.

---

11 오르토불로스는 만티테오스가 속한 것과 같은 아카만티스 부족에 속한다.

증인들

그런 다음, 의원 여러분, 코린토스 원정이 있었고, 모든 사람   15
들은 그 원정이 위험하다는 것을 알고 있었습니다. 일부는 달
아나버렸지만, 저는 자진하여 선두에 서서 적과 싸웠습니다. 12
우리 부족이 피해를 가장 많이 보았고, 전사자도 가장 많았지
요. 모든 이더러 겁쟁이라고 야유하던 스테이리아 출신의 어떤
고귀한 친구보다 제가 더 늦게 후퇴했습니다. 이런 일이 있은   16
지 며칠 지나지 않아서 아군은 코린토스의 중요한 요새들 중 몇
개를 장악하게 되어 적군의 진입을 막을 수 있게 되었지요. 아
게실라오스13가 보이오티아로 진격했을 때, 우리 편 장관들이
일부 군대를 파견하여 그곳을 돕기로 결정을 했어요. 그러자
모두 겁을 냈지요. 그것도 무리가 아닌 것이, 의원 여러분, 조
금 전에 위기를 모면하고 마음을 놓고 있는 판에 또 다른 위험
에 직면한다는 것은 끔찍한 일이었지요. 그러나 저는 우리 부
대 대장에게로 가서 추첨도 하지 말고 우리 부대가 나가자고 제
안했어요. 그러니 여러분 중에서 누구라도 도시의 사무에 관여   17

---

12 아마 이 전투는 기원전 394년 라코니아와 반(反) 라코니아 연합전선(아테나이,
    코린토스, 테바이 등) 간 충돌을 말하는 것으로 추측된다. 이때 아리스토다모스
    를 선봉으로 한 스파르타인들은 적에게 치명타를 입히며 대승을 거두었다.
13 아게실라오스는 스파르타의 왕으로, 아기스의 형제이다. 그는 기원전 396년 아
    시아로 원정을 갔으나, 반(反) 스파르타 전선에 대적하기 위해 스파르타로 소환
    되었다.

할 권리를 주장하면서도 위험 앞에서 몸을 사리는 사람을 보고 분개한다면, 여러분이 저를 그런 사람으로 치부하는 것은 옳지 못합니다. 저는 주어진 명령을 적극적으로 수행했을 뿐 아니라 그 이상으로 위험을 감내했기 때문입니다. 제가 이렇게 한 것은 라케다이몬인을 대적하여 싸우는 것이 두렵지 않았기 때문이 아니라, 만에 하나 제가 부당하게 위험에 빠지게 되면, 이런 행적으로 인해 제가 여러분에게 더 좋은 사람으로 인정받음으로써 저의 모든 권리를 보장받을 수 있다고 생각했기 때문입니다. 이런 사실에 대한 증인은 저를 위해 올라와주십시오.

증인들

18 다른 원정과 수비에서도 저는 의무를 그르친 적이 없고, 오히려 진격할 때 맨 앞에 서고 후퇴할 때 제일 뒤에 서는 것을 제 신조로 삼아 지켜왔습니다. 이런 행동에 근거하여 명예와 품위를 지키는 사람들을 구분해내야 하는 것이며, 누가 장발을 하고 있다고 해서 미워하는 일이 있어서는 안 되겠습니다. 장발 같은 것은 개인이나 도시 공동체를 해치지 않죠. 반면에 여러분 모두에게 득을 가져오는 것은 적 앞에서 위험을 불사할

19 각오를 가진 사람들입니다. 그러니 의원 여러분, 겉모습14을

---

14 이 변론 2절 참조. 만티테오스는 복장이나 행동에서 라코니아(스파르타) 식을 좋아했다.

보고 사람을 좋아하거나 싫어하는 것은 공정하지 못하며, 오히려 그 행동으로 판단해야 합니다. 말을 아끼고 정장을 하는 많은 사람들이 치명적인 해악의 근원이 되곤 했으나, 그런 겉모양에 신경을 쓰지 않는 사람들이 여러분을 위해 값진 봉사를 많이 해왔습니다.

제가 알게 된 것은, 의원 여러분, 제가 더 젊은 나이에 민중 앞에서 발언을 하려 했다는 점, 그런 점 때문에 일부 사람들이 저를 탐탁찮게 생각한다는 것입니다. 그러나 무엇보다 제가 공적으로 발언을 하게 된 것은 제 입장을 보호하기 위해 부득이한 것이었습니다. 그다음으로는, 스스로 반성해볼 때, 제게는 과도한 명예욕이 있는 것 같습니다. 한편으로 저는 제 선조들이 끊임없이 도시를 위해 기여를 한 점을 돌아보고, 다른 한편으로 여러분이, 솔직하게 말씀드리자면, 다름 아닌 그런 사람을 존중한다고 저는 알고 있습니다. 여러분이 그런 입장에 있는 것을 알고는 누가 도시를 위해 일하고 발언하지 않으려 하겠습니까? 더구나 그런 사람들을 여러분이 왜 싫어하겠습니까? 그들에 대한 재판관은 다름 아닌 바로 여러분입니다. 20

21

17

에라톤의 재산을 옹호하고 몰수에 반대하여

역자 해설

이 변론에 관련된 재판에서, 변론 화자인 원고는 피고의 몰수된 재산이 공공 재산이 아니라는 주장을 전개한다. 이 사건에서 몰수라는 구실로 행해진 공적 부당행위는 원고 자신의 재산에 대해 행해진 것이라는 주장이다.

에라톤은 고발인의 할아버지에게 빚을 지고 있었다. 사건의 원인 제공자인 이 두 사람은 이미 죽었으므로, 에라톤의 아들 에라시스트라토스와 대부업자의 손자가 각각 피고와 원고로서 소송당사자가 되었다. 원고는 피고 에라시스트라토스가 몰수당한 재산 가운데 에라톤이 자신의 할아버지에게 진 빚으로서 자신이 찾아가야 할 몫이 있다고 주장한다.

화자(고발인)는 에라시스트라토스의 재산이 몰수된 시점으로부터 3년이 지난 후에 법적 소송에 착수했다. 3년째에 시작된 이 소송은 채무자와 공적 기관 양쪽을 상대로 진행되는 '절차'(diadikasia)에 관한 재판이다. 이때 '절차'라 함은 권리를 주장하는 사람들 중 누가 우선권이 있는지를 가리는 것이다. 예컨대, 누가 무남상속녀와 결혼할 권리가 있는지, 누가 공적 부담을 지고 나라가 요구하는 비용을 지불해야 하는지, 또는 바로 이 변론의 사건에서처럼 누군가 재산을 저당잡거나 도시국가에서 공적으로 재산을 몰수하는 경우 그에 상응하는 청구권이 적용될 수 있는지 등이 그 대상이 된다. 이 때문에 자카스[1]는 이 변론의 제목을 〈공적 절차에 관하여〉로 하는 것이 좋겠다고 제안한 바 있다.

이 재판은 공적 기관의 대표로서 심의위원회(syndikoi)가 출석한 가운데 헬리아이아 재판정에서 이루어졌다. 이 변론의 작성 시기는 기원전 397년경으로 추정되며, 원고에게 유리했던 것으로 판단되기도 한다. 이 글은 명료함과 간결함뿐 아니라 증인과 서류 등 증거자료를 동반하여 설득력까지 가진 변론으로 높게 평가된다.

$$\triangle\!\!\!\!\bigtriangledown$$

1   배심원 여러분, 혹시 제가 난 사람이고 다른 이보다 말을 더 잘해야 한다고 여러분 가운데 누군가 생각하실 수도 있겠습니다. 2 그러나 저 자신에 관련되지 않은 사안에 대해 말을 잘하지 못하는 것은 물론, 제가 해야만 하는 일에 대해서도 정곡을 찔러 말하지 못할까 걱정됩니다. 그럼에도 제 요량에, 에라톤과 그 자식들이 우리에게 했던 일의 전말을 제가 다 말씀드릴 수만 있다면, 여러분은 그것을 통하여 쉽게 이 재판 절차에 관해 적중한 판단을 내릴 수 있을 것입니다. 그러니 처음부터 들어보

---

1   Zakas, A. I. *Lysiou logoi kai apospasmata.*
2   화자는 달변으로 소송에 능한 사람이 아니라, 도시를 위해 기여한 사람으로 보이고 싶어 한다.

십시오. 에라시폰의 아버지 에라톤은 제 할아버지로부터 2탈 **2**
란톤을 빌려갔습니다. 그가 돈을 수령했고 또 그가 요구한 만
큼의 돈을 가져갔다는 사실을 증명하기 위해 그 돈이 지급될 때
자리에 있었던 사람을 증인으로 소개합니다. 에라톤이 그 돈을
사용한 사실, 그리고 그로부터 이익을 거둔 사실에 대해, 그의
사업을 측근에서 보아 저보다 더 잘 아는 사람들이 그런 사실을
여러분께 고하고 증명할 것입니다. 증인들을 불러주십시오.

증인들

에라톤이 생존해 있었을 때만 해도 우리는 이자를 받았고 다른 **3**
계약조건들도 지켜졌습니다. 그런데 그가 죽자 남은 3명의 자
식 즉 에라시폰, 에라톤3, 에라시스트라토스는 우리에게 지켜
야 할 의무를 이행하지 않았습니다. 그때가 전시(戰時)4였으
므로 법적 소송이 이루어지지 않았고, 그들이 우리에게 진 빚
을 추징할 수가 없었습니다. 그러다 평화가 오고 민사소송5이
시작되자 밀린 빚을 청산하라고 에라시스트라토스를 상대로
소송에 들어갔는데, 형제들 가운데 그만이 이곳에 거주하고
있었기 때문입니다. 그래서 크세나이네토스 아르콘(장관) 때

---

3 아버지(에라톤)와 같은 이름을 가진 아들이다.
4 펠로폰네소스전쟁 시기를 의미한다.
5 민사소송은 사인(私人)들 사이에 벌어지는 분쟁이며, 이때 재판은 대개 테스모테
  테스(법무장관)가 주관하는 가운데 벌어진다.

에 그에게 승소했습니다. 이런 사실에 대한 증인들을 여러분에게 소개합니다. 중인들을 불러주십시오.

중인들

4 에라톤의 재산이 우리 것이라는 사실은 이들의 진술로부터 쉽게 이해되는 것입니다. 또 이 모든 것들이 공적으로 몰수된 사실이 이 목록에 의해 증명됩니다. 그 목록은 서너 사람에 의해 상세하게 작성된 것입니다. 실로, 에라톤의 재산 중 몰수할 만한 것은 그 어떤 것도 누락하지 않았음이 모든 이에게 분명하게 드러납니다. 과거 오랜 기간 제게 속했던 것들까지 포함하여 에라톤의 모든 재산을 기입했기 때문입니다. 6 그러니, 제가 분명히 아는 한, 여러분이 제 재산까지 몰수한다면 우리는

5 달리 어떻게 융통할 만한 곳도 전혀 없습니다. 차제에, 제가 어떻게 개인들이 아니라 여러분7을 상대로 이 분쟁을 제기하게 되었는가를 말씀드리겠습니다. 에라시폰의 친척들이 이 재

---

6 원래 대부한 사람은 화자의 조부이고, 원래 채무자는 에라톤으로서, 에라시폰의 아버지이다. 소송 당사자들은 양쪽 다 그 상속자들이다. 이 소송은 채무자의 유산 문제가 아니라 공적 소송으로 진행되는데, 그것은 채무자의 유산이 국가에 의해 몰수되었기 때문이다. 에라톤의 재산이 모두 몰수되었기 때문에 그 안에 원래 채권자의 재산이 들어 있으며, 화자는 몰수된 국가의 재산에 대해 원천적으로 자신이 갖는 권리를 주장하고 재산을 돌려줄 것을 요구한다.

7 공적 배심 재판관들을 의미한다.

산에 대해 제게 소송을 걸었을 때, 저는 그 모든 것이 제 것이라고 주장했습니다. 에라시스트라토스가 전체 채무에 관련하여 저의 아버지를 상대로 한 소송에서 패소했기 때문입니다. 그래서 최근 3년간 저는 이미 그 재산을 스페토스에게 대여한 상태이고, 다만 키킨나에 있는 재산과 그곳의 집에 대해서는 점유자와 소송 중에 있었습니다. 그런데 작년에 그들이 스스로 무역업자라고 주장하여 저의 소송을 파기시켰어요. 그렇지만, 지금 가멜리온 달8에는 그 문제에 관련된 소송을 제기할 수 있도록 허용되는데도, 해운(海運) 법정이 이 사건을 다루지 않았지요. 이미 여러분이 에라시폰의 재산을 몰수하기로 **6** 결정했으므로, 저는 그중 3분의 2를 국가에 주고, 에라시스트라토스의 재산은 제게 귀속되어야 한다고 주장합니다. 바로 그 재산은 여러분이 이미 앞서 있었던 판결에 의해 우리들의 것이라고 결정9을 내린 바 있기 때문입니다. 그러니 저는 세목을 가려 계산하지는 않고 그저 제 몫을 3분의 1로 한정하고, 3 분의 2 이상을 국고로 넘기려 합니다. 이것은 재물에 대한 감 **7** 정가격으로부터 쉽게 도출됩니다. 감정가는 1탈란톤 이상이 며, 제가 지금 소송 중인 재산 가운데 하나는 5므나, 또 다른 하나는 1천 드라크메로 산정해 올립니다. 만일 이들 재산이 이

---

8   12월에서 1월경에 걸친 달이다.
9   화자는 먼저 있었던 결정(이 변론 3절)을 언급하면서 개인과 공공기관 사이의 타협을 제안한다.

금액을 상회한다면, 공매 이후 남는 금액은 국가로 귀속될 것

8 입니다. 이런 사실을 증명하기 위해 여러분에게 소개할 증인들은 먼저 제게서 스페토스의 재산을 임차한 사람들입니다. 그다음에 키킨나 땅 주변 사람들을 소개할 것인데 이들은 우리가 최근 3년 동안 이 땅을 두고 소송한 줄을 알고 있습니다. 그리고 그다음에는 작년 이 소송을 맡았던 공무원들과 현재 해운

9 법정의 재판관들입니다. 여기 이 목록을 여러분에게 읽어드리겠습니다. 우리가 이 재산을 요구한 것이 최근의 일이 아니라는 것, 또 그전부터 개인에게 하던 것보다 더 많은 것을 지금 국고(國庫)에 요구하는 것이 아니라는 사실을 이 목록이 밝혀줄 것입니다. 증인들을 불러주십시오.

증인들

10 배심원 여러분, 제가 무리하게 판결10을 내려달라고 요구하는 것은 아니고, 오히려 그전에 돌려달라고 요구한 것 중 많은 부분을 도시를 위해 포기한 사실이 증명됩니다. 이제 여러분, 또 여러분 앞에 자리한 위원들 앞에 드리는 요구는 정당한 것이라고 저는 생각합니다.

---

10 이때 판결(*diadikasma*)이란 위 6절의 언급과 관련된다. 즉, 3분의 2를 국가에 주고, 나머지 3분의 1(약 1,500드라크메)은 화자에게 귀속되어야 한다는 주장이다. 이 3분의 1은 화자가 오랫동안 스페토스에게 대여했던 재산으로서, 에라시스트라토스의 것으로 되어 있었던 것이다.

18

니키아스의 형제의 재산몰수에 대한 맺음말

역자 해설

이 변론은 장군 니키아스의 두 형제인 에우크라테스와 디오그네토스의 재산을 몰수해야 한다는 제안을 둘러싼 것이다.[1]

니키아스의 두 형제는 헤르메스상의 목 절단[2] 사건에 연루된 것으로 비난을 받았다. 이들 중 에우크라테스는 이 사건에서 무죄선고를 받고 훗날 장군으로 선출되어 복무하게 된다. 그러나 기원전 404년, 펠로폰네소스전쟁이 종식되는 와중에 그는 승자인 라케다이몬인들이 패자인 아테나이에 강요한 항복조건들에 반대하여 항의한 일로 사형선고를 받고 처형되었다. 니키아스의 다른 형제인 디오그네토스는 헤르메스상 절단 사건 때문에 아테나이에서 추

---

1 그래서 자카스(A. I. Zakas, *Lysiou logoi kai apospasmata*)는 이 변론의 제목을 〈니키아스의 형제들의 재산몰수에 부치는 발문(跋文)〉으로 하자고 제안했다.

2 기원전 415년 아테나이가 시켈리아 원정을 떠나기 전날 밤, 아테나이 곳곳에서 헤르메스 신상의 목이 절단되는 사건이 벌어졌다. 헤르메스 신은 여행자들의 신으로서 이 신상에 가해진 만행은 원정에 반대하는 무리의 소행인 것으로 추정되기도 하지만 결국 주모자 색출에는 실패했다.

방되었다가, 훗날 망명객들이 페이라이에우스 항구를 거쳐 아테나이로 돌아오고 30인 참주정이 붕괴되었을 때 그들과 함께 아테나이로 돌아오게 된다.

폴리오코스는 도시(아테나이 도심)에 있었던 시민이지만, 중상모략에 능한 자질 덕분에 민주정체하에서도 영향력을 가지고는, 니키아스의 두 형제가 가진 재산을 몰수하자고 제안을 했다. 폴리오코스는 그전에도 같은 제안을 한 적이 있으나, 그때 재판정은 그의 제안을 거부하면서 그런 불법적인 제안을 한 책임을 물어 벌금형을 선고했다. 그런데 수년이 흐른 다음, 알려지지 않은 어떤 새로운 환경을 계기로 하여, 그의 제안이 민회에서 지지를 얻고 마침내 법정으로 회부된 것이다. 이 재판에서 폴리오코스는 재산몰수라는 불법 제안을 한 것으로 피고의 위치에 서게 되었다.

이 재판이 이루어진 것은 니키아스의 두 형제가 이미 죽은 다음이었다. 그들의 재산은 30인 과두정(참주정) 체제를 거치면서 줄어들었으나, 그럼에도 온존하여 그 자식들이 공동으로(이 글 21절 참조) 관리했다. 이 변론의 화자는 에우크라테스의 맏아들로, 막 성년으로 인정을 받았을 때였다. 그 때문에 이 변론에서는 소년의 태가 군데군데 묻어나는 것으로 보기도 한다. 그러나 주제가 당시 정치적 격동기의 모습을 담고 있다는 점에서 중요하고, 또 리시아스가 그에 맞도록 법정의 성향을 참작해 설득력을 갖춘 변론을 구사하고 있다.

변론의 표제에 '맺음말'(epilogos)이라는 용어를 쓴 것은 이 변론이 원고의 비난과 피고의 대답이 행해지고 난 다음에 행해진 것으로서, 전체 문제의 요지를 요약하고 재판관들을 설득하기 위한 마지막 시도로서 행해진 발언이라는 뜻이다. 이 변론이 발표된 시기는 기원전 397 혹은 396년으로 추정된다.[3]

---

3 이 추정은 이 변론의 10절, 21절, 19절(혹은 15절) 등에 언급된 내용을 기초로 한 것이다.

⚖️

배심원 여러분, 억울한 지경에 처한 우리가 여러분의 양해와   1
우리의 권리를 구할 때, 우리 자신은 물론 우리 친족들도 시민
으로서 어떤 자격을 가진 사람들인지를 생각해 주십시오. 우
리가 소송을 벌이는 것은 재산만이 아니라, 나라를 위한 것이
기도 합니다. 도시의 민주정치에 우리가 기여해야 할 것이 있
으니 말입니다. 먼저 우리 삼촌인 니키아스4를 기억해 주십시
오. 그는 자진하여 여러분 민중을 위하여 행한 모든 사안에서,   2
도처에서 도시를 위해 많은 기여를 했고, 적에 대해서는 가장
치명적인 타격을 준 것으로 드러났습니다. 그러나 스스로 원
해서가 아니라 부득이하게 행한 온갖 사안에서는, 그 자신이
적지 않은 피해를 보았습니다. 재앙의 책임은 당연히 여러분
을 부추긴 사람들에게 돌아가야 합니다. 여러분을 향한 그의   3
충성과 미덕이 여러분에게는 성공을, 적에게는 패배를 가져온
사실을 생각한다면 말입니다. 장군으로서 많은 도시들을 함락

---

4   니키아스는 니케라토스의 아들로 아테나이의 정치가였다. 페리클레스가 죽은 후
    클레온에게 협조했다. 아테나이인들에 의해 두 번에 걸쳐 장군(스트라테고스)으
    로 선출되었다. 아테나이인은 기원전 423년 라케다이몬인과 맺은 평화조약을 그의
    이름을 따서 '니키아스의 평화'라고 불렀다. 알키비아데스, 라마코스와 함께 시켈
    리아 원정을 떠나도록 결정이 되자, 그는 완강하게 원정에 반대했다(Thucydides,
    6. 9). 아테나이가 시켈리아 원정에서 완전히 전멸했을 때 니키아스는 시켈리아인
    에게 체포되어, 그 민회에 의해 사형선고를 받고 처형되었다. 니키아스에 관한 자
    료는 Thucydides, 6권 및 7권; Plutarchos, *Nicias* 편 참조.

했고 적을 물리쳤으며 무수히 빛나는 승전비를 세웠기 때문입니다. 그런 것을 일일이 다 고하려 한다면 번거로운 일이 될 것입니다. 그의 형제이며 제 아버지인 에우크라테스는 최후의 해전[5]이 일어난 직후, 민중 여러분을 향한 충성을 확실하게 증명했습니다. 해전에서 패배한 다음 그는 여러분에 의해 장군으로 선출되었고, 또 민중을 음해한 사람들이 과두정에 동참하도록 권유했지만 그는 그들에게 동조하지 않았습니다. 다수가 환경에 순응하여 변절할 뿐만 아니라 운에 명운을 맡기는 그런 상황에 있었는데도 말입니다. 민중이 질곡에 처하고 난 다음에도 그는 공무에서 소외되지도 않았고 민중 위에 군림하려 하는 사람들[6]과 사적인 원한을 가진 것도 아니었습니다. 또 30인 체제의 한 사람이 될 수도 있었고, 어느 누구에게도 뒤지지 않는 힘을 가지고 있었음에도, 성벽이 허물어지고 적에게 배를 넘겨주며 민중 여러분이 예속되는 것을 묵과하기보다 여러분의 안전을 위해 일하다가 죽기를 택했습니다. 그 후 오래지 않아, 제 사촌이며 니키아스의 아들로서 민중 여러분의 편에 섰던 니케라토스가 체포되어 30인에 의해 죽음을 당했습니다. 출생, 재산, 나이 그 어느 면에서도 나랏일에 동참하는 데 부족함이 있는 사람이 아니었습니다. 그 자신이나 그 선조, 어느 모로 보나 민중 여러분의 편을 들었으므로 다른 체제를 원

---

5 기원전 405년 아이고스포타모이해전을 말한다.
6 당시의 30인 참주 혹은 과두파를 말한다.

한 것이 아니라고 생각되었습니다. 그의 집안사람 모두가 도   7
시로부터 존경받고, 도처에서 여러분을 위하여 위험을 불사했
으며, 많은 기부금을 내놓았고, 공적인 의무의 부담을 훌륭하
게 감내했던 사실을 그들은 알고 있었습니다. 그들은 도시가
그들에게 부과한 또 다른 부담들도 결코 마다한 적이 없었으
며, 기꺼운 마음으로 기여했습니다. 과두정부하에서는 민중   8
편에 섰다고 해서 죽음을 당하고, 민주정부하에서는 민중을
배반했다고 재산을 빼앗긴다면, 그런 우리보다 더 불행한 사
람들이 어디 있겠습니까?

더구나 배심원 여러분, 디오그네토스가 모사들에 의해 중상   9
모략을 받아 추방되었는데, 그는 추방된 사람 가운데 도시를
상대로 공격을 하지도 않았고 데켈레이아로 들어오지도 않았
던 소수의 한 사람이었습니다.7 추방되었을 때나 귀국한 다음
이나 그는 민중 여러분에게 아무런 해를 끼치지 않았을 뿐 아
니라, 자기를 돌아오게 해준 사람들에게 감사하기는커녕 오히
려 여러분에게 앙심을 품은 사람들을 향해 분노할 정도로 미덕
을 갖춘 사람이었습니다. 그는 과두정부하에서 아무런 관직에   10
도 있지 않았습니다. 오히려, 라케다이몬인들과 파우사니아스
가 아카데메이아로 들어왔을 때, 그는 니케라토스의 아들8과

---

7   파우사니아스 휘하의 스파르타 군대가 데켈레이아를 장악하고 아테나이를 옥죄고
    있을 때, 그들은 아테나이로부터 추방된 과두파들을 받아들였다.
8   니케라토스의 아들은 그 할아버지와 같은 이름의 니키아스로 불렸다. 디오그네토
    스는 후견인으로서 미성년의 아이들을 돌보았고, 그들을 스파르타의 파우사니아

어린이였던 우리를 데리고 가서는, 그(니케라토스의 아들)를 파우사니아스의 무릎에, 그리고 우리를 그 옆에 앉히고는, 파우사니아스와 임석한 다른 사람들에게 우리의 곤경과 우리에게 닥친 운명에 대해 말했어요. 그리고는 우리들 사이에 존재하는 우정과 호의9로 우리를 도와주도록, 또 우리를 괴롭힌 사람들을 벌하도록 파우사니아스에게 부탁했지요. 그래서 파우사니아스는 민중의 편을 들기 시작했고, 우리가 당한 불행이 30인이 저지른 악행의 한 예라고 다른 라케다이몬인들에게도 소개했어요. 30인이 가장 사악한 시민들뿐 아니라 출생, 부, 또 다른 덕에 있어서 크게 존경을 받을 만한 사람들까지 죽음으로 내몬 사실이 그곳의 모든 펠로폰네소스인에게 알려졌기 때문이지요. 우리를 향한 연민, 우리가 당한 처절한 불행이 모든 사람에게 준 인상이 너무 컸으므로, 파우사니아스는 30인이 주는 선물을 받으려 하지 않았고, 그 대신 우리의 것을 받았어요. 실로 기막힌 사실은, 배심원 여러분, 과두파를 도우러 왔던 적군마저 연민을 느낀 아이들이었던 우리가 말이지요, 배심원 여러분, 민주정체를 위해 목숨을 바친 아버지를 둔 우리가 여러분에 의해 권리를 빼앗길 처지에 봉착했다는 것입니다.

13   제가 잘 알고 있는 것은, 배심원 여러분, 폴리오코스가 이 재

스에게 소개했다.

9 'xenia'에는 여러 가지 뜻이 있으나 여기서는 이방인들을 서로 이어주는 호의를 뜻한다.

판정에서 자신이 거둔 성공을 대단히 자랑할 것이라는 사실입니다. 여러분이 의무를 수행하기로 맹세한 사안과 관련하여 여러분의 이익에 반하는 결정을 하는 데 영향을 미칠 수 있을 정도로 그 자신이 아테나이에서 힘을 가지고 있다는 사실을 시민과 이방인 모두에게 증명할 수 있는 좋은 예라고 생각하기 때문이지요. 모든 사람이 알고 있는 사실인바, 지난날 여러분은 우리 땅이 몰수되어야 한다고 주장한 사람에게 1천 드라크메의 벌금을 물도록 했어요. 그런데 지금은 몰수하자고 주장하는 자가 승소했어요. 불법을 저질렀다고10 같은 사람이 피고가 된 두 재판에서, 아테나이인들 자신이 모순된 결정을 내린 것입니다. 여러분 자신의 결정에 의해 라케다이몬인들과 체결한 사안을 그렇게 쉽게 파기하는 것은 수치가 아니겠습니까? 협정이 그들(라케다이몬인)에게는 유효하고 자신(아테나이인)에게는 그렇지 않다는 것이니 말이지요. 여러분은 다른 헬라스인들이 여러분보다 라케다이몬인들을 더 높이 평가하면 화를 내겠지요. 그런데도 여러분은 자신보다 그들에게 더 신실한 것으로

14

15

---

10 폴리오코스는 과거에도 에우크라테스의 재산을 몰수해야 한다고 주장한 것이 있었다. 그때 에우크라테스의 친척이 '그라페 파라노몬'(*graphe paranomon*, 불법을 행함에 대한 고발) 절차를 통해 폴리오코스를 고발했고, 폴리오코스는 1천 드라크메의 벌금을 선고받았다. 이 사건은 먼저 법무장관(테스모테테스) 앞으로 제출되고, 근거가 있다고 판단될 때 재판에 회부된다. '그라페 파라노몬'은 정치적으로 정적을 제거하기 위해 자주 이용되는 경향이 있었다. 아리스토폰이라는 사람은 자신이 75번이나 '그라페 파라노몬'으로 고발된 적이 있다고 호언한다.

16 보이려 하십니까? 그에 더하여 가장 참기 어려운 것은, 요즘 나
    랏일을 맡은 사람들의 성향을 보아하니 자기 도시에 득이 될 만
    한 것을 제안하지 않고, 오히려 그들에게 득이 되는 제안에 찬

17 성표를 던진다는 점이지요. 일부 사람들이 자신의 것을 지키는
    반면, 다른 사람들의 재산은 부당하게 몰수당하도록 하는 것이
    여러분에게 득이 되는 것이라면, 우리 주장을 무시한다 해도
    일말의 정당성이 확보되는 것이지요. 그러나 실로 도시에 가장
    크게 득이 되는 것은 화합일 뿐, 갈등이 모든 악덕의 원인이 된
    다는 점, 서로의 갈등은 주로 자기 것이 아닌 남의 것을 차지하
    려 하거나 남이 가진 것으로부터 그 자신을 배제하려 할 때 야
    기된다는 점을 모든 이가 깨달아야만 합니다. 화합은 여러분이

18 도시로 돌아온 직후[11]에 결정한 사항이며, 그 결정은 올바른 것
    이었습니다. 당시 여러분은 발생했던 재앙을 기억하고 있었
    고, 지나간 일에 대한 앙금으로 도시가 갈등의 도가니가 되고
    변론가들이 빠르게 부를 불리는 그런 상황보다는 도시에 화합

19 이 깃들도록 신에게 빌었지요. 여러분이 귀국한 직후라서 아직
    분노가 가시지 않았을 때 원한[12]을 갖는 것이라면 그래도 양해
    할 수가 있다고 하겠습니다. 도시에 남아서 스스로 쓸모 있는
    사람으로 보이려 하기보다는 남을 나쁜 이로 매도함으로써 여

---

11 기원전 403년 30인 참주 체제를 무너뜨리고, 참주정하에서 추방되었던 사람들이
    페이라이에우스 등지에서 아테나이 도심으로 들어온 사실을 말한다.
12 30인 참주정하의 아테나이에서 쫓겨났다가 필레와 페이라이에우스를 통해 돌아와
    민주정을 회복한 이들을 말한다. Aischines, Ⅲ(크테시폰을 비난하여) 208 참고.

러분을 위해 자신의 성심을 다했다고 여기거나, 그전에는 여러분이 감내한 위험에 동참한 적도 없으면서 지금에 와서 도시가 거둔 행운을 누리려고 하는 사람들의 부추김에 의하여 지난 일에 대해 때늦은 양심을 드러내는 것보다는 말이죠.

그리고 만일, 배심원 여러분, 이들에 의해 몰수된 재산이 도 20 시로 귀속된다면, 우리는 그런대로 양해할 수 있습니다. 그러나 여러분도 주지하듯이, 지금 그중 일부 재산은 이들의 손에서 흔적 없이 사라져버렸고, 나머지는 비싼 것인데도 헐값에 팔려나가고 있습니다. 만일 여러분이 제 말을 귀담아 들으신다면, 재산의 주인인 우리보다 여러분이 더욱더 그 재산을 통해 적잖은 이익을 거둘 수가 있습니다. 디옴네스토스,13 저, 21 그리고 제 형제, 이렇게 한 집안에서 3명이 삼단노전선의 부담을 떠안으며, 도시가 자금을 필요로 할 때면 그 재산에서 특별세를 납부할 것입니다. 우리의 생각이 이와 같고 또 우리 선조들이 그렇게 했으므로 우리에게 연민을 베풀어주십시오. 그렇 22 지 않으면, 배심원 여러분, 우리는 가장 처절한 질곡에 처하게될 것입니다. 30인 체제하에서 고아가 되었는데, 민주정체하에서 재산을 빼앗기기 때문입니다. 운명의 사주로, 우리는 아이들이었으나 파우사니아스의 진영으로 가서 호소하여 민중을 도왔는데도 말입니다. 그런 전력을 가진 우리가 어느 재판관

13 디옴네스토스는 아마도 디오그네토스의 아들일 가능성이 있다. 한편, 에우크라테스의 자식들의 이름은 알려지지 않았다.

들에게 보호를 호소해야 하겠습니까? 우리 아버지와 친척들이 죽음으로써 구한 정치체제에 몸담고 있는 여러분이 아니겠습니까? 우리가 기여한 이 모든 것에 대한 대가로 우리가 여러분에게 요구하는 것은 그저 우리가 궁지에 내몰리지 않도록, 또 생필품이 없는 상황으로 전락하지 않도록 배려해달라는 것뿐

23 입니다. 그리고 우리 선조들이 이루었던 번영을 훼손하지 말고, 그에 더하여 도시를 위해 봉사하려는 자들이 위험에 내몰렸을 때 여러분으로부터 양해를 구할 수 있는 전례를 만들어주십시오.

24 　배심원 여러분, 우리는 우리 자신을 위해 호소하도록 이곳에 내세울 사람이 없습니다. 제 친족 중의 일부는 도시의 영광을 위해 용기를 증명한 후 전사했습니다. 또 다른 이들은 민주

25 정체와 여러분의 자유를 지키려다가 30인에 의해 독약을 먹고 죽었습니다. 우리 옆에 사람이 없는 것은 우리 친척들이 보여준 덕성과 도시가 당한 불행 때문입니다. 이 모든 점을 유념하셔서 우리를 적극 도와주십시오. 과두정부하에서 불행을 당한 사람은 민주정부하에서 여러분으로부터 은혜를 받아야 한다는

26 점을 유념해 주십시오. 심의위원들14께서도 우리에게 호의를 베풀어주실 것을 호소합니다. 여러분이 조국에서 쫓겨나고 재산을 뺏겼을 때 여러분을 위해 목숨을 바친 사람들을 존경하

---

14 심의위원회(syndikoi)가 이 재판을 주재한다. 이들은 30인 체제 수립 후 공금에 관련된 사안을 다루었다.

고, 그 자식들에게 여러분의 감사의 마음을 돌려줄 수 있을 것
이라고 신에게 기도했던 사실을 그들이 기억하도록 해주십시
오. 그래서 자유를 위해 선봉에 서서 위험을 감내했던 이들의   27
자식이며 친척인 우리들이 지금 여러분에게 자비를 구하면서,
우리를 억울하게 파멸시킬 것이 아니라, 불행을 함께했던 이
들의 자식이 우리에게 오히려 큰 도움을 주실 것을 부탁드립니
다. 우리의 부탁을 들어주십사 하고 제가 여러분에게 부탁하
고 탄원하고 호소하는 바입니다. 우리가 가진 전 재산이 여기
에 걸려 있기 때문입니다.

19

아리스토파네스의 재산에 대한
권리를 주장하고 그 몰수에 반대하여

역자 해설

이 변론은 아리스토파네스의 재산을 둘러싼 분쟁을 다루고 있다. 아리스토파네스의 아버지 니코페모스는 유능한 장교였고, 코논의 친구로서 기원전 398~387년 상당수의 섬과 아시아의 도시들을 아테나이 관할로 회복했던 해전에서 그와 함께 복무했다. 이미 기원전 405년부터 코논과 니코페모스는 키프로스에 집을 마련했으며, 그곳 도시 살라미스의 왕 에우아고라스가 아테나이의 동맹이 되었다.

아이고스포타모이해전에서 아테나이가 라케다이몬인들에게 패배한 다음, 해군 사령관 코논은 키프로스의 왕 에우아고라스에게로 가서 피신했다. 그 뒤를 따라서 명성이 있던 아테나이인 니코페모스도 그곳으로 갔는데, 그는 키프로스에서 혼인을 하여 딸 하나를 얻었다. 그런데 니코페모스는 아테나이에 이미 아리스토파네스란 아들을 두고 있었는데, 이 변론의 제목에 나오는 이름이 바로 그이고, 다른 여인에게서 또 다른 아들 하나가 더 있었다. 이 변론의 화자는 아리스토파네스의 처의 형제, 즉 처남이다.

니코페모스는 코논을 따라서 크니도스해전(기원전 394년)에서 삼단노전선주로서 활약했고, 이때 아테나이 측은 페르시아 측의 도움을 받아 라케다이몬인을 꺾고 승리를 거두었다. 이미 아테나이와 키프로스에 상당한 재산을 가지고 있던 니코페모스는 이 전쟁에서 얻은 전리품으로 재산을 더욱 불릴 수 있었다.

그런 가운데 아리스토파네스가 혼인을 했고, 코논이 그 배우자를 취하는 데 주요 역할을 했다. 기원전 389년, 아리스토파네스가 시켈리아의 참주 디오니시오스 1세에게로 가는 사절단의 일원이 되었다. 이때 그는 디오니시오스가 에우아고라스의 딸과 혼인하도록 제안하려는 목적을 가지고 있었다. 이 사절단은 코논의 정치적 계산에 영합한 것이나 성공을 거두지는 못했다. 에우아고라스는 얼마 후 아테나이로 사신을 파견하여 대 페르시아 전선에의 지지를 요구했다. 이때 아리스토파네스는 키프로스 왕의 요구를 지지하는 선봉에 섰다. 이런 행각도 당시 에우아고라스의 궁정에 의탁하고 있던 코논을 위한 것이었다.

아리스토파네스는 자신이 가진 재산을 거의 다 소모했으며, 그것도 모자라서 처의 가족은 물론 또 다른 사람들에게 돈을 빌렸다. 그 돈으로 그는 아테나이에서 필로크라테스 휘하에 파견하려 했던 배 10척 분에 해당하는 선원들을 고용하고 무기를 구입했다. 그 외에도 그는 에우아고라스가 비용을 부담할 것이라는 사실을 자신의 부친에게 듣고는 믿고 있었다. 그런데 아리스토파네스 자신이 함께 함대를 타고 나섰으나 작전은 실패하고 배는 라케다이몬인들에 의해 나포되었다.

아테나이인들은 카브리아스 휘하의 두 번째 원정군을 파견했으나, 정치적 상황이 급격하게 변화하는 가운데 여론은 반전되었고, 아테나이인들은 니코페모스와 아리스토파네스에 의해 기만당했다고 생각하기에 이르렀다. 그런 가운데 라케다이몬인들이 페르시아와 관계를 다지면서, 그때까지 아테나이가 누렸던 지위를 빼앗아갔다. 이렇게 되자 아테나이인들은 카브리아스로 하여금 니코페모스와 아리스토파네스를 체포하도록 명을 내렸고, 마침내 이들은 아테나이로 압송되어 재판도 받지 못하고 처형되었고, 이들을 위한 무덤도 세워지지 않았다.

그때 아이스키네스란 사람이 아리스토파네스의 재산을 몰수하자는 제안을 하게 되었다. 그러자 그 자식을 돌보던 후견인들이 아이스키네스의 제안에 반대하여 법정에서 서로 충돌하게 된 상황에서, 리시아스는 〈아리스토파네스의 재산의 몰수에 관련하여 아이스키네스를 비난하여〉를 작성했으나 이 작품은 현재 전하지 않는다. 그러나 아이스키네스의 제안이 받아들여져 아리스토파네스의 재산목록 작성을 위한 명령이 떨어졌다. 사실, 이런 개인 재산의 몰수는 공공기금이 부족할 때 동원되곤 하던 수단이었으며, 고발인은 공공기금으로 들어가는 돈 중의 일부를 받을 권리가 있었다는 점도 기억할 필요가 있다.

그런데 실제로 재산목록 작성의 결과는 아테나이인의 기대에 미치지 못하는 것이었다. 아리스토파네스의 재산은 4탈란톤과 약간의 동산이었을 뿐이고, 그것은 1천 드라크메에 처분되었다. 그때 일부 사람들이 아리스토파네스의 처가 집안이 그의 재산을 가지고 있다고 주장하면서 그 재산목록을 만들어야 한다고 요구했다. 아리스토파네스의 장인은 이미 죽었으므로, 서른 살 된 그 아들이며 아리스토파네스 처의 남동생이 법정에 서게 되었고, 그가 이 변론을 발표하게 된 것이다.

리시아스가 이 변론에서 구사한 증명방법은 간접적인 것으로서, 피고는 도시의 이익에 반하는 행위를 한 적이 없다는 사실이다. 이 변론이 발표된 시기는 기원전 388년 혹은 387년인 것으로 추정된다.

1   이 법정은 저에게 굉장한 시련입니다. 배심원 여러분, 만일 제가 요령 있게 말하지 못한다면, 저뿐 아니라 제 아버지도 유죄[1]가 되고, 저도 모든 재산을 빼앗기게 될 것이기 때문입니다. 그러니, 제가 천부(天賦)의 재주를 타고나지 못했다 해도, 최

2   선을 다하여 제 아버지와 저를 위해 변호해야 하겠습니다. 여러분은 제 소송상대가 가진 기교와 재치를 알고 있으므로 제가 언급할 필요가 없겠지요. 반면, 저를 알고 있는 모든 이가 저의 미숙함을 알고 있지요. 그래서 청컨대, 여러분이 반대 측의 진술을 들을 때와 같이 편견[2] 없이 공정하고 관대하게 우리 진

3   술을 들어주시기를 부탁드립니다. 방어하는 사람은, 여러분이 공정한 입장에서 들으신다고 해도, 불리한 입장에 서게 됩니다. 반대 측은 오래전부터 기획하여 위험부담 없이 저를 고소했으나, 우리는 두려움과 험담, 최대의 위험 가운데서 투쟁하고 있습니다. 그러니 여러분은 피고 측에 더한 호의를 가지

4   는 것이 도리일 것 같습니다. 여러분 모두 잘 알고 계실 거라 생각합니다. 지금까지 가공할 비난을 수없이 제기한 사람들의 거짓말이 너무나 명백하게 밝혀지면서, 참석한 모든 이들에게 미움을 산 채 법정을 떠난 사실을 말입니다. 또 거짓말하고 사

---

1   공공재산에 피해를 입힌 죄로 도시에 대한 범죄를 뜻한다.
2   피고가 공공재산을 전유했으므로, 배심원들이 그를 좋지 않게 본다는 뜻이다.

람들을 부당하게 죽인 이들이 체포되었으나, 정작 피해자들에
게는 도움이 되지 못했습니다. 제가 들은 바로는, 이런 사태가   5
여러 번 일어났으므로, 제가 진술하기 전에는, 배심원 여러
분, 비난하는 자들의 말을 믿지 말아야 할 것입니다. 제가 듣
기로, 세상 사람들이 말하고 또 여러분 중에도 많은 분들이 아
시는 사실이 있습니다. 세상에서 가장 몹쓸 것이 바로 '공연한
험담'이라는 것입니다. 이것은 주로 많은 사람들이 같은 죄목   6
으로 고소당할 때 드러나는 것입니다. 보통 마지막에 재판을
받는 이들이 풀려나곤 하는데요, 여러분의 분노가 누그러져서
그들이 하는 말을 귀담아듣고 그의 반론을 기꺼이 수용하기 때
문이지요.

　기억하십시오. 니코페모스와 아리스토파네스는 재판을 받   7
지 못하고 죽었는데, 어떤 이가 와서 고소 사실이 근거 없음을
밝혔을 때는 그들에게 도움이 되지 못했어요. 그들이 체포된
다음에는 아무도 본 사람이 없고, 그 시체도 받지 못해서 장례
를 치르지도 못했거든요. 3 그들은 이렇듯 끔찍한 불행을 당했   8
을 뿐 아니라, 또 다른 불이익에 더하여 재산까지 털렸습니다.
그러나 이런 이야기는 그만하렵니다. 시작하면 끝이 없을 테니
까요. 그런데 제가 보기에, 아리스토파네스의 자식들은 훨씬

3　장례식을 치르지 못한 것은 가장 열악한 질곡으로, 그에 관련된 벌은 중범죄의 경
　우와 같다. 장례식을 못 치른 것은 죽은 자뿐 아니라 지하세계의 신을 모욕하는 것
　이 된다.

더 불행합니다. 사적으로나 공적으로나 아무런 피해를 준 적이 없는데도, 여러분의 법률에도 맞지 않게 세습재산을 빼앗겼을 뿐 아니라, 남아 있는 오직 하나의 희망, 조부의 재산으로 살 9 아가려는 희망마저 암울한 지경에 처했습니다. 더구나 우리는 친척들도 여의고 지참금4도 뺏기고, 3명의 어린아이를 키워야 하는 지경도 모자라, 비열한 고발꾼들에게 걸려들어 우리 선조가 정당하게 벌어서 우리에게 물려준 유산까지 빼앗길 위험에 처했습니다. 사실, 배심원 여러분, 제 아버지는 평생 자신과 그 가족보다 나라를 위해 더 많은 것을 소비했습니다. 여러 번 제 앞에서 헤아린 것만 해도 지금 저희가 가진 것의 두 배가 됩 10 니다. 그러니 여러분은 지나온 행적을 따라, 자신을 위해서는 조금밖에 쓰지 않으면서 여러분을 위해서 해마다 많은 것을 베 푼 사람이 아니라, 오히려 세습재산은 물론 다른 데서 얻은 것 까지 모두 가장 비열한 쾌락에 탕진하곤 하는 사람들을 부당한 11 것으로 판단해야 할 것입니다. 곤혹스러운 것은, 배심원 여러 분, 니코페모스의 재산에 관련하여 일부 사람들이 품고 있는 생각에 대해 해명하는 것입니다. 우리 도시에 자금이 고갈된 형편5에 즈음하여 열린 이 재판의 현안이 공금에 관련한 것이 기 때문입니다. 그러나 이런 상황에서도 여러분은 주어진 혐의

---

4 남편의 재산이 몰수되는 경우에도 여인이 들고 온 지참금은 몰수 대상에서 제외되
   어, 원래 주인에게로 귀속된다.
5 이 변론은 기원전 388년 혹은 387년에 발표되었다. 그 30년 전쯤에 아테나이의 공
   공수세는 매해 2천 탈란톤에 달했으므로, 이 당시와는 비교가 되지 않는다.

가 사실이 아니라는 점을 쉽게 깨달으실 수 있습니다. 제가 구사할 수 있는 온갖 방법과 능력으로 여러분에게 호소할 것인즉, 끝까지 들어주시는 아량을 베푸시고 여러분에게 최선이 되고 또 여러분이 한 맹세에 가장 어울린다고 생각하는 결정을 내려주십시오.

먼저 소송 상대편 사람들이 우리와 알게 된 과정부터 말씀을 12 드리겠습니다. 코논은 펠로폰네소스 근처6에서 군대를 지휘했고, 또 오래전 제 아버지가 전선(戰船)의 선주7로 봉직하던 때부터 서로 친구로 지냈는데, 그가 제 누이를 구혼자인 니코페모스의 아들에게 출가시키도록 제 아버지에게 부탁했어요. 이 13 들이 코논의 신임을 얻고 있었고, 적어도 당시에는 존경과 사랑을 받았으므로, 아버지가 제 누이를 그에게 주게 되었습니다. 그 후 듣게 될 험담에 대해서 알지 못했던 것이지요. 그때는 여러분 중 누구라도 그들과 친척이 되는 것을 부러워했을 거예요. 이런 것이 돈 때문이 아니었다는 것은 제 아버지의 전 생애와 행적으로부터 여러분이 쉽게 판단할 수 있을 거예요. 나 14 이가 들었을 때, 제 아버지는 돈이 많은 다른 여인과 결혼할 기

---

6 기원전 393년, 크니도스해전이 일어난 다음 코논은 파르나바조스와 함께 펠로폰네소스로 원정을 갔다. 이때 니코페모스가 따라가서 키테라(펠로폰네소스 동남쪽 연안이 섬)의 행정관(총독)이 되었디. Xenophon, *Hellenika*, 4. 8. 8. 참조.
7 선주가 된 아테나이 시민이 전선에 필요한 경비를 다 부담하는 제도를 말한다. 경제적으로 능력이 되는 사람들에게 보통 1년 동안 1척씩 경비를 부담하도록 하는 것이다.

회가 있었지만, 지참금도 없는 제 어머니를 택했어요. 그녀는 에우리피데스의 아들인 크세노폰8의 딸이었거든요. 크세노폰 은 덕성을 갖추었을 뿐 아니라, 제가 들어 알고 있는바, 여러분 에 의해 선출되어 장군으로 봉직했어요. 또 아버지는 제 누이 들을 지참금 없이도 데려가고 싶어 하는 굉장한 부자들에게 맡 기지도 않았어요. 그들의 집안이 불량하다고 여겼기 때문이었 어요. 그래서 누이 한 명은 파이아니아의 필로멜로스에게 출가 시켰는데, 그는 부자라기보다는 많은 이들에게 존경을 받았어 요. 다른 한 누이의 경우, 가난해졌으나 덕이 없지 않은 사람으 로 자신의 조카였던 미리누스의 파이드로스9에게 40므나의 지 참금을 들려서 보냈어요. 훗날 그녀를, 다시 같은 액수의 지참 금을 들려서 아리스토파네스에게 출가시켰지요. 그 외에도, 제가 굉장한 지참금을 얻을 기회가 생겼을 때, 아버지는 저로 하여금 더 작은 몫을 갖더라도 경우 바르고 긍지를 갖는 성격의 사람들과 친척이 되는 편을 택하도록 했어요. 그래서 저는 알 로페케의 크리토데모스의 딸과 혼인을 하게 되었는데, 크리토 데모스는 헬레스폰토스해전에서 라케다이몬인10들에 의해 죽

15

16

---

8 크세노폰은 아테나이가 포테이다이아를 포위 공략할 때 활약했던 장군이었다. Thoukydides, 2. 71 참조.

9 플라톤의 〈파이드로스〉와 〈심포시온〉에 나오는 파이드로스이다. 파이드로스는 미리누스구(區, 데모스) 출신으로 소크라테스의 친구였으며 리시아스가 존경하 는 인물이었다. 작품 〈파이드로스〉 안에서 파이드로스는 자신이 리시아스에게 보내는 〈연인〉(*Erotikos*)이라는 표제의 글을 소크라테스에게 소개한다.

었습니다. 배심원 여러분, 스스로 지참금도 없는 여인과 혼인   17
했고, 자신의 두 딸에게는 거액의 지참금을 들려보냈으며, 자
신의 아들의 경우 소액의 지참금을 받았던 사람이, 돈 때문에
이들과 친척이 되려고 한 것이 아니라고 보는 것이 마땅하지 않
겠습니까?

　아리스토파네스는, 이미 혼인을 한 상태지만, 제 아버지 외   18
에도 다른 많은 사람들과 친하게 지낸 사실은 널리 알려졌습니
다. 이 두 사람의 나이 차도 크지만, 그 성격에서는 더 큰 차이
점이 있습니다. 제 아버지는 자신의 일을 돌보는 데 만족했으
나, 아리스토파네스는 자신의 일뿐 아니라 공무를 돌보았습니
다. 가진 돈이 얼마이든 명예를 좇는 데 썼습니다. 제가 말씀드   19
리는 사실은 그의 행적에서 나타납니다. 무엇보다 먼저, 코논
이 시켈리아로 사람을 파견하려 할 때, 그는 자원하여 에우노모
스와 함께 가겠다고 했어요. 에우노모스는 디오니시오스의 친
구 겸 (특별대우 이방인) 손님이었으며, 여러분 민중을 위해서
많은 기여를 했다는 사실을 제가 페이라이에우스에 있었던 사
람11들에게서 전해 들었어요. 시켈리아로 간 목적은 디오니시   20
오스12를 끌어들여 에우아고라스13와 사돈을 맺게 해서 라케다

10　스파르타인을 말한다.
11　30인 참주정 시기에 추방되었으며 민주정 지지자들로서 30인과 대립했던 이들이
　　페이라이에우스에 있었다.
12　시라쿠사이의 참주인 디오니시오스 1세는 카르케돈(카르타고) 인들을 물리치고
　　시켈리아와 남부 이탈리아에 헬라스인의 세력을 확보하는 데 기여했다. 라케다이

이몬인의 적으로 만들고 또 여러분의 친구이자 동맹자로 만드
는 것이었지요. 바다는 물론 적들로부터 오는 위험을 무릅쓰고
그들은 임무를 수행하여, 디오니시오스를 설득해 그때 이미 준
21   비되어 있던 삼단노전선을 파견하지 못하도록 했지요. 그런 다
음 사신들이 키프로스에서 와서 우리의 도움을 구했을 때 그의
열성은 끝이 없었습니다. 여러분은 그들을 위해 10척의 삼단노
전선에 더해 또 다른 필요한 것들을 내주기로 결정했지만, 정작
파견하는 데 드는 돈이 없었지요. 그들은 소액의 자금을 가져왔
으나 더 많은 돈이 필요했거든요. 배를 움직이는 선원들뿐 아니
22   라 경무장보병도 고용하고 무기도 사야 했으니까요. 그런데 아
리스토파네스가 필요한 자금을 상당 부분 제공했고, 그것도 부
족하여 친구들에게 부탁을 하고 담보를 잡히기도 했어요. 그리
고 동부(同父) 이복형제 몫14으로 자신의 집에 맡겨져 있던 40
므나를 당겨서 여기에 써버렸어요. 떠나기 전날 그는 제 아버지
를 찾아와서 있는 대로 돈을 빌려달라고 했습니다. 경무장보병

몬인이 그를 후원했으며, 그의 우정을 얻고 있었다. 여기에 코논이 키프로스의 왕
에우아고라스의 딸과 혼사를 제안함으로써 디오니시오스와 라케다이몬인 사이의
관계를 끊어놓으려 했다. 이런 코논의 시도는 성공하지 못했다. 오히려 디오니시
오스는 해군을 파견하여, 헬레스폰토스(다르다넬스해협)에서 아테나이와 싸우는
스파르타 장군 안탈키다스를 원조했다.

13 에우아고라스는 키프로스 살라미스의 참주로 아테나이의 변함없는 지지자였다.
14 아리스토파네스의 이복형제로서, 니코페모스가 다른 아테나이 여인에게서 얻은
아들이다(위, 이 장 해설 참조). 아리스토파네스는 유산 중 그 형제의 몫인 40므
나를 보관하고 있었다.

에게 지불하기 위해 돈이 좀더 필요하다는 것이었지요. 그때 7
므나가 우리 집에 있었는데, 그는 이 돈도 들고 가서 써버렸어
요. 배심원 여러분, 명예를 좇고, 또 키프로스에 가면 아무것도   23
부족함이 없을 것이라는 편지를 자신의 아버지로부터 받은 사
람, 또 사신으로 뽑혀 에우아고라스에게로 항해해 가려던 사람
이 가능한 한 가진 모든 것을 동원하여 통치자 에우아고라스의
마음을 얻으려 하지 않고 자신을 위해 재산을 챙겨서 뒤에 남겨
놓았겠습니까? 제가 드린 말씀이 사실임을 밝히기 위해 에우노
모스를 불러주십시오.

증언

다른 증인들도 불러주십시오.

증인들

증언을 들으신 바대로, 그들은 그의 요구에 응해 자금을 빌려   24
주었을 뿐 아니라 되돌려 받기까지 했습니다. 돈이 삼단노전
선에 실려 그들에게 돌아왔기 때문입니다.
　제 말을 통해 쉽게 파악할 수 있는 것은 그런 상황에서도 그
가 자신의 재산을 아끼지 않았단 사실입니다. 게다가 더 확실
한 증거가 있습니다. 피릴람페스의 아들 데모스가 키프로스로   25
가려고 삼단노전선을 준비하면서, 제게 아리스토파네스에게

가달라고 부탁했어요. 데모스15가 말하기를, 페르시아 왕에게서 신의의 징표로 받은 황금잔이 있는데, 전선을 마련하기 위해 아리스토파네스에게서 16므나를 빌리는 대신 담보로 그 황금잔을 그에게 맡길 것이라고 했어요. 키프로스에 도착하면 20므나를 갚고 황금잔을 되찾겠다고요. 데모스는 두터운 신임을 얻고 있으므로 나라 전체에서 많은 재물을 모으는 것은 물론 그 외에 필요한 자금까지 손에 넣을 수 있다는 것이었어요.

26 아리스토파네스는 한편으로 데모스의 말을 믿고, 다른 한편으로는 제가 부탁했기 때문에, 또 황금잔에다 이자로 4므나를 더 받게 된다는 생각에, 그 자신에게 돈은 없으나 맹세하며 말하기를 그렇지 않아도 이미 이방인들을 위해 돈을 빌린 적이 있다고 대답했습니다. 그리고는 뭇 사람들 가운데서 가장 흔쾌히 바로 그 계약을 받아들이고 우리가 요구한 것을 들어주었지

27 요. 제 말이 사실이라는 것을 말해줄 증인들을 여러분 앞에 모시겠습니다.

---

15 데모스는 미모로 이름이 나 있었는데, 그에 대해서는 Aristophanes, *Sphekes*, 97 ~98 참조. 피릴람페스의 부친은 페르시아 왕에게로 파견되어 왕으로부터 황금잔을 선물받았고, 다른 사신들은 두 개의 은잔과 1탈란톤의 돈을 받았다. 그런데 황금 잔은 페르시아 왕의 상징으로, 그것을 가진 사람은 페르시아 관할 지역의 관리들에 대해 상대가 어떤 지위에 있는가를 막론하고 존중을 받았다. 그런데 데모스가 그것을 가지고 아리스토파네스로부터 16므나를 빌리는 대신 그에게 이 잔을 보증금으로 맡기려고 하는 것이다. 그리고 그것을 돌려받는 경우 4므나의 이자를 주기로 했다.

증인들

그러니 아리스토페네스가 은이나 금을 남겨놓지 않았단 사실을 저의 진술이나 증인들의 증언으로 쉽게 알 수 있습니다. 많지 않은 합금 청동[16]을 가지고 있었으나, 에우아고라스의 사신들을 접대할 때 써버렸어요. 그 후에 남아 있는 것은 여러분에게 다음과 같이 밝힙니다.

청동의 목록

배심원 여러분, 여러분 중에는 이게 적은 양으로 보이는 분도 있겠지요. 그러나 코논이 해전에 승리하기 전에는, 아리스토파네스가 가진 것이라곤 람누스[17]에 있는 조그만 땅뙈기밖에 없었다는 사실을 기억하십시오. 그 해전은 에우불리데스 아르콘[18] 때에 일어났습니다. 그전에는 재산도 없었는데 불과 4년 혹은 5년 만에, 배심원 여러분, 자신과 그 아버지를 위하여 두 번이나 비극 후원자가 되었고, 또 연이어서 3년째 삼단노전선주로 봉직하고, 여러 번 기부를 했으며, 50므나에 가옥을 구매하고 3백 플레트론[19]도 웃도는 땅을 가진다는 것은 어려

28

29

---

16 금이나 은이 섞인 양질의 청동을 뜻한다.
17 아티카반도에 있는 지역이다.
18 9인(혹은 10인) 아르콘 가운데 1인인 수석(명칭) 아르콘이었다. 이 직위에 관해서는 이 책 용어 해설 중 '아르콘' 항목 참조.

운 일이지요. 이런 것들 외에 또 많은 가재들까지 남겨놓았다
30 고 여러분은 생각하십니까? 그전부터 부자로 알려진 사람들도
이와 같은 재물을 만들어낼 수가 없어요. 더구나, 누가 아무
리 소원을 한다 해도, 한번 얻기만 하면 여생을 안락하게 보낼
수 있는 그런 재산을 구매하는 것이 상식으로는 불가능하지
31 요. 또 유념하실 것이 있어요. 여러분이 재산을 몰수한 다른
경우들을 생각하면, 팔 가구조차 없었을 뿐 아니라 문짝도 집
에 붙어 있지 않았지요. 그렇지만, 우리는 재산몰수 결정이
나고 우리의 누이가 그곳을 떠날 때, 빈 집에 경비를 두고는
문짝은 물론 단지나 그 밖의 어떤 것도 없어지지 않도록 조치
했습니다. 그래서 가재는 1천 드라크메 이상에 팔렸는데, 여
러분은 다른 어떤 경우에도 그런 금액을 취해본 적이 없지요.
32 그 외에도 그전이나 지금이나 한마음으로 인간에게 가장 중요
한 맹세의 서약[20]과 함께 중재인에게 밝히려는 것은 우리가
아리스토파네스의 재산 중에서 어떤 것도 갖고 있지 않으며,
오히려 그가 제 누이의 지참금과 함께 항해를 떠나면서 제 아
33 버지로부터 가져간 7므나를 빚지고 있다는 사실입니다. 가진
것까지 빼앗기면서도 도리어 저들의 재산을 취한 것처럼 보이
는 사람들보다 더 운이 나쁜 사람이 있겠습니까? 더 기막힌 것
은 아이를 여럿 가진 우리 누이를 도로 데리고 와서, 혹여 우

---

19 넓이의 단위로 300플레트론은 80에이커 (약 320㎢) 정도 되는 땅에 해당한다.
20 Lysias, 12 (30인에 속했던 에라토스테네스를 비난하여). 10 참조.

리 재산이 몰수당하기라도 한다면 아무 가진 것이 없는 상황에서 그들을 부양해야 한다는 사실입니다.

올림포스 신들의 이름으로 청컨대, 배심원 여러분, 다음 사실을 유념해주십시오. 여러분 중 누가 딸이나 누이를 코논의 아들 티모테오스에게 출가시키고, 그가 해외로 떠난 다음 고발되어 그 재산을 몰수당하고, 또 몰수된 재산을 온통 공매하여 도시 수입으로 잡히는 것이 은 4탈란톤에도 미치지 못한다는 사실 말입니다. 여러분 생각에, 기대했던 것에 비해 너무나 하찮은 액수의 재산 때문에 그의 자식과 일가가 파멸되는 것이 옳다고 보십니까? 여러분 모두 주지하듯이, 코논이 지휘관으로 있었고 니코페모스는 코논의 명을 받들어 수행했습니다. 코논은 그가 획득한 전리품 가운데서 작은 일부를 다른 이에게 나누어주었겠지요. 그러니 니코페모스가 얻은 것이 많다면, 코논의 것은 그 10배가 넘었을 거예요. 더구나 그들 간에 어떤 불화가 있었던 것 같지 않아요. 그런 걸 보면, 아마도 그들은 각자의 자식을 위해 상당한 재물을 이곳에 남기고, 나머지는 스스로 가져간 것으로 보입니다. 코논은 키프로스에 아들과 아내가 있었고, 니코페모스도 그곳에 아내와 딸을 두었는데, 그들은 이곳처럼 그곳에서도 그들의 재산이 안전하다고 생각한 것이지요.[21] 그 외에도 여러분이 유념해야 하는 것은, 자신

34

35

36

37

---

21 아테나이인 부친과 키프로스 여인에게서 난 자식은 아테나이인으로 간주된다. 두 나라 사이에는 혼인조약(*epigamia*)이 체결되어 있었기 때문이다. 이 때문에 코논

이 번 것이 아니라 부친에게서 물려받은 것을 아들들에게 나누어줄 때, 사람은 자신의 몫도 챙기게 되어 있다는 것입니다. 누구나 궁핍하여 자식에게 손을 내밀기보다는 가진 것이 있어 자식들로부터 대접받기를 원하거든요.

38 　도시에 큰 보탬이 되는 것도 아닌데 지금 여러분이 티모테오스의 재산을 몰수한다는 것은 있을 수 없는 일입니다. 또 아리스토파네스의 재산에서 얻은 것보다 더 적은 것을 얻는 데 그칠 것을, 그의 친척들에게 귀속될 재산을 빼앗는 것이 사리에 맞는 일이라 생각하십니까? 그런 것은 아니지요. 배심원 여러

39 분, 코논이 죽고 그가 키프로스에서 한 유언을 통해 그 재산이 여러분이 생각했던 것에 비해 턱없이 작은 일부에 불과하다는 사실이 드러났습니다. 그는 아테나 여신에게 봉헌물을 바쳤고, 델포이의 아폴론 신에게 5천 스타테르를 헌납했습니다.

40 키프로스에서는 그의 재산을 간수하고 온갖 일을 돌보았던 조카에게 1만 드라크메를 주었어요. 형제에게 3탈란톤, 아들에게는 나머지 17탈란톤을 주었지요. 총액이 40탈란톤에 달합니

41 다. 아무도 그의 재산이 유용되었다거나 부당하게 양도되었다고 하는 이가 없어요. 그가 병석에서 직접 유언을 했고, 그 정신도 말짱했거든요. 이 사실에 대해 증인을 불러주십시오.

과 니코페모스는 키프로스에 있는 재산이 아테나이에 있는 것과 똑같이 안전하다고 생각한 것이다.

중인들

그런데 배심원 여러분, 두 사람의 재산 규모가 밝혀지기 전에 42
는, 니코페모스의 것은 코논에 비하면 하찮은 것에 불과하다
는 생각을 하는 분도 있었을 것입니다. 아리스토파네스(니코페
모스의 아들)가 토지가 딸린 집을 5탈란톤을 웃도는 가격으로
샀고, 자신과 그 아버지를 위해 비극 후원자로서 5천 드라크메
를 기부했으며, 삼단노전선을 마련하는 데 80므나를 썼어요.
거기다 두 사람 몫의 특별 기부로 40므나 이상을 내놓았고, 시 43
켈리아 원정 때 100므나, 키프로스 사람들이 와서 여러분에게
10척의 배를 내주도록 부탁했을 때 배의 인력 충원을 위해 3만
드라크메를 내어서는 경무장보병에게 수당을 지급하고 무기를
공급했습니다. 그 총액이 15탈란톤 조금 못 미쳐요. 여러분이 44
우리를 비난할 이유가 없는 것이, 코논 자신이 정직하게 밝힌
것으로 인정을 받는 그 재산은 아리스토파네스의 재산보다 몇
배 많은 것으로 생각되었으나, 실은 세 배에 채 미치지 못한 것
으로 드러났습니다. 그리고 우리 계산에서 니코페모스가 아내
와 딸을 두었던 키프로스에 보유하고 있던 것은 죄다 빠져 있
습니다.

그러니 배심원 여러분, 이렇게도 많고 중요한 증거들을 제 45
출했는데도 우리를 부당하게 파멸시키는 것은 옳지 않다고 봅
니다. 제가 제 아버지와 또 다른 장로 분들로부터 들은 이야기
에 따르면, 지금뿐 아니라 지난날에도 여러분은 많은 사람들이

사는 동안 부자였다고 생각했는데, 죽고 난 뒤에 보니 생각과는 크게 다른 것으로 드러나서 재산의 크기를 오인했던 경험들을 가지고 있다지요. 한 예로, 모두들 이스코마코스[22]가 살아 있는 동안, 제가 들은 바에 의하면, 70탈란톤 이상을 가진 것으로 생각했답니다. 그런데 그가 죽자 두 아들이 그 재산을 나누었는데, 제각기 10탈란톤도 못 가져갔답니다. 탈로스의 아들 스테파노스는 50탈란톤을 웃도는 재산을 가진 것으로 알려져 있었는데, 죽고 나자 그 재산이 11탈란톤뿐이었어요. 니키아스[23]의 재산은 100탈란톤 이상으로, 대부분이 그의 집안에 있을 것이라고 세상 사람들이 추측했답니다. 그런데 니케라토스(니키아스의 아들)[24]가 죽었을 때 금전은 전혀 없었다고 하고, 다만 아들에게 남긴 재산이 14탈란톤을 넘지 않았답니다. 히포니코스의 아들 칼리아스[25]는 최근에 아버지가 죽고 난 다음 다른 어떤 헬라스인보다 많은 재산을 물려받았고, 그 할아버지가 그 재산을 200탈란톤에 달하는 것으로 평가했다는 소문이 있었으나, 지금은 그 가치가 2탈란톤에도 미치지 못합니

46

47

48

---

22 이스코마코스는 크세노폰의 *Oikonomikon*에서 소크라테스와 대화하는 이와 동일 인물이다.
23 아테나이 정치가로 그에 관한 정보는 Lysias, 18(니키아스의 형제의 재산몰수에 대한 맺음말) 참조.
24 니케라토스는 30인 체제하에서 혼인한 니키아스의 아들이다.
25 칼리아스는 히포니코스의 아들인데, 히포니코스는 부유한 아테나이인이며 타나그라 전투(기원전 426년)에서 니키아스 휘하의 장군으로 있었다.

다. 또 여러분 모두 아시는 클레오폰은 여러 해 동안 도시의 모든 사무를 도맡아 처리했고 공직에 있으면서 돈을 많이 모은 것으로 생각되었어요. 그런데 그가 죽자 돈은 아무 데도 없었고, 친가고 사돈이고 간에 그가 무언가를 남겼을 사람들은 모두가 다 아는 빈민층입니다. 이렇게 세습 부자나 신흥 부자로 이름난 사람들 모두에 의해 우리가 크게 속고 있었던 것입니다. 그 원인은, 제 생각에, 어떤 이가 공직에 있으면서 돈을 모았더라고 사람들이 경솔하게 소문을 냈기 때문인 것이에요. 죽은 사람에 대해서 사람들이 말하는 것에 대해 나는 그리 놀라지 않습니다. 죽은 사람이 반박할 리가 없으니까요. 그러나 산 사람에 대해 거짓말을 하는 것은 경우가 다르지요. 최근에 여러분 자신이 민회에서 들었던 소문에 따르면, 디오티모스26가 선장과 상인들로부터 받은 돈이 스스로 인정한 것보다 40탈란톤이나 더 많다고 했어요. 그런데 그가 돌아와서 보고를 하면서 자신이 없는 사이에 음해당한 사실에 분노하면서 전말을 밝히는 가운데, 나라에는 돈이 필요한 상황이었으나, 아무도 그의 말에 반박을 하는 이가 없었습니다. 모든 아테나이인이 디오티모스가 40탈란톤을 가졌다고 생각하는 상황에서, 만일 그가 돌아오기 전에 무슨 일이 일어났다면 어떤 상황이 벌어지게

49

50

51

---

26 디오티모스는 헬레스폰토스(다르다넬스해협)에서 이피크라테스와 같은 장군으로 활약했고, 그곳을 지나는 무역상과 선원들로부터 통행세를 받는 세관책임자로 있었다.

되었을까를 생각해보십시오. 그의 친척들이, 사실27을 제대로 알지도 못한 채로 그같이 엄청난 비난 앞에 스스로를 방어해야 했다면, 엄청난 위험에 직면할 뻔했지요. 지금까지 여러분이 여러 차례 속임을 당하고 또 많은 이가 부당하게 파멸당한 원인은 쉬이 거짓말을 하고 사람을 모함하려는 자들 때문입니다.

52   또 알키비아데스가 4년 혹은 5년 연속으로 사령관으로 봉직하면서 라케다이몬인들을 제압하고 승리를 거둔 사실을 여러분이 알고 있으리라 생각합니다. 여러 도시들이 그에게는 다른 지휘관보다 두 배로 자금을 준다고 결정했기 때문에, 일부 사람들은 그가 100탈란톤 이상을 소유하고 있을 것이라고 추측했어요. 그러나 그가 죽자 그게 사실이 아니라는 것이 밝혀졌지요. 후견인으로부터 자신에게 남겨진 유산보다 더 적은 재산을 자식들에게 남겼으니까요.

53   이런 일이 과거에 일어나곤 했던 사실은 익히 알려진 것입니다. 그러나 사람들이 말하기로, 가장 고귀하고 가장 현명한 사람들은 기꺼이 사고방식을 바꾸려고 하는 이들이랍니다. 28 그래서 저의 진술이 합리적이고 우리가 제공하는 증거가 적중한

---

27 디오티모스의 예를 통해 그 친척들이 무슨 일이 일어났는지도 모른 채 비난을 받고 변호를 해야만 했던 상황에 대해 경계한다. 그와 같이 화자는 키프로스에서 니코페모스와 아리스토파네스가 무슨 일을 했는지 알지 못한 채, 억울하게 소송의 위험으로 끌려들어간다는 것이다.
28 여기서 바뀌어야 할 사고방식이란 아리스토파네스가 굉장한 재산을 가지고 있다고 잘못 생각하는 것을 말한다.

것이라면, 배심원 여러분, 수단을 막론하고 자비를 베풀어 주십시오. 큰 모함에 빠져 있지만, 진실의 힘으로 이기기를 간구합니다. 아무리 애원해도 여러분이 이해하지 못하신다면, 저는 구원의 희망을 갖지 못합니다. 그러나 올림포스 신들의 이름으로, 배심원 여러분, 부당하게 저를 파멸시키지 말고 사리에 따라 저를 구원하도록 결정해주시고, 또 묵묵히 평생토록 긍지와 정의를 실천한 사람들이 진실을 말하고 있다는 사실을 믿어주십시오. 54

여러분은 분쟁의 내막, 이들이 우리의 친척이 된 과정, 또 그 자신의 재산이 해외로 나가는 비용을 감당하는 데 충분하지 못해서 다른 곳에서도 빌렸던 사실에 대해 들으셨고, 또 증거들도 제공받으셨습니다. 여기서 저는 제 자신에 대해 잠시 말씀드리겠습니다. 제 나이 서른 살이 되도록 저는 제 아버지에게 대든 일이 없고, 또 다른 시민이 저를 비난한 적도 없습니다. 시장(아고라) 가까이 살지만, 이번 불행을 겪기 전까지 저는 한 번도 법정이나 의회에 나와 본 적이 없습니다. 저에 관해서는 이 정도로 그치겠으나, 제 아버지에 대해서는, 잘못을 범한 것 같은 혐의를 받고 있으므로 그가 도시와 친구들을 위해서 얼마나 경비를 지출했는지 말씀드리는 것을 양해해주십시오. 그것은 명예를 구하려는 것이 아닙니다. 다만 강제당한 상황이 아닌 데도 많은 돈을 들여 봉사하는 것과 극도의 위험에 직면한 상황에서 공공의 것으로부터 사리를 취하려 하는 것은 서로 다른 품성이라는 점을 말하려는 것입니다. 사실 어떤 사 55 56 57

람들은 먼저 돈을 쓰는데, 그것은 단순히 명예를 얻는 것만이 아니라, 여러분으로부터 인정을 받아서 관직에 임하면 두 배로 보답을 받으려 하기 때문입니다. 그러나 제 아버지는 어떤 권력도 추구하지 않았고, 오히려 온갖 후원의 부담을 지고, 일곱 번이나 삼단노전선주로 봉직했고, 여러 번 거금의 특별세를 지불했습니다. 여러분이 알 수 있도록 (낭독자가) 하나하나 사안별로 읽어드리도록 하겠습니다.

공공 봉사 경력

58 배심원 여러분, 공공 봉사 경력을 다 들으셨지요. 제 아버지는 50년 동안 그의 재산과 몸으로 도시를 위해 봉사했습니다. **29** 그동안 애초부터 가진 재산이 있었으므로 당연히 부담을 회피하지 않았을 것이지만, 증인을 통해 증명하도록 하겠습니다.

증인들

59 총액은 9탈란톤 2천 드라크메에 달합니다. 더구나 그는 사적으로 궁핍한 시민들의 딸들과 누이들에게 지참금을 제공했습니다. 적에게 몸값을 주고 풀어준 이들도 있고, 또 다른 이들

---

29 '50년 동안'이란 그 부친의 20세에서 70세까지에 이르는 기간을 뜻한다. '몸으로' 봉사했다는 것은 장군으로서, 그리고 삼단노전선주로서의 기여를 뜻한다.

을 위해서 장례비용을 대주기도 했습니다. 그가 이런 일을 한
것은, 아무도 알지 못한다 해도, 선한 사람이라면 친구를 도와
야 한다는 생각에서였습니다. 그러나 지금 여러분은 저에게
그가 한 일에 대해 듣는 것이 좋겠습니다. 저를 위해 사람들을
불러주십시오.

증인들

여러분은 증인들의 말을 들으셨습니다. 사람이 한동안 가식으   60
로 꾸밀 수는 있지만, 세상에 아무도 70년 동안에 걸쳐 그 비
열함을 은밀하게 감출 수는 없습니다. 제 아버지를 비난할 거
리가 있을 수도 있겠지요. 그러나 돈 문제에 관한 한, 아무도,
그의 적이라 할지라도, 감히 그를 비난하려는 자가 없을 것입
니다. 그러니, 전 생애를 점철한 그의 행적, 혹은 여러분이 가   61
장 선명하게 진실을 드러내는 것으로 간주해온 긴 세월의 비중
을 무시한 채 비난하는 사람들의 말을 믿는다면 공정하지 못합
니다. 만일 그가 이런 인품을 지닌 사람이 아니었다면, 그 많
은 재산에서 적은 일부만을 남겨놓는 일은 없었을 것입니다.
만일 지금 여러분이 이들 소송 상대편에 의해 완전히 속아서
우리 재산을 몰수하신다면, 여러분이 얻는 것은 2탈란톤이 채
안 돼요. 명예를 생각하건 돈을 생각하건 간에 우리를 방면하
는 편이 여러분에게 더 큰 이득을 가져올 것입니다. 우리가 재
산을 보유하면 여러분은 더 많은 것을 얻게 될 것이기 때문입

62 니다. 지난날을 돌아보면서 우리가 도시를 위해 지불한 모든 것들을 생각해보십시오. 또 지금도 저는 나머지 재산으로 삼단노전선을 준비하고 있고, 제 아버지도 삼단노전선주로 봉직하다가 죽었습니다. 그를 따라서 저도 단계적으로 다소간 금액을 내어 공익을 위해 봉사하겠습니다. 예부터 이 재산은 도시를 위한 것이었고, 저도 재산을 빼앗겨서 부당한 대우를 받았다는 생각을 하지 않게 되는 것이지요. 또 여러분도 그렇게 하는 편이 재산몰수를 결정하는 것보다 더 많은 덕을 보게 됩

63 니다. 이와 더불어, 제 아버지가 어떤 품성을 가졌나 하는 점을 생각해주십시오. 그가 필요한 것 이상으로 소비하려 했던 모든 경우가 도시에 영광을 더하는 것으로 드러날 것입니다. 한 예로, 그가 기병에 복무했을 때, 멋진 말을 구했을 뿐만 아니라 이스트모이 제전과 네메아 제전30의 승마 경주에서 승리를 했어요. 그래서 도시에 승리를 안겨주고 자신은 승리의 관

64 을 썼어요. 배심원 여러분, 여러분에게 부탁드리고 싶은 것은 이런 일들과 함께 진술된 그 밖의 사실들을 기억하시고, 또 우리를 도우셔서 우리가 우리 적들에 의해 파멸당하지 않도록 해주십사 하는 것입니다. 이를 통해 여러분은 정의와 함께 여러분 자신의 이익을 위해 결정하는 것이 될 것입니다.

---

30 이스트모이와 네메아 제전은 코린토스의 이스트모스(地峽)와 네메아 지역에서 거행된 전체 헬라스인의 축제였다.

찾아보기(용어)

찾아보기(인물)

지은이 소개

리시아스 Lysias (BC ?∼BC 380?)

리시아스는 시라쿠사이 출신인 시켈로스 케팔로스의 아들이었고, 아테나이에서 태어났던 것으로 추측되는 거류외인(metoikos)이다. 출생연대는 기원전 459년 혹은 445년경, 사망연대는 기원전 380년경으로 추정될 뿐 확실하지 않다. 아버지 케팔로스는 아테나이의 외항 페이라이에우스에서 방패 제조산업을 경영했다. 리시아스의 형제로는 폴레마르코스와 에우티데모스가 있었다. 15세쯤 되었을 때 리시아스는 형제들과 함께 아테나이를 떠나 이탈리아 남부 투리오이로 갔고, 코라카스의 제자인 시라쿠시오스 테이시아스에게서 변론술을 배웠다. 시라쿠사이에서 아테나이의 전함이 스파르타에게 패전했던 기원전 413년 이후 친아티카 노선에 섰던 리시아스는 투리오이를 떠나 아테나이로 오게 되었다. 리시아스는 그 아버지처럼 '동일세 납부자'의 자격으로 아테나이에 거주했다. 아테나이가 펠로폰네소스전쟁에서 마침내 패배하고 30인 참주정이 수립되었을 때, 30인은 리시아스의 재산을 노려 재물과 집을 몰수해 갔다. 당시 리시아스의 형제 폴레마르코스는 재판도 없이 처형되었다. 리시아스도 체포되었으나 구사일생으로 도주했고, 기원전 403년 가을 아테나이에 민주정이 회복되었을 때 다시 아테나이로 들어온다. 이후 변론작가로서 활동하며 다양한 작품을 남겼다.

옮긴이 소개

최자영

경북대 문리대 사학과를 졸업(1976)하고, 동 대학교에서 석사학위(1979)를 취득했다. 그리스 국가장학생(1987∼1991)으로 이와니나대 인문대학에서 역사고고학 박사학위(1991), 이와니나대 의학대학에서 의학 박사학위(2016)를 취득했다. 그리스 오나시스재단 방문학자(2002∼2003), 부산외국어대 교수(2010∼2017), 한국서양고대역사문화학회 학회장(2016∼2017)을 역임했으며, 현재 한국외국어대 그리스·불가리아과 겸임교수로 있다. 저서로 《고대 아테네 정치제도사》(1995), 《고대 그리스 법제사》(2007), 《시민과 정부 간 무기의 평등》(개정판, 2019) 등이 있고 역서로 크세노폰의 《헬레니카》(2012) 등이 있다.